从零开始学融资

林捷◎著

电子工业出版社
Publishing House of Electronics Industry
北京·BEIJING

内 容 简 介

本书从初创企业面对的投融资工作出发，针对初创企业股东、高层管理人员和投融资工作人员日常面临的投融资决策与相关管理、实施工作等需求，对企业的股权融资、债务融资和项目投融资进行了介绍，并对投融资的具体运作方式、相关产品、实务要点进行了梳理，还配备了一些案例，对初创企业的投融资工作具有很好的指导作用。本书不但可以让读者系统地了解初创企业投融资的相关知识，而且能对实务工作给予指导。

本书分为三篇，即股权融资篇、债务融资篇和项目投融资篇。其中，股权融资篇包括什么是企业股权融资、初创企业的风险融资及相关典型案例；债务融资篇包括企业债务融资概述、企业债务融资需求分析与预算管理、银行贷款、其他可使用的债务融资方式及相关典型案例；项目投融资篇包括企业的项目可行性分析、确定项目的投融资结构、项目投融资安排、项目投融资风险分析与管理、项目投后管理及相关典型案例。这些案例对投融资工作的具体开展做了示范。

本书通俗易懂，案例丰富，实用性强，初创企业的股东、高层管理人员可将其作为开展投融资工作的参考资料，本书也适合大多数企业的投融资相关工作人员、银行等融资机构的人员阅读。此外，本书还适合作为相关培训机构的教材。

未经许可，不得以任何方式复制或抄袭本书之部分或全部内容。
版权所有，侵权必究。

图书在版编目（CIP）数据

从零开始学融资 / 林捷著. —北京：电子工业出版社，2023.10
ISBN 978-7-121-46092-0

Ⅰ. ①从… Ⅱ. ①林… Ⅲ. ①融资—基本知识 Ⅳ. ①F830.45

中国国家版本馆 CIP 数据核字（2023）第 146864 号

责任编辑：王小聪
印　　刷：三河市鑫金马印装有限公司
装　　订：三河市鑫金马印装有限公司
出版发行：电子工业出版社
　　　　　北京市海淀区万寿路 173 信箱　　　邮编：100036
开　　本：720×1000　　1/16　　印张：18.25　　字数：358 千字
版　　次：2023 年 10 月第 1 版
印　　次：2023 年 10 月第 1 次印刷
定　　价：79.00 元

凡所购买电子工业出版社图书有缺损问题，请向购买书店调换。若书店售缺，请与本社发行部联系，联系及邮购电话：（010）88254888，88258888。

质量投诉请发邮件至 zlts@phei.com.cn，盗版侵权举报请发邮件至 dbqq@phei.com.cn。
本书咨询联系方式：（010）57565890，meidipub@phei.com.cn。

前言

资金是企业运作的基础，投融资工作对维持企业正常运作非常重要。企业的投融资人员需要有专业知识储备，并且应遵循客观规律开展具体工作。企业的融资主要有两种方式，分别是股权融资和债务融资。企业的投资主要是在自身经营范围内，以项目的形式进行投资。这种投资是对企业生产和经营能力的投资，与权益类的具有理财性质的投资或扩张性战略投资有所区别。对初创企业来说，最重要的是在自身经营范围内，对自身的生产和经营能力进行投资。因此，企业可以通过股权融资、债务融资筹集资金，将资金一方面用于自身运营，另一方面进行生产和经营能力的项目投资，以实现发展壮大的目的。

初创企业财务实力较弱，在实践中笔者发现初创企业的投融资往往具有以下两个特点。

第一，主要依靠股东投入资金和留存收益来进行投资，外部融资缺乏。初创企业一般规模较小，在产业链中地位不高，难以开展大规模的债务融资，因此造成了通过股东投入形成初始启动资金，后续运营主要依靠内部积累获得发展所需资金的情况。

第二，"融资难、融资贵"问题突出。具体而言，银行贷款是初创企业融资的主要渠道。总体来看，初创企业融资规模偏小，期限偏短，成本偏高。我国相关部门和社会都非常重视为以初创企业为代表的中小企业解决"融资难、融资贵"问题。2021年国务院政府工作报告指出，进一步解决小微企业融资难题，"引导银行扩大信用贷款、持续增加首贷户，推广随借随还贷款，使资金更多流向科技创新、绿色发展，更多流向小微企业、个体工商户、新型农业经营主体，对受疫情持续影响行业企业给予定向支持"。

笔者的体会

融资机构有自身的风险判断逻辑，而很多初创企业的管理人员对此并不熟悉。可以说，初创企业"融资难，融资贵"问题固然与其财务实力弱有关，同时也与初创企业的管理人员虽然对技术、销售、人员管理等比较精通，但对投融资工作如何开展并不了解有较大的关系。

资金链是企业的生命线，企业通过融资筹集资金，并投资于自身的生产或者某具体项目，从而实现发展壮大。相关人员要想做好投融资工作，需要了解投融资有哪些方法，可以通过什么渠道进行融资，如何具体做好投资工作。这涉及一些专业、细致、有投融资内在规律的工作。相关人员要想做好投融资工作，应从学习基本知识着手，系统地了解相关方案与结构设计，能够根据具体项目的特点，通过股权融资、债务融资等方式，寻求融资成本最低的融资结构，从而提升企业的综合竞争力。

同时，在投融资工作中，相关人员要遵循投融资的通用原则与规律，有针对性地与相关机构就额度、期限、利率、提款计划、还款安排、担保措施、风险管理策略等进行谈判，并最终落实、签署相关投融资协议。在具体的项目实施过程中，相关人员应做好计划管理，通过资金提取情况、进度款等相关账目，监控资金使用情况，并及时根据市场变化对相应计划进行调整和优化。

初创企业的股东、高层管理人员和投融资工作人员，必须熟练掌握与投融资相关的知识和技能，强化专业素质，提升投融资运作水平。初创企业应努力做到既能通过融资为自身经营发展筹集必需的资金，又能通过对自身业务或项目的投资找到新的发展道路。

本书特色

本书从初创企业面对的投融资工作出发，针对初创企业股东、高层管理人员和投融资工作人员日常面临的投融资决策与相关管理、实施工作等需求，对企业的主要融资方式——股权融资和债务融资的相关知识、管理工作开展、相关产品和实务要点进行了详细总结和讲解。同时，本书对企业的主要投融资方式——项目投融资的具体运作方式、结构安排和投后管理等进行了系统的梳理和解说，还配备了一些案例，对初创企业的投融资工作具有很好的指导作用。本书不但可以让读者系统地了解初创企业投融资的相关知识，而且能对实务工作给予指导。

本书内容

本书分为三篇，涵盖企业投融资工作的主要内容，分别是股权融资篇、债务融资篇和项目投融资篇。

在股权融资篇，本书从股权融资的基本知识（如主要渠道、主要方式、投资人出资的法律法规要求、股权融资与债务融资的比例确定等）入手，重点对初创企业股权融资最重要的方式——风险融资进行了系统的讲解，包括一般流程与实务要点、如何找到投资人、商业计划书的制作、获得投资与退出机制等。此外，笔者以某餐饮初创企业引入股权投资人这一较为典型的案例，对股权投资进行了讲解和评述。

  在债务融资篇，笔者首先对企业债务融资的概况、需求分析与预算管理等进行讲解，然后对银行主要产品、贷款期限、融资银行对企业信用的评估及应对、贷款成本管理、提还款与贷后管理、贷款风险、贷款协议的结构等进行了系统的梳理，帮助企业深入掌握相关专业知识，了解实务操作的要点。同时，笔者对其他可使用的债务融资方式，如延期付款、融资租赁和企业间拆借进行了介绍。此外，笔者通过某通信企业在面临不稳定的金融环境时进行的贸易融资安排案例，集中展示了如何进行融资安排和做出相关决策。

  在项目投融资篇，笔者以项目投融资的流程为线索，对企业的项目可行性分析、确定项目的投融资结构、项目投融资安排、项目投融资风险分析与管理、项目投后管理等方面的重点工作进行了讲解。此外，笔者对某独立燃气发电站项目投资分析和融资安排进行了讲解。

读者对象

- 初创企业的股东、高层管理人员
- 在初创企业负责投融资工作的人员
- 财经、非财经专业的大中专院校学生
- 银行或私募股权投资基金等投融资相关机构中负责服务、对接有融资需求的企业的人员
- 其他对企业投融资感兴趣的人员

目录

第 1 篇　股权融资篇

第 1 章　什么是企业股权融资 / 2

1.1　企业股权融资的主要渠道和主要方式 / 3
　　1.1.1　企业股权融资的投资人、主要渠道和股权种类 / 4
　　1.1.2　企业股权融资的主要方式和一般流程 / 6

1.2　投资人出资的法律法规要求 / 8
　　1.2.1　投资人出资形式的相关要求 / 9
　　1.2.2　新增股权的相关要求 / 10
　　1.2.3　转让股权的相关要求 / 11

1.3　股权融资与债务融资的比例确定 / 12
　　1.3.1　资本结构的相关研究 / 13
　　1.3.2　资本结构的相关考虑因素 / 14
　　1.3.3　比例确定的参考方法 / 15

1.4　本章小结 / 18

第 2 章　初创企业的风险融资 / 20

2.1　获取风险投资的一般流程与实务要点 / 20
　　2.1.1　什么是风险投资 / 20
　　2.1.2　获取风险投资的一般流程 / 22
　　2.1.3　获取风险投资的时机选择 / 23
　　2.1.4　退出安排、确定估值和融资金额 / 24

2.2　如何找到投资人 / 28
　　2.2.1　寻求股东以自有资金出资 / 28
　　2.2.2　寻找风险投资人 / 28

2.2.3 寻找产业投资人 / 30
2.3 商业计划书的制作 / 30
 2.3.1 商业计划书的制作原则与准备工作 / 31
 2.3.2 商业计划书的主要内容与编写 / 31
 2.3.3 商业计划书的呈现 / 36
2.4 获得投资与退出机制 / 37
 2.4.1 如何获得天使投资 / 37
 2.4.2 如何获得进一步增资 / 38
 2.4.3 作为投资条件的退出机制的建立 / 44
2.5 本章小结 / 44

第3章 典型案例：某餐饮初创企业的股权融资 / 48

3.1 总体思路与商业模式 / 48
3.2 对标与估值 / 50
3.3 股权融资的历程 / 51
3.4 股权融资案例的决策评述 / 51

第2篇 债务融资篇

第4章 企业债务融资概述 / 54

4.1 债务融资的基本知识 / 55
 4.1.1 债务融资的策略 / 55
 4.1.2 债务融资中的基本概念 / 57
4.2 债务融资对企业报表的影响 / 64
 4.2.1 短期负债 / 65
 4.2.2 长期负债 / 66
 4.2.3 现金流 / 67
 4.2.4 对盈利的影响 / 67
 4.2.5 出表 / 70
4.3 债务融资的风险 / 71
 4.3.1 债务融资风险的类型 / 71

4.3.2 债务融资风险的规避与控制措施 / 72

4.4 **本章小结** / 73

第 5 章 企业债务融资需求分析与预算管理 / 76

5.1 **融资结构规划** / 76

5.1.1 什么是融资结构规划 / 77

5.1.2 优化融资结构 / 78

5.1.3 融资结构确定与优化的主要方法 / 80

5.2 **债务融资资金需求量预测** / 82

5.2.1 资金需求量预测的准备工作 / 82

5.2.2 资金需求量预测的方法 / 83

5.3 **债务融资资金用途与需求分析** / 87

5.3.1 销售增长引发的融资需求 / 87

5.3.2 支出引发的融资需求 / 90

5.3.3 负债结构变化引发的融资需求 / 91

5.4 **债务融资的预算管理** / 91

5.4.1 债务融资成本预算管理 / 91

5.4.2 融资预算的编制 / 92

5.5 **看懂融资财务模型** / 93

5.5.1 融资财务模型的组成 / 94

5.5.2 融资财务模型的结构与逻辑 / 97

5.6 **本章小结** / 98

第 6 章 银行贷款 / 102

6.1 **银行主要产品** / 103

6.1.1 流动资金融资的使用及申请要点 / 103

6.1.2 贸易融资的使用及申请要点 / 106

6.1.3 票据融资的使用及申请要点 / 114

6.1.4 固定资产支持及特定担保项下融资的使用及申请要点 / 117

6.1.5 政策性金融支持下融资的使用及申请要点 / 123

6.2 **贷款期限** / 127

- 6.2.1 贷款期限的分类 / 127
- 6.2.2 贷款期限的确定 / 127
- 6.2.3 展期 / 128
- 6.3 融资银行对企业信用的评估及应对 / 129
  - 6.3.1 融资银行对企业偿债意愿的评估及应对 / 129
  - 6.3.2 融资银行对企业偿债能力的评估及应对 / 130
- 6.4 贷款成本管理 / 136
- 6.5 提款、还款与贷后管理 / 138
  - 6.5.1 提款管理 / 138
  - 6.5.2 还款管理 / 138
  - 6.5.3 贷后管理 / 139
- 6.6 贷款风险 / 140
  - 6.6.1 贷款风险管理 / 140
  - 6.6.2 贷款内控与风险管理策略 / 142
  - 6.6.3 贷款风险评估 / 143
  - 6.6.4 贷款风险的化解与规避 / 144
  - 6.6.5 贷款风险化解案例 / 147
- 6.7 贷款协议的结构 / 151
- 6.8 本章小结 / 152

第 7 章 其他可使用的债务融资方式 / 157

- 7.1 延期付款 / 157
  - 7.1.1 直接依靠信用的延期或分期付款 / 157
  - 7.1.2 开具票据到期后支付 / 158
  - 7.1.3 延期付款的成本计算 / 158
- 7.2 融资租赁 / 159
  - 7.2.1 什么是融资租赁与经营租赁 / 160
  - 7.2.2 企业选择融资租赁的原因及其对报表的影响 / 162
  - 7.2.3 融资租赁成本管理 / 165
  - 7.2.4 融资租赁的申请和操作 / 168
  - 7.2.5 融资租赁案例 / 171

7.3 企业间拆借 / 175
    7.3.1 企业间拆借的法律问题 / 175
    7.3.2 委托贷款 / 177
    7.3.3 信托贷款 / 178

7.4 本章小结 / 178

第8章 典型案例：某通信企业的贸易融资安排 / 181

8.1 融资环境剧烈变动的背景 / 181
8.2 有针对性的贸易融资安排 / 182
8.3 管理与决策模式 / 184
8.4 贸易融资决策评述 / 185

第3篇　项目投融资篇

第9章 企业的项目可行性分析 / 188

9.1 初步可行性分析 / 188
    9.1.1 可行性分析的总体内容 / 189
    9.1.2 技术可行性分析 / 190
    9.1.3 经济可行性与融资分析 / 191
    9.1.4 运营可行性分析 / 191
    9.1.5 政策、法律和税收分析 / 191
    9.1.6 风险评估 / 192
    9.1.7 尽职调查相关工作 / 192

9.2 必要性分析 / 192

9.3 项目成本和基础条件 / 193
    9.3.1 项目成本 / 193
    9.3.2 项目基础条件 / 193

9.4 财务分析：盈利能力 / 194

9.5 收购可行性分析 / 196
    9.5.1 收购机会与策略分析 / 196
    9.5.2 收购估值 / 197

9.6 本章小结 / 198

第 10 章　确定项目的投融资结构 / 200

  10.1　主体结构设计 / 200

    10.1.1　公司 / 201

    10.1.2　合伙企业 / 203

    10.1.3　其他模式 / 205

  10.2　杠杆比例 / 207

  10.3　股本金安排 / 209

  10.4　本章小结 / 210

第 11 章　项目投融资安排 / 212

  11.1　项目融资的基本模式 / 212

    11.1.1　项目融资的模式取向 / 212

    11.1.2　项目融资的模式分类 / 213

  11.2　夹层资金 / 215

  11.3　债务资金的来源与安排 / 215

    11.3.1　传统项目的贷款流程 / 215

    11.3.2　出口买方信贷融资及案例 / 217

  11.4　工程承包商、设备供应商融资 / 220

  11.5　担保与风险缓释措施 / 220

    11.5.1　直接还款担保 / 221

    11.5.2　对项目自身的担保 / 222

    11.5.3　消极担保 / 223

    11.5.4　其他风险缓释措施 / 225

    11.5.5　项目投融资风险的担保和风险分散案例 / 228

  11.6　杠杆收并购融资 / 230

  11.7　本章小结 / 231

第 12 章　项目投融资风险分析与管理 / 235

  12.1　项目投融资风险的类别 / 235

12.2 盈亏平衡与敏感性分析 / 241

12.3 项目投融资风险的规避 / 242

12.4 项目投融资风险规避案例 / 245

  12.4.1 包销协议锁定项目现金流案例 / 245

  12.4.2 对汇率风险进行控制的项目投融资案例 / 246

12.5 本章小结 / 251

第 13 章 项目投后管理 / 252

13.1 项目投后的定期回顾与管理 / 252

13.2 项目退出机制 / 254

13.3 项目投后评价 / 255

13.4 项目投后重组案例 / 261

13.5 本章小结 / 269

第 14 章 典型案例：某独立燃气发电站项目投资分析和融资安排 / 270

14.1 项目背景与基本情况 / 270

14.2 可行性论证：国家情况分析和电力管理体制 / 271

14.3 可行性论证：市场分析 / 272

14.4 项目财务预测与融资安排 / 277

14.5 项目投融资决策评述 / 279

第1篇
股权融资篇

第1章
什么是企业股权融资

当我们准备成立一家企业时，应先考虑是否有充足的资金供使用，比如是否拥有法律所要求的注册资金、租赁或购买办公场所与办公用品的资金、雇用足够的员工来支持初始经营的资金等。在具备充足的资金后，企业就可以开始运营了。企业运营时需要进行生产经营所必需的投资，包括购买或租赁生产设备、采购原材料或货物、支付生产运营所需要的各种费用等。

俗话说"万事开头难"。在初始阶段，企业的资金基本在持续流出，由于生产、销售、运输等环节的存在，资金的回笼需要时间，因此初创企业需要有大量的资金储备。这时如果能进行融资，企业就可以扩充资金，进一步扩大自身规模。企业一般可以通过向银行借贷来融资，实力足够强大的企业可以从证券市场融资等。图1.1所示为企业的融资来源。

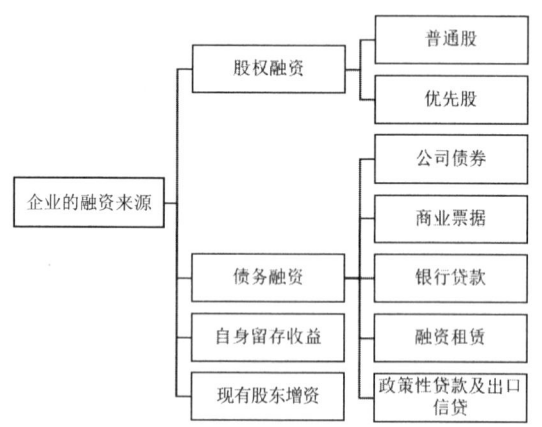

图 1.1　企业的融资来源

但初创企业由于固定资产不足，信用水平比较低，从银行、债券市场或其他可能的债务融资提供者处获得债务融资有一定的难度，因此初创企业一般会先选择除债务融资之外的融资方式，待条件成熟后，再转向债务融资。一般而言，除了债务融资，企业可采取以下三种方式。

第一，企业现有股东增资。如果企业仅有一个股东，且股东有充足的资金和增资的意愿，那么企业现有股东增资就具备了条件。现有股东增资是企业融资的重要方式。但如果企业有多个股东，而各个股东增资的能力或意愿有所不同，企业现有股东增资就可能无法实现。因为如果出现仅有一部分股东增资，另一部分股东不增资的情况，企业的股权结构就会发生变化：增资的股东股权比例会提高，而不增资的股东股权比例会相应降低。此时，股东之间极易因增资问题发生争议，如果股东之间不能妥善处理争议，企业现有股东增资就无法顺利实现。

第二，企业利用自身留存收益，逐步发展壮大。但对初创企业来说，资金的积累、市场的开拓及业务的经营都需要一定的时间，如果单纯依靠企业自身积累的留存收益来发展，则需要较长的时间。在这段等待的时间里，企业将会错失发展壮大的机会。

第三，股权融资，即通过吸引其他投资人购买企业的股权获得融资。通过股权融资，企业可以获得长期发展需要的资金。

综上所述，对初创企业而言，较为现实的获得资金的方式是第三种——股权融资。在进行股权融资之前，企业要做好未来发展所必需的资金预测，再在预测的基础上，对企业的资本结构进行相应的规划，也就是确定股权融资与债务融资的比例（具体参见1.3节）。

企业在确定股权融资的目标金额后，就可以开展相应的工作了。

1.1 企业股权融资的主要渠道和主要方式

股权融资是非常重要的融资方式之一，它是指通过将企业的股权提供给投资人，以换取企业经营发展所需要的资金的融资行为。一般而言，股权融资的优势在于对投资人没有刚性的返还本金的义务，但企业要以分红等形式向投资人分享企业经营所获得的收益。由于不存在刚性的返还本金的义务，投资人不能在除企业出现破产清算、股权转让等情况之外从企业收回本金。因此，股权融资对企业和原股东而言，风险相对较小。但相应地，由于企业需要将经营所获得的收益向投资人分享，而且分享的金额可能很大，因此实际上股权融资的资金成本相对债务融资来说较高。

通过股权融资筹措到的资金是以企业资本金的形式投入企业中的，它们体现为企业的所有者权益。通过股权融资获得的资金，在财务报表上体现为增加了企业的资产（如银行存款）和所有者权益（如实收资本），而不会增加企业的负债，因此企业的资产负债率水平可以得到控制。与此同时,企业因获得资金投入而促使资产增加,有利于优化企业的财务结构,为企业未来进行债务融资奠定基础。

1.1.1　企业股权融资的投资人、主要渠道和股权种类

从投资目的来看,股权融资可以分为战略投资和财务投资两种,投资人可以分为战略投资人和财务投资人。从主要渠道来看,股权融资分为公募和私募两种。从股权种类来看,在进行股权融资时,股权可以分为普通股和优先股,股权融资也可以分为普通股的股权融资和优先股的股权融资。企业股权融资的投资人、主要渠道和股权种类如图 1.2 所示。

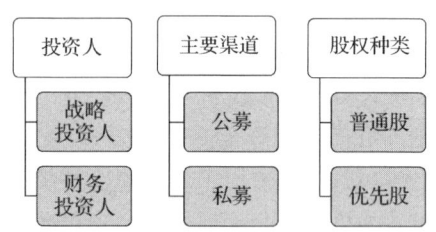

图 1.2　企业股权融资的投资人、主要渠道和股权种类

如前文所述,投资人可以分为战略投资人和财务投资人,由于他们的投资目的不同,因此其投资对所投资企业的影响也有所不同。

战略投资人往往从自身战略发展角度出发,其投资目的是通过投资企业,实现自身发展。战略投资人对股权投资的考虑包括与所投资企业间的业务协同性、投资企业新战略的增长点等。相较于财务投资人,他们往往对暂时的亏损和高资金支出有更高的容忍度,对企业的战略规划和经营往往有更强烈的参与动机。因此,战略投资人对所投资企业的股东权利、董事会席位、高管变动等更加看重。

财务投资人往往以财务盈利为目的,也就是说,其从能否自所投资企业中获取财务收益的角度出发进行投资。只有在财务投资人预想的期限内,所投资企业能让财务投资人获得满意的收益时,财务投资人才会进行相应的投资。因此,财务投资人更加注重企业日常的财务表现、经营效益水平、财务管理能力、成本控制情况、相关财务信息的及时性和准确性等。但财务投资人往往并不了解企业所在行业的情况,因此并不会过度干预企业的经营决策,尤其是与企业经营管理相关的高级管理人员的任命。

一般来说,股权融资的渠道有公募和私募两种。

按照《金融与投资辞典》(上海财经大学出版社,2008 年版)的定义,公募指

"在证券交易委员会注册后,……按照发行人和投资银行家订的发行价格,向社会投资公众销售新股"。通过公募渠道进行的股权融资通常专指在证券交易市场上公开发行股票进行的股权融资行为。企业在证券交易市场上市发行股票需要经过特定的程序,既可以选择在国内上市,也可以选择在国外上市。目前,我国境内有三个公开的证券交易所,分别为上海证券交易所、深圳证券交易所、北京证券交易所。北京证券交易所成立于2021年9月,主要服务于创新型中小企业。我国证券交易市场有多个板块,这些板块可以分为主板、新三板、创业板、科创板。其中,主板是上市股票交易的主要板块;新三板市场即"全国中小企业股份转让系统",主要为创新型、创业型、成长型中小企业发展服务;创业板又称二板,是为具有发展潜力的中小企业和高新技术企业上市安排的交易板块;科创板是我国首个实行注册制的场内市场,主要服务于符合国家战略、突破关键核心技术、市场认可度高的科技创新企业。上海证券交易所的公开资料显示,截至2020年年末,上海证券交易所共有上市公司1 800家,总市值为45.5万亿元人民币;2020年,上海证券交易所股票累计成交金额达到84.0万亿元人民币,股票融资额为9 152亿元人民币。深圳证券交易所的公开资料显示,截至2020年年末,深圳证券交易所共有上市公司2 354家,总市值为34.2万亿元人民币;2020年,深圳证券交易所各类证券成交总额达162.2万亿元人民币,股票融资额为5 638亿元人民币,固收产品融资额为1.85万亿元人民币。

按照《金融与投资辞典》的定义,私募指"将股票、债权等投资工具直接向机构投资者出售"。通过私募渠道进行的股权融资通常是指直接向小规模投资者出让股权的融资行为。对初创企业而言,以私募进行股权融资是较常采用的股权融资方式。

企业用以换取融资的股权,一般有普通股和优先股两种。

普通股是股权种类中最为基本的一种,持有者享有我国公司法及相关公司章程所规定的股东的基本权利,并且承担相应的义务。

优先股则比较特殊,一般在股东的权利和义务中设定了某些优先的条件,比如优先股股东可以按照固定的股息率收取股息。企业对优先股股东支付的股息来源于企业的利润。一般来说,企业会将股息优先分配给优先股股东。有时,企业也会允许优先股股东在剩余财产的分配上享有相较于普通股股东优先的权利。至于优先股如何比普通股"优先",在实践中并没有统一的做法,一般取决于投资人与企业的谈判。但优先股股东在股东权利方面有一定的限制,这种限制一般涉及经营管理方面的权利,如优先股股东一般没有投票权等。因此,通过发行优先股进行股权融资,有刚性兑付的色彩,和债务融资有一定的相似之处,与通过发行普通股进行股权融资有所不同。

1.1.2 企业股权融资的主要方式和一般流程

企业股权融资的主要方式包括新增股权和转让现有股权两种。

新增股权是指有限责任公司形式的企业向投资人募集新的资金，划分出新的股权份额，以达到融资目的；而股份有限公司形式的企业通过新发或增发股份进行融资（按照我国公司法，对有限责任公司使用"出资""股权"，不使用"股份"；对股份有限公司使用"股份""股权"等，也就是既可以使用"股份"，也可以使用"股权"）。企业原有的股权是有一定对应金额的，如果企业新增股权，则原股东拥有的股权比例会下降。比如，原先企业的股权可分为 10 000 股，股本金总共 10 000 元，每股价格为 1 元，原股东拥有 10 000 股即股权比例为 100%。现在增加出资后，新增股权为 10 000 股，如果每股价格依然为 1 元，则原股东所拥有的股权价值不变，但股权比例从 100% 下降为 50%。有一种比较特殊的做法是不立即新增股权，而是通过发行可转换债券等方式，规定这些可转换债券在一定的条件下可以转为股权。在我国，可转换债券一般由上市公司发行，初创企业较少使用这种金融工具。

新增股权应当按照我国相关法律法规的要求进行（详见 1.2 节）。在满足法律法规要求后，投资人对企业新增出资。此时，由投资人缴纳出资款项，实现交割相应股权，以完成股权的新增程序。投资人缴纳的款项成为企业扩充的股本金。在投资人缴纳相应款项，相应股权实现交割后，投资人成为企业的新股东，整个股权融资流程就完成了。企业获得资金之后可按照自身需求使用该资金。

转让现有股权也是股权融资常使用的方式之一。一般而言，转让现有股权是将企业现有的部分股权转让给投资人，同时投资人将相应对价资金注入企业。这里需要特别注意的是，一般来说，股权属于股东所有，所以转让现有股权所获得的资金应当归原股东所有，这部分资金并不是企业可以直接动用的财产。因此，企业要想通过转让现有股权的方式进行融资，在实践中一般需要在股权转让协议中明确约定——转让现有股权所得资金的全部或部分，必须用于企业经营，不归原股东所有，原股东不能支配转让现有股权所获得的资金。通过这种约定，实现企业的原股东转让所拥有的部分股权，但是当相应对价资金注入企业后，由企业使用该资金。

转让现有股权包括平价转让、折价转让和溢价转让，它们的区别在于投资人收购股权时使用的股价相对股权账面价值是高、低还是相等。如果投资人按照股权账面价值收购股权，就是原股东将股权平价转让给了投资人；而溢价转让和折价转让分别对应股权转让的价格高于、低于账面价值两种情况。在进行股权转让时，是选择平价转让、溢价转让还是折价转让，主要取决于企业、原股东、投资人共同对企业价值的评估。企业和原股东对企业价值的评估自然越高越好，但投资人往往并不这样认为，最终还需要各方达成一致意见。如果三方均认为企业的价值高于股权账面价值，投资人大概率就会以溢价收购企业的相应股权；如果投资人认为企业的价值等于或低于股权账面价值，投资人大概率就会以平价或折价收购企业的相应股权。

在签署股权转让协议后，双方要按照法律程序进行相应股权交割。投资人获得股权，资金则归企业所有，转入企业账户。当股权交割后，企业可以按照自身需求使用该资金。

在股权融资中，投资人可以以货币形式出资，也可以以非货币形式出资。但从企业的融资需求来看，大部分企业需要的是资金，其需要用获取的资金来支持自身的生产经营活动，促进自身发展。因此，在股权融资中，应尽可能让投资人以货币形式出资，达到企业获得运营资金，从而扩大生产的目的。但如果企业融资是为了采购生产设备、获取相关知识产权、获取土地使用权或者偿还相关债务，而非货币形式出资可以让企业实现目的，则企业可以考虑接受以非货币形式出资，比如直接接受投资人以企业需要的生产设备、知识产权或者要偿还的债务作价进行股权融资。企业可以将这些生产设备、知识产权等直接投入使用，对要偿还的债务则可以直接进行清偿或抵销，这样就能直接实现融资的目的，而不必通过融资让企业先获得资金，再进行相应的购买或偿还债务活动。这样大大方便了企业，同时降低了企业的成本。

当投资人提出以非货币形式出资来换取股权时，企业需要考虑投资人投入的生产设备、知识产权等实物或权利，是否由于过时、老化或时效丧失而导致其价值减少，甚至完全丧失。如果存在这种情况，那么企业以股权获得的这些资产，并没有使自身获得对应的价值，不能实现自身的发展目的。另外，企业接受生产设备、知识产权等形式的出资，实际上是将这些实物或权利进行了资本化，从而使其现有的价值被固定。而这些实物或权利如果是企业购入的，随着时间的推移，那么企业应对它们进行折旧或摊销。这些资产的账面价值是递减的，但在这些资产资本化后，其账面价值是固定的，不会随着时间的推移而减少。企业如果接受投资人以货币形式出资，就可以在获取资金后购买上述资产。之后，企业可以按照相关会计准则的规定对这些资产进行折旧或摊销，这能够起到为企业节税的作用。因此，企业在面临投资人是以货币形式出资还是以非货币形式出资时，可以优先考虑接受以货币形式出资。

初创企业往往只能通过风险投资人的投资进行融资，包括以新增股权和转让现有股权的方式从风险投资人处获得股权融资。在股东进行初始注资后，一般需要经过天使轮、Pre-A 轮、A 轮、B 轮、C 轮等多轮股权融资。风险投资人在企业的不同发展阶段，针对不同的资金需求侧重点进行多轮投资时，企业价值会逐步提高。这些风险投资人投资企业的股权可能是出于财务投资的目的，也可能是出于战略投资的目的。经过多轮股权融资最终发展壮大的企业可以通过在证券交易市场上市（IPO，首次公开募股）进一步扩大股权融资的规模。

在每一轮的股权融资中，企业都会面临是新增股权还是转让现有股权的选择。一般而言，如果企业的原始股划分得较少，注册资本金较低，那么采用新增股权的做法较为合适；但如果企业的原始股划分得较多，原股权结构较为复杂，注册资本金较高，那么采用转让股权的做法较为合适。在各轮股权融资中，融资金额基于融资前的股价和涉及转让的股权份额算出。

由于涉及转让的股权份额是一定的，在确定企业的估值后，就能计算出转让股权的股价，也就是融资金额。

企业总体价值＝股价×股权份额总数。一般在进行企业估值时，会先确定企业总体价值，比如确定企业总体价值是1亿元，股权份额总数是1万股。如果企业原股东转让5 000股的股权，那么投资人收购股权的价格就是5 000万元。也就是说，投资人以5 000万元的价格收购企业50%的股权。股价会随着企业估值的提高而相应提高。如果确定企业总体价值是10亿元，那么投资人收购5 000股的股权的价格就是5亿元。用确定的企业总体价值除以股权份额总数，就能计算出相应的股价。估值过程中确定的企业价值越高，对应的股权融资金额就越高，企业可以获得的资金就越多。因此，在股权融资中，对企业的估值决定了股权融资的金额，是融资推进过程中最重要的环节（企业估值详见本书第2章）。

此外，企业还可以通过一些介于股权融资和债务融资之间的方式进行融资，如发行可转换债券。在一定的条件下，企业发行的债券可以转换为普通股。当可转换债券在债券阶段时，一般提供固定的利息，其利率往往低于普通的债券。当达到转换条件时，可转换债券就转换为企业的普通股，债券的持有人变为企业的股东。

1.2　投资人出资的法律法规要求

如前文所述，股权融资主要包括新增股权和转让现有股权两种方式。投资人（股权融资提供者）可以获得股权，但相应流程等都需要符合法律法规要求，包括投资人出资的形式及股权融资的其他相关要求。

1.2.1 投资人出资形式的相关要求

《中华人民共和国公司法》（以下简称《公司法》）规定了投资人的出资形式。投资人获得股权的对价形式必须符合《公司法》等相关法律法规的规定。根据法律法规的规定，投资人的出资形式是灵活的，既可以使用货币形式的资产，也可以使用非货币形式的资产。

《公司法》第二十七条规定："股东可以用货币出资，也可以用实物、知识产权、土地使用权等可以用货币估价并可以依法转让的非货币财产作价出资；但是，法律、行政法规规定不得作为出资的财产除外。

"对作为出资的非货币财产应当评估作价，核实财产，不得高估或者低估作价。法律、行政法规对评估作价有规定的，从其规定。"

根据法律法规，对作为出资的非货币财产应当由法律法规允许的相关评估机构来进行评估作价，以核实相应财产对应的价值。对出资的非货币财产的评估作价必须合理、准确，不得高估或低估。因此，企业在进行非货币形式出资的股权融资时，应当找具有资质的评估机构来对相应财产进行评估。

如果投资人以非货币形式出资，可以用来出资的包括实物、知识产权、土地使用权等，按照《公司法》有关要求，非货币财产必须可以用货币估价并可以依法转让。相关法律法规规定，不得作为出资的财产，不能进行出资。投资者以非货币形式出资的，必须依法进行评估作价，并办理相应财产权的转移手续。

以货币形式出资的，也必须按照相关法律法规执行。

《公司法》第二十八条规定："股东应当按期足额缴纳公司章程中规定的各自所认缴的出资额。股东以货币出资的，应当将货币出资足额存入有限责任公司在银行开设的账户；以非货币财产出资的，应当依法办理其财产权的转移手续。

"股东不按照前款规定缴纳出资的，除应当向公司足额缴纳外，还应当向已按期足额缴纳出资的股东承担违约责任。"

因此，投资人必须按期足额将货币存入企业开设的账户，以履行股东的缴纳出资额的义务。

投资人可以是中国人、中国的企业，也可以是外国人、外国的企业。按照《国家外汇管理局关于完善外商直接投资外汇管理工作有关问题的通知》，"外国投资者以开立于经中国人民银行批准经营离岸业务的外汇指定银行的离岸账户中的资金向境内外商投资企业出资的，外汇资金由离岸账户向企业资本金账户的境内划转无须经外汇局核准"。另外，外国投资者除能够以可自由兑换货币、进口设备及其他物料、无形资产、人民币利润等方式出资外，经外汇局核准，还可以下列方式作为向外商投资企业的出资：

"（1）外商投资企业将发展基金、储备基金（或资本公积金、盈余公积金）等转增本企业资本；

"（2）外商投资企业的未分配利润、应付股利及其项下的应付利息等转增本企业资本；

"（3）外商投资企业外方已登记外债本金及当期利息转增本企业资本；

"（4）外国投资者从其已投资的外商投资企业中因先行回收投资、清算、股权转让、减资等所得的财产在境内再投资。"

按照该通知规定，"对收购类、费用类、保证类外国投资者专用外汇账户，若外国投资者在境内成立外商投资企业，上述账户资金余额可转入企业资本金账户，从上述账户结汇与划转的资金均可凭外汇局开立的相应核准件作为外方出资并办理验资手续；若未在境内成立外商投资企业，外国投资者可凭外汇局开立的相应核准件办理未使用资金的购付汇及将该笔资金汇出境外的手续"。以外币形式支付股权转让款的，外币只能以现汇形式，不能用现钞汇入该账户并进行结汇。如该款项要以人民币计价，则应将其按缴款日中国人民银行公布的基准汇率折算成人民币。

该通知还规定："外国投资者及投资性外商投资企业收购境内企业股权的，应当依照法律、法规规定及转股双方合同约定，支付股权购买对价（即外方为购买中方股权而支付给中方的代价，其形式可为外国投资者及投资性外商投资企业的自有外汇资金、从境内其所投资的其他外商投资企业获得的人民币利润或其他合法财产），并自行或委托股权出让方到股权出让方所在地外汇局办理转股收汇外资外汇登记。股权购买对价为一次性支付的，转股收汇外资外汇登记应在该笔对价支付到位后5日内办理；股权购买对价为分期支付的，每期对价支付到位后5日内，均应就该期到位对价办理一次转股收汇外资外汇登记。"

股权融资无论是采用新增股权还是采用转让股权的方式，投资人的出资方式都必须符合相关法律法规的要求。

1.2.2 新增股权的相关要求

新增股权属于企业的重大决策，按照《公司法》等法律法规的相关要求，一般应召开股东会，以修改公司章程中的相应内容，并按规定报公司的登记机关进行登记，经过登记方可生效。同时，企业应按照法律法规的要求，向新股东签发出资证明书，并且修改股东名册。

法律法规对股份有限公司的新增股权有较为详细的要求,但对有限责任公司的程序要求较为简单。初创企业一般是有限责任公司,只要召开股东会修改相应内容,并进行登记即可。

企业应当先召开股东会,对公司章程中规定的认缴出资额进行修改,然后按照《公司法》第二十九条的规定进行登记:"股东认足公司章程规定的出资后,由全体股东指定的代表或者共同委托的代理人向公司登记机关报送公司登记申请书、公司章程等文件,申请设立登记。"在登记后,按照《公司法》第三十一条的规定签发出资证明书:"有限责任公司成立后,应当向股东签发出资证明书。

"出资证明书应当载明下列事项:

"(一)公司名称;

"(二)公司成立日期;

"(三)公司注册资本;

"(四)股东的姓名或者名称、缴纳的出资额和出资日期;

"(五)出资证明书的编号和核发日期。

"出资证明书由公司盖章。"

此外,企业应按照《公司法》第三十二条的规定置备股东名册并登记:"有限责任公司应当置备股东名册,记载下列事项:

"(一)股东的姓名或者名称及住所;

"(二)股东的出资额;

"(三)出资证明书编号。

"记载于股东名册的股东,可以依股东名册主张行使股东权利。

"公司应当将股东的姓名或者名称向公司登记机关登记;登记事项发生变更的,应当办理变更登记。未经登记或者变更登记的,不得对抗第三人。"

1.2.3 转让股权的相关要求

如果以转让企业的部分股权作为股权融资方式,一般这些股权应该被企业自身掌握,而不应该被股东掌握。如果股东掌握股权,需要在股权转让协议中进行必要的安排,让原股东允许将这些资金注入企业。转让股权需要按照《公司法》相关规定执行。

按照《公司法》第七十一条规定:"有限责任公司的股东之间可以相互转让其全部或者部分股权。

"股东向股东以外的人转让股权，应当经其他股东过半数同意。股东应就其股权转让事项书面通知其他股东征求同意，其他股东自接到书面通知之日起满三十日未答复的，视为同意转让。其他股东半数以上不同意转让的，不同意的股东应当购买该转让的股权；不购买的，视为同意转让。

"经股东同意转让的股权，在同等条件下，其他股东有优先购买权。两个以上股东主张行使优先购买权的，协商确定各自的购买比例；协商不成的，按照转让时各自的出资比例行使优先购买权。

"公司章程对股权转让另有规定的，从其规定。"

按照法律法规规定，有限责任公司股东之间可以相互转让股权，既可以转让全部股权，也可以转让部分股权。初创企业若通过风险投资人进行股权融资，就涉及向股东以外的其他人转让股权的情况。按照相关规定，企业的原股东必须就股权转让等事宜以书面通知的形式，向其他股东征求意见。只有经其他股东过半数同意，才能进行股权转让。其他股东半数以上不同意转让的，不同意的股东应当购买该转让的股权（一般以相同价格）；如果不同意的股东不购买相应的股权，则视为同意转让。

由前文可知，经企业原股东同意转让的股权，在同等条件下，其他股东有优先购买权。两个以上股东主张行使优先购买权的，两个股东自行协商确定各自的购买比例；协商不成的，按照转让时各自的出资比例行使优先购买权。但若公司章程对股权转让另有规定，则按照公司章程规定进行。

《公司法》第七十三条规定，"依照本法第七十一条、第七十二条转让股权后，公司应当注销原股东的出资证明书，向新股东签发出资证明书，并相应修改公司章程和股东名册中有关股东及其出资额的记载。对公司章程的该项修改不需再由股东会表决"。如果原股东采用转让股权的方式来进行股权融资，则需要注销原股东的出资证明书，并向新股东签发出资证明书，并且应修改公司章程和股东名册中的相关记载，包括股东姓名及其出资额等。

1.3　股权融资与债务融资的比例确定

从财务的角度来看，企业的资产可以对应负债与所有者权益。因此，如果将企业看成资金的组合，那么企业可以分成两部分，分别是股权融资获得的资金和债务融资获得的资金，并且二者之间存在一定的比例关系。

从债权人的角度来看，债务融资的比例越低，既有债权的保障程度越高。债务融资的比例过高，不利于企业的风险管理和经营。若负债水平过高，企业的还款压力过大，其经营就会面临较大的压力，需要充足的现金流来还本付息。若企业经营出现问题，就可能陷入困境。如果企业出现了这种情况，对债权人的债权保障就会大大削弱。

从企业自身的角度来看，债务融资的比例过低，则意味着企业实际融资成本较高，企业的股权价值没有得到最大化利用，同时意味着企业没有发挥好自身的融资能力，无法及时发展壮大。

从原股东的角度来看，原股东在通过转让股权进行融资时，会注意让自身保持控股地位，以保证对企业的实际控制。原股东会努力避免陷入由于不断进行股权融资，最终自身的股权被稀释而丧失对企业控制权的困境。一般来说，投资人在没有充分了解企业或不具有较大影响力的情况下，对出资购买股权会较为谨慎。

在进行股权融资时，企业需要充分考虑各种因素，尤其是股权融资对企业资本结构的影响及其所消耗的实际资金成本。股权融资会导致企业股权所有者变动或增加股权份额，这必然使得原股东的股权被稀释或摊薄。新股东对企业的经营管理可以按照其股权比例享有相应的权利。企业的经营收益在按约定分配时，新股东会获得相应份额，原股东的所得将有所减少。如果企业进行了股权融资，但企业的经营收益没有同步增长，则原股东可获得的收益将会下降，所以原股东可能会反对企业进行股权融资。

因此，对股权融资与债务融资的比例（又称企业的资本结构）进行合理规划至关重要，该比例不仅决定着企业原股东对企业的控制权，还会影响企业后续的融资进程及对其他投资人的吸引力。

由于短期的资金在资本总量中所占比例不稳定，其会随着日常经营的实际需求不断变化，因此一般作为营运资本进行管理，而不在资本结构中进行考虑。企业在进行长期规划时，可以暂时不考虑短期的资金需求，在确定股权融资与债务融资的比例时，只考虑长期的资金需求即可。

1.3.1 资本结构的相关研究

学界有众多关于资本结构的研究，影响力比较大的是 MM 理论、权衡理论、代理理论与优序融资理论等。这些研究旨在寻找在企业价值最大化的情况下的最佳资本结构。

MM 理论根据是否考虑所得税，提出了无税模型、有税模型。根据 MM 理论的有税模型，债务利息可以在税前扣除，具有节税的功能，因此债务利息成为企业的抵税收益。债务利息越高，企业可获得的抵税收益越高，越有利于企业利用资金进行扩张，从而提高企业价值，也就是说，提高企业的负债比例，企业的价值也会随之得到提高。

从成本方面来看，负债的增加导致企业的资产负债率相应上升，债务融资成本也会上升。但债务融资成本并不会超过股权融资成本，原因是增加负债时股权融资成本也会随之上升，但股权融资成本的上升速度要高于债务融资成本的上升速度，因此债务融资成本会一直低于股权融资成本。

因此，根据 MM 理论的有税模型，债务融资相对股权融资有较低的成本，且债务融资比例越高企业的价值越高。因此，企业应当优先选择债务融资，尽可能让债务融资的比例高于股权融资。

另外，比较典型的优序融资理论认为，企业内部管理者比外部投资人拥有更多、更准确的信息，因此企业在应对融资需求时首先会选择自身资金积累，也就是使用自身留存收益来支持发展；其次会选择债务融资；最后当债务融资无法满足自身需求时，才会选择股权融资。因此，根据该理论，企业应当尽可能寻求债务融资。在企业处于初始阶段，总体实力还较弱的情况下，难以开展大规模的债务融资，因此不得不选择股权融资，以获得当前阶段无法通过债务融资获得的资金。当企业发展壮大，可以比较顺利地进行债务融资时，其往往会优先选择债务融资。

但是，债务融资受限于企业的总体规模和自身偿付能力，而股权融资主要考虑企业未来的收益。因此，要满足企业长期发展的大量资金需求，在企业的不同发展阶段，也应适当使用股权融资。在有更高的估值的背景下，企业可以通过股权融资获得更多资金，这是债务融资难以实现的。股权融资的成本虽然较高，但可以承担债务融资一般不能承担的风险。因此，股权融资与债务融资的比例确定应当是一个动态的过程，这一比例随着企业发展的不同阶段而变化。

1.3.2 资本结构的相关考虑因素

对股权融资与债务融资的比例确定，主要考虑以下因素并进行相应决策。

第一，股东及企业能承担的风险。债务融资用较低的成本给企业带来较多的资金，但由于企业必须刚性偿还融资款项，即还本付息，因此债务融资对股东及企业而言有较高的风险。因此，在进行融资时，首先需要考虑股东及企业可承担的风险和相应的支付能力，以确定企业可以进行多大金额的债务融资。

第二，股东对控制权的需求。股权融资必然让渡股东部分对企业的控制权，因此需要对新进入的投资人的股权比例或相应权利进行必要的限制，以在合理的范围内保留原股东对企业的控制权。但新进入的投资人对企业的控制权也有一定的需求，否则一般不会投资。因此，股东要在股权融资后保留的控制权与让渡的控制权之间做适当的权衡。股权融资实质是有上限的，据此进行相应测算，可以大致确定企业可以进行多大金额的股权融资。

第三，企业能承受的资金成本和预期的收益情况。企业需要对比两种融资方式可能的资金成本及可能的收益情况，同时参照自身风险承担能力和股东对盈利的期望等，进行合理规划，寻找适合自身的融资方式，确定股权融资与债务融资的比例。

第四，外部影响因素。例如，国家有关法律法规对企业资本金比例的要求，现有的债务融资对资本结构的要求。对于一些大额贷款，融资银行会在贷款协议中对企业的股权比例做出规定，以确保股东对企业的持续支持，这实质上对企业的股权融资进行了限制。

1.3.3　比例确定的参考方法

企业在确定股权融资与债务融资的比例时，可以基于前文提到的相关因素进行相应决策。企业应先考虑自身偿还能力，以及可以获得的债务融资金额，对股权融资与债务融资的比例进行初步的划分。在这一步骤中，企业主要需要做以下三个方面的工作。

第一，对未来的现金流进行压力测试。企业需要考虑各种不利的外部因素，如信贷政策、总体经济下行风险，并估计自身所能承受的最大债务融资金额。

第二，分析可能的资产负债率对自身获取债务融资的影响。比如，如果企业进一步扩大债务融资的规模，那么资产负债率就会进一步提升，融资银行可能认为企业的资产负债率过高而降低给予企业的信贷额度，这就会导致企业无法获得可持续的债务融资支持。如果出现了这种情况，就意味着企业应当适度降低债务融资的比例。

第三，考虑竞争对手的情况，以及所在行业股权融资与债务融资比例的平均水平。

在做了第一个方面的工作后，企业需要综合考虑股东对控制权的需求，划定保留控制权的股权比例边界。对于这个边界的划定，只要考虑是保留绝对多数的股权比例还是保留相对多数的股权比例即可。在划定保留控制权的股权比例边界时，只要做好了上述三个方面的工作，就能初步确定股权融资与债务融资的比例范围。

假设某企业以往从未进行债务融资，目前融资需求为 5 000 万元。

企业原股东要求其股权比例不能低于 80%，也就是说，最多出让 20%的股权。假设此时资本市场普遍对企业的估值为 1 亿元，也就是说，企业最多能通过股权融资满足 1 亿元 × 20% = 2 000 万元的需求。初步可以确定 2 000 万元就是股权融资的最高金额，即初步确定债务融资最少需要 3 000 万元。

企业进行了现金流压力测试，认为可以承受 5 000 万元的还款压力。但经过与融资银行沟通，融资银行提出企业只能获得 4 000 万元的贷款。同时，企业考察所在行业股权融资与债务融资的比例，一般为 1/4 至 3/7（股权融资金额与债务融资金额的比值）。

最终，企业做出了决定：安排 1 000 万元到 1 500 万元的股权融资，以及 3 500 万元到 4 000 万元的债务融资。这样，股权融资与债务融资的比例范围就可以确定了，这个比例范围与行业的平均水平一致，股权融资不超过股东同意出让的最高股权比例，且债务融资金额不高于融资银行可以提供的贷款金额。

此外，对比不同融资比例下的资金成本是确定股权融资与债权融资比例的一种较为可行的方法。这样对比例的确定就可以转化为寻找加权平均资本成本最低的方案，此时企业的价值可以实现最大化。企业较常用的方法是对比不同融资比例下的资金成本，即通过对不同投资组合的资金成本进行加权平均，最终找出资金成本最低的融资方案。一般情况下，资金成本用资金成本率表示。

债务融资资金成本为税后利息费用除以扣除借款手续费后的实际融资金额：

$$债务融资资金成本 = [利息 \times (1 - 所得税税率)] \div [融资金额 \times (1 - 手续费率)]$$

可以看出，得出的结果也就是实际支出的利息与实际获得的融资金额的比率。

其中，资金成本最低的方案就是可选择的方案。

股权融资资金成本的考虑基于未来企业的发展状况，需要对企业的发展做出合理的判断。如果是上市公司，那么可以通过股价的变化对企业未来市值进行判断，这里不再赘述。下面主要对非上市公司进行说明。

在理论上，股权融资资金成本可以使用资本资产定价模型（Capital Asset Pricing Model，CAPM）来确定，其计算公式如下：

$$股权融资资金成本 = 无风险收益率 + \beta \times (股价平均收益率 - 无风险收益率)$$

一般无风险收益率可以取长期国债收益率。系数 β 代表对特定资产或资产组合的系统风险度量。在实践中，我们并不需要对此做进一步了解。因为在现实情况中，非上市公司或初创企业的 β 及股价平均收益率较难获取。因此，在实践中常用的是

风险溢价模型,即将债务融资资金成本加上股东要承担的预期收益率作为股权融资资金成本,计算公式如下:

股权融资资金成本 = 债务融资资金成本 + 股权预期收益率

如果通过优先股融资,同样使用风险溢价模型,即将债务融资资金成本加上优先股融资资金成本。优先股融资资金成本是股息与实际融资金额的比值,即优先股年股息除以扣除优先股融资费用后的优先股融资金额。

优先股融资的股权融资资金成本 = 债务融资资金成本 + 优先股年股息 ÷ （优先股融资金额 − 优先股融资费用）

从可能的收益角度来看,可以比较不同的融资方案产生的每股收益,当息税前利润（Earnings Before Interest and Tax,EBIT,支付利息与所得税之前的企业利润）扣除利息支出、企业所得税及优先股股利后,除以普通股股数可以得到每股收益。

每股收益 = （息税前利润 − 利息支出 − 企业所得税 − 优先股股利）÷ 普通股股数

在对比不同融资比例下的每股收益后,其中每股收益最高的方案就是可选择的方案。

但以上计算仅单纯地考虑了资金成本和收益,并未将二者综合考量,同时没有考虑可能存在的风险。其实,这个问题可以通过考虑不同方案对企业价值或市净率的影响来解决。因为如果某资本结构使得企业价值或市净率最高,那么在该资本结构下加权平均资本成本是最低的。折旧依然用计算每股收益的方法,即将息税前利润扣除利息支出、企业所得税及优先股股利后,不再除以普通股股数,而是除以权益资本成本,以此计算企业价值。

企业价值 = （息税前利润 − 利息支出 − 企业所得税 − 优先股股利）÷ 权益资本成本

但从实际情况来看,企业价值往往难以计算,由于难以获得相应数据,不能精确计算,因此只能考虑采用计算每股收益或资金成本的方法。而在每股收益的计算中由于息税前利润也仅是对未来的估算,因此实际上企业更多采用的是计算资金成本的方法,即在考虑风险承担能力、股东对控股权的需求的前提下,选择资金成本最低的方案。

在实践中,企业可以将资金成本指标设定为最佳区间、警戒区间和最终的风险底线三个部分。当指标处于最佳区间时,企业可以根据自身的经营策略来进行经营；当指标处于警戒区间时,企业需要进行相应控制,并适当进行融资操作,以使企业的资本结构更加合理；企业可以针对自身实际情况,设定最终的风险底线,包括债务融资的最高值和原股东股权比例的最低值,任何时候都不能突破该底线。

1.4 本章小结

股权融资是企业在初始阶段较为现实可行的融资方式，它的优势如下。

（1）还款风险较小，无须刚性返还本金。

（2）可以优化企业资本结构，降低企业资产负债率，为企业未来债务融资奠定基础。

在股权融资的前期准备中，要力求企业未来有较好的收益，以避免原股东的股权被稀释或摊薄后，原股东因为权益受损而反对进行股权融资。企业需要确定股权融资与债务融资的比例，以便后续依照规划进行融资安排。相关人员应当认真考虑以下内容。

（1）股东及企业能承担的风险。

（2）股东对控制权的需求。

（3）企业能承受的资金成本和预期的收益情况。

（4）外部影响因素。

相关人员可以按照上述考虑来确定股权融资与债务融资的比例，具体步骤如下。

（1）考虑股东及企业能承担的风险和股东对控制权的需求，划定初步比例范围。

（2）从财务管理的角度估算企业能承受的资金成本和预期的收益情况，在现实中一般会对比资金成本。

在实践中，企业可以将资金成本指标范围设定为最佳区间、警戒区间和最终的风险底线三个部分。指标处于不同的区间进行不同的操作，尽量使企业的股权融资与债务融资比例趋于合理。

企业进行股权融资时，可以寻求战略投资人或财务投资人的投资，在寻找投资人时，需要了解以下两点。

（1）战略投资人对所投资企业的股东权利、董事会席位、高管变动等更加看重。

（2）财务投资人更加注重企业日常的财务表现、经营效益水平、财务管理能力、成本控制情况，相关财务信息的及时性和准确性等。

股权融资可以通过普通股或优先股来进行。普通股持有者享有股东的基本权利，并且承担相应的义务；优先股则会对股东优先分配股利，一般股息率是固定的，与债务融资较为相似，但相应地在股东权利方面有一定的限制。

企业股权融资的主要方式包括新增股权和转让现有股权两种。新增股权应当按照我国相关法律法规的要求进行；而转让现有股权一般需要在股权转让协议中明确约定——转让现有股权所得资金的全部或部分，必须用于企业经营，不归股东个人所有。一般而言，如果企业的原始股划分得较少，注册资本金较低，那么采用新增股权的做法较为合适；但如果企业的原始股划分得较多，原股权结构较为复杂，注册资本金较高，那么采用转让股权的做法较为合适。

无论采用何种方式，都需要根据企业的估值确定股权的价值，以与投资人谈判，最终确定融资金额。

股权融资可以接受以货币形式出资和以非货币形式出资。在接受以非货币形式出资时，需要考虑实际中这些实物或权利的损耗或减值情况，但在接受出资后，它们进行了资本化，现有价值被固定。

第 2 章
初创企业的风险融资

在第 1 章中,我们初步了解了股权融资的一些基本概念、要做的准备工作及大体流程。从本章开始,我们进入获取融资的具体操作阶段。初创企业由于实力不足,难以进行债务融资,因此可以通过股权融资来获取自身发展需要的资金。

我们已经做了初步的准备,基本确定了股权融资与债务融资的比例,也了解了各种出资方式及大致可以找哪些投资人。风险融资从投资人的角度来看是风险投资,风险融资对初创企业来说是较为现实可行的选择。让我们一起去获取风险投资人的风险投资,帮助企业快速成长吧!

2.1 获取风险投资的一般流程与实务要点

2.1.1 什么是风险投资

风险投资一般是指投资人(既包括作为个人投资者的自然人,也包括专业的风险投资机构)通过投资企业,获得其部分股权的投资方式。风险投资是初创企业进行股权融资的重要方式,投资人着眼于企业的长期价值,通过长期持有企业的股权,待企业发展壮大之后再退出投资,以获取高收益。初创企业的发展过程中存在着许多不确定的因素,而且需要相当长的时间才能逐步扩大经营规模,发展为大型企业。在这种情况下,对初创企业的投资意味着具有相当高的风险。企业通过风险投资获得资金,风险投资的投资人为了保障自身投资安全,让企业健康成长,还会尽可能在能力范围内给企业提供除资金外的资源、管理等帮助。风险投资的投资人帮助企业优化经营管理、扩大市场规模、提升运营效率,让企业更好地成长。

风险投资从广义上来说,涵盖企业在成熟前的种子阶段、初创阶段等各阶段的股权融资。

1. 种子阶段的天使投资

在种子阶段，企业可能尚未注册，仅有创始人和初步理念，企业也可能刚刚注册，还未能进行任何实际的经营活动。这时候除创始股东的投入之外，天使投资人会以初创企业的股权的对价给企业投资。一般在这个阶段，企业能够获得的融资金额较小，仅能支持自身一段时间的运营。

在这个阶段，企业有时也会寻求股东以自有资金出资，或者寻找一些个人投资者来进行天使投资。自然人作为天使投资人，一般投入的资金金额不大，由于企业仅有创始人和初步理念，天使投资人可提供的融资金额通常为20万元至100万元人民币。而如果创始团队已经搭建，产品或服务已有雏形、预备量产，则天使投资人可提供的融资金额通常为300万元至1 000万元人民币，其获得10%至30%的股权，并可能在后续几轮融资中迅速退出。

2. 初创阶段的风险投资（狭义的风险投资）

在这个阶段，企业已经成立，人员逐步齐备，基本的生产和运营工作逐步展开。随着企业的发展，后续将要进行估值和多轮融资。此时，企业开始运营，需要大量的资金投入。原股东的持续注资或一些非专业投资人的资金支持，往往不能满足企业的资金需求。企业需要尽快扩大融资规模，加速企业的发展。这时，企业可以通过专业的风险投资机构（狭义的）来获得较多的资金。

从获取股权融资的企业数量来看，获取风险投资的企业数量远远少于获取天使投资的企业数量，同时对单个企业的风险投资金额远远高于天使投资的金额。

天使投资的金额一般较低，天使投资人中有不少专业的风险投资机构，也有大量的个人投资者。但风险投资金额较大、风险相对较高，投资人以专业的风险投资机构为主。风险投资机构拥有对众多企业投资的经验，尤其专注于对其熟悉的产业链进行投资，具备较大的影响力和丰富的人脉资源。风险投资机构有能力通过整合产业链上下游其他被投资企业力量，逐步使被投资企业形成协同效应，也就是说，风险投资机构能为其投资的企业提供除资金外更多的帮助。

风险投资机构往往在初期投资一家企业后，随着企业估值的上升会向该企业进行持续投资，即会参与该企业的后续多轮融资。但风险投资机构的资金有限，当主要的资金都参与后续融资后，仅剩余相对较少的资金给予新接触的初创企业。

对这些新接触的初创企业，风险投资机构一般要求其已经开始经营、产品或服务已经面市、具备一定的财务或经营数据，可提供的融资金额一般为1 000万元至5 000万元人民币，通常获取的股权为10%至20%。

3. 风险投资的退出

一般而言，风险投资的退出是指投资人将用资金获取的相应股权进行转让，实现退出。风险投资的收益除包括获得的股息和分配的利润外，还包括通过转让股权获取的资金。但一般企业在没有大规模、持续盈利的情况下，很少支付股息和进行利润分配，因此风险投资的盈利主要体现在退出上。

在企业各个发展阶段，风险投资人（无论是个人投资者还是风险投资机构）都需要充分考虑何时退出、如何退出等问题。因为风险投资人的根本目的是盈利，只有在合适的时机并以合适的金额将持有的股权变现，其才能实现盈利。在各轮融资过程中，已经成为股东的投资人的股权可能不断地被稀释或摊薄，因此他们需要在合适的时机退出。退出安排对风险投资人来说至关重要，其往往对他们是否投资具有决定性的作用。

2.1.2 获取风险投资的一般流程

获取风险投资的一般流程如下。

第一，企业按照既有发展战略、市场策略，以及确定要进行的股权融资比例和金额，准备融资申请材料。如有可能，应在企业内部建立专门的团队，由该团队负责融资相关工作，以提高股权融资工作的效率，并保证材料准备得精准。企业在安排股权融资时，应准备相应的备用计划，防止融资失败导致企业资金链受到影响，波及企业的正常运营和管理。

第二，企业向风险投资人提交初步融资申请材料，风险投资人进行初步审查。风险投资人在进行初步审查的时候，一般主要审查企业所在的行业及相应的商业模式。如果面对的是初创企业，风险投资人会重点关注企业创始人的相关情况。

第三，风险投资人向企业表示对其进行投资的初步意向，双方签订相关保密协议（如有必要），企业提供完整的商业计划书。有时，还需要企业对商业计划书的内容专门安排路演，进行宣讲。企业与风险投资人进行面对面的交流，帮助风险投资人进一步了解商业计划书的内容，并对其感兴趣的内容进行进一步的解释和说明。商业计划书的内容包括企业的介绍、业务战略规划、经营计划及与主要竞争对手的对比等（详见本书 2.3 节）。风险投资人往往会将寻求融资的初创企业与现有的成功企业进行对比，以便理解企业的商业模式，并预测企业未来的发展情况，这点需要注意。

第四，风险投资人进行尽职调查。风险投资人如果初步认可企业的商业计划，并有意向提供融资，就会与企业约定在某个特定的时间进行尽职调查。此时，风险投资人可能要求企业签订排他性协议，要求企业在此阶段不与其他投资人进行融资谈判。风险投资人会对企业自身、企业上游供应商与下游客户、重要利益相关者等进行调查，评估商业计划书是否合理，判断企业是否可以按照商业计划书的规划发展。

在这个阶段，企业可以要求风险投资人提供尽职调查的内容清单，以便进行有针对性的准备工作。

第五，具体谈判。风险投资人将出具条款清单，以便双方就股权融资的主要条件达成一致。在此阶段，风险投资人主要将就企业的估值与企业进行谈判，同时确定可能的投资方式、股权份额及相应金额。此外，原股东对企业的控制权和股权份额，以及风险投资人参与企业的管理、运营等也是谈判的重点。在谈判初期，可以由任何一方提供一份条款清单（作为谈判的基础），在达成一致意见后，双方签署条款清单。

第六，风险投资人与企业签订投资协议，股权交割，融资落实。在最后一个阶段，风险投资人及企业在完成各自内部决策程序的同时，由专业律师根据条款清单制定协议。双方签署协议并按照协议要求逐项落实，最终实现股权交割，融资款到位。

一般而言，企业获取风险投资需要较长的时间，短则半年。如果市场行情较差或投资风险较高，导致风险投资人处于谨慎状态，或者商业计划书中体现的企业经营发展理念难以获得风险投资人的认同，则可能需要更长的时间。

2.1.3 获取风险投资的时机选择

在确定融资金额时，企业应对融资的时机进行规划。融资的时机应与企业的资金使用需求相匹配。

如果融资延迟，会导致企业不能及时获取生产经营所需要的资金，错失发展机会，甚至会造成对外付款的违约，可能对企业的发展产生负面影响；而如果过早进行大量的融资，导致资金闲置，将增加资金成本，同时会影响企业与风险投资人的相互信任关系，使风险投资人认为企业浪费资金且没有做好商业发展规划。

企业应该从现金流的角度对未来一段时间的生产经营进行规划，具体来说可以从以下两个方面进行考虑，以选择合适的获取风险投资的时机。

第一，未来一段时间的现金流量净额。

如果已经考虑及时扩大生产经营规模，而现金流量净额依然为正，也就是说，流入的现金流量高于流出的现金流量，企业的现金流量完全可以满足再投资的需求，则说明企业情况较好，有富余的资金，可以适度暂缓考虑融资。但如果虽然现金流量净额为正，但绝对值较小，出于资金使用前瞻性的考虑，还是有必要进行适度的融资的，以防市场变化，现金流量出现问题而导致资金链断裂。

如果预测的现金流量净额为负，从获取融资的角度来说，这种情况下可能会给融资造成一定的困难。一般而言，当企业预测的现金流量净额为正时，意味着企业能够通过经营获得一定的资金。在构建的财务预测模型中，可以体现经营性现金流净流入的金额不足以覆盖预备使用的资金金额。

在考虑现金流量情况时，也需要同步考虑净利润和资金周转率。如果企业的净利润和资金周转率较高，就意味着企业使用资金的效率较高，对资金的需求不高，对融资的需求不那么强烈。

总而言之，在以下几种情况下企业可以开始融资：第一，企业的净利润为负或略微为正，资金周转率却与行业平均水平持平；第二，企业现金流量净额为正，但绝对值较小。

第二，总体资本市场的环境变化和主要竞争对手的融资进度。如前所述，企业能获取的风险投资金额是有限的，如果总体资本市场的环境发生变化，如监管措施变化、相关市场风险提高，导致融资难度提高，及时融资就非常重要。对企业而言，资金如同身体的血液。如果竞争对手能及时获得融资，将对企业的市场竞争造成不利，也会打击其他潜在投资人的信心。因此，要尽量选择在总体资本市场资金较为充裕的时候，并且抢在主要竞争对手融资之前进行融资。

2.1.4 退出安排、确定估值和融资金额

在股权融资中，有三个方面对风险投资人来说非常重要，甚至决定了企业能否进行股权融资。这三个方面分别为退出安排、确定估值和融资金额，它们的关系十分紧密。

1. 退出安排

退出安排通常包括风险投资人退出投资、获得相应投资收益的方式和时间。

退出投资的时间可以反映风险投资人所投资的企业多长时间可以实现预期的盈利目标，体现企业的盈利能力。企业的资金回收情况、经营效益、管理成本的控制等都对风险投资人的退出时间有较大的影响。退出时间安排往往与企业商业计划书中安排的下一轮融资时间有高度的关联。如果企业自身的商业计划书中提出的各轮融资的时间十分紧凑，则意味着风险投资人会在较短的时间内退出。这也说明企

业有信心在较短的时间内让股权价值快速提升，那时会有足够的其他投资人收购股权或由企业原股东进行回购。这表明企业盈利能力强、经营有方、市场拓展得当、成本控制有效、资金运转效率较高。风险投资人为了获得投资收益，一般更青睐预计退出时间短的企业。

通常来说，退出的时间可以安排在 1 年以后，这样企业可以在相对充足的时间内得到发展，同时也能增强风险投资人的信心，为未来的下一轮融资奠定基础。

一般来说，风险投资人主要有以下几种退出方式。

第一，首次公开募股。这是风险投资人最理想的退出方式。待企业成长到一定的阶段，可以在证券交易市场上公开募股。由于可以向更多的股票投资者募集资金，企业的估值会由于股价的快速攀升而上涨。风险投资人可以选择将相应的股权在上市时以远高于原先投资的股价卖出。同时，股票交易非常便利，这使风险投资人的退出程序非常简便。

第二，股权转让。风险投资人可以把股权转让给后续的投资人，在获得资金后实现退出。风险投资人也可以根据投资协议，要求企业或原股东对自己的股权进行回购，从而实现退出。

第三，兼并收购。企业可以通过换股的方式兼并收购其他企业，或者被其他企业兼并收购。当企业被其他企业兼并收购的时候，风险投资人的股权也包括在被兼并收购的企业股权中。由于风险投资人的股权被其他企业收购，风险投资人实现了退出。风险投资人也可以与其他企业进行换股，将自身持有的企业股权换成其他企业的股权，这样就实现了退出。

第四，企业破产清算。这也是一种退出方式。如果企业最终无法维持运营，只能通过破产清算，将剩余的财产按照法律规定进行处理，那么风险投资人只能通过进入企业的破产清算程序实现退出，但其追索权顺序排在企业的其他债权人之后，只能尽可能挽回损失。

企业应该考虑相应退出方式的可实现性，做好相应的准备，向风险投资人表明后续可以进行的退出安排。如果预计企业发展前景良好，未来有可能上市，则可以向风险投资人描绘相应前景。如果企业盈利能力很强，现金流稳定，没有必要通过上市来募集资金，在这种情况下，企业可能只在一段时间内有资金需求，那么可以与风险投资人约定以回购股权的形式退出，这样风险投资人承担的风险相对较低，同时也可以降低企业的股权融资成本。

2. 确定估值

对企业进行估值，是对企业的整体价值进行评估。通过估值可以确定股权融资对应的股权的价值,并以相应的价值进行相应的股权融资。大家一起来看看下面的例子。

某初创企业总资产为10万元,注册资本金为1万元。如对企业的估值为20万元,创始股东将股权融资的比例定为30%,即将30%的股权转让,则融资金额为20×30%=6(万元)。也就是说,创始股东占有的股权比例下调为70%,而投资人出资6万元,换取30%的股权。在对企业进行估值时,可以参考市盈率(PER)、市净率(PBR)、现金流折现(DCF)、重估净资产(RNAV)等。出于便于计算的原因,更广泛使用的方法是对企业息税折旧及摊销前利润(EBITDA)的倍数进行估值。在估值时,可以对照行业内其他企业的情况,比如它们在进行股权融资时,会使用息税折旧及摊销前利润的多少倍进行估值,从而确定使用多少倍对企业进行估值较为合适。

企业在进行股权融资时,上述估值方法都可能被使用,但风险投资人往往会选择自己最熟悉、最常用的方法。企业可以根据自身的业务情况,寻求合理的做法。具体的估值工作可以通过聘请财务顾问进行,也可以安排有财务经验的员工进行试算,以最大化自身估值,以便在股权融资中获得更高的收益。

处于种子阶段的企业往往没有财务数据,缺乏估值的数据基础,无法通过一般的估值方法进行估值,此时风险投资人往往不会考虑企业估值,而是会对企业的创始人及管理团队进行评估,从而确定可能的投资金额。

在初创阶段,企业开始有相关业务和财务数据,但未来的经营情况依然存在一定的不确定性,此时在使用上述方法估值的同时,风险投资人会将企业与类似企业进行对标考虑。企业在此阶段的估值谈判中,可以参考类似的方法,提出对自身有利的对标类似企业的估值方案,但最重要的还是企业自身的盈利能力和业务发展趋势(营业收入),这些对风险投资人的影响很大。

需要注意的是,估值是将业内其他企业的发展历程作为参照,对被估值的企业未来价值进行预测的过程。但企业从当前状态达到估值所预测的价值的状态,需要经历营业收入的增加和自身盈利能力的提升阶段。因此,除了通过对标类似企业来确定估值,还应通过企业的现实情况,以及在合理估算获得投资后投入资源,从而能转换成的营业收入或盈利来说服风险投资人。企业的营业收入或盈利能力越高,获得高估值的可能性越大,即说服风险投资人接受高估值的可能性越大;而如果企业的营业收入或盈利水平较低,企业说服风险投资人接受高估值就存在一定的难度。

3. 融资金额

企业进行股权融资的根本目的在于通过融资获取自身经营所需要的资金。

企业应该根据资金需求来确定融资金额,否则可能造成资金浪费,同时也会对企业与风险投资人之间的信任关系产生不利的影响。需要注意的是,如果企业在初期的融资金额过大,同样也会给后续融资的估值造成不利的影响,导致后续融资的难度提高。企业在融资上,应该看重长期、可持续的融资资金的可获得性,而不应仅重视当前的利益。

从现实情况来看,虽然企业会制订相应的资金需求计划,但在初创时期,扩大产能、增加服务都需要更多的资金。因此,实际上,即使"超额"融资,资金也往往会被投入生产运营,并且会被迅速消耗殆尽。从企业的生产运营角度来说,融资金额总能被完全使用掉。

但若融资金额过大,会增加后续融资的难度,主要有以下两个原因:第一,如果本轮融资金额过大,在投入生产运营后,未来扩充产能和持续运营将会需要更多的资金,即后续融资需求进一步扩大;第二,从风险融资的角度来说,风险投资人希望每轮估值的放大倍数保持一定的规模,但如果企业估值过高,使融资金额过大,相应的风险也会增加。在市场上,有大量的企业和项目在寻求融资,风险投资人有更多的选择,此时风险投资人更愿意选择风险相对较低的企业进行投资。

而如果在本轮股权融资中融资金额适度,就为下一轮融资奠定了比较好的基础。第一,本轮过大的融资金额会使下一轮企业估值提高,增加下一轮融资的难度。大规模的融资需要有实力的风险投资机构提供,而较大的融资金额需要通过风险投资机构内部的层层审批,需要进行长时间的审核,而且前期的谈判等也要花费更多的时间,相关法律事务也更加烦琐。融资耗费的时间越长,越可能导致企业获得资金的时间难以把握,最终可能导致企业融资失败,从而影响企业的资金链。而如果是适度的融资金额,下一轮融资耗费的时间会更加可控,成功的可能性也更大。第二,适度的融资金额,有利于风险投资人在后续的融资中实现退出。对风险投资人来说,投资规模适度,未来随着企业估值的提高,将有更大的空间来实现退出。较小的融资金额,不仅意味着风险投资人现阶段支出较少,风险较低,还意味着未来股权价值的增长有更大的空间,可选择的退出时间也更充裕。风险投资人最重视的就是如何在获得高收益时退出,他们往往更青睐容易实现退出的企业。

综上所述,对初创企业来说,在早期资金需求方面,融资金额在1 000万元人民币以下为宜(前提是能满足市场开发和运营的资金需求)。但从商业计划的角度来看,确实需要较大金额的资金,企业要考虑到下一轮融资的时间可能由于本轮融资金额较大而花费更长的时间,应提前做好准备。一方面,企业需要尽早做好后续持续融资的准备,如对商业计划书进行更改,针对业务扩张制订详细的计划,做好后续融资的时间安排;另一方面,企业应对现有的资金进行更有效的利用和规划,保持足够的资金储备,以应对后续资金链可能出现的各种问题。由于各轮融资通常间隔一年以上,因此企业应预备能维持自身运作18个月至24个月的资金。同时，企业在资金的使用方面需要做进一步的取舍，对于初创企业，维持自身正常运作的资金，如各项固定成本开支（办公场所租金、员工基本工资等）是必须满足的，这可以在初步制定资金规划和融资计划时就加以考虑。但是，一些变动成本是否值得大规模投入值得商榷。首先是高额的人员聘用费用，对初创企业来说，极其重要的是招揽当前发展阶段所需要的人才，而不是用大量的资金进行人员扩张；其次是加大自身项目投资力度的费用，如扩充产能，或者在非核心领域增加服务投入的费用。过度扩张对初创企业的资金链将是巨大的挑战，只有稳定的资金链才有利于企业的顺利发展乃至壮大。

2.2 如何找到投资人

2.2.1 寻求股东以自有资金出资

对初创企业而言，原股东增资是最便捷的融资方式。原股东只要有足够的实力，又对企业有一定的控制权，那么他们进一步增加对企业的投资既可以表明对企业的发展前景有信心，也是对企业尽义务的表现。在进行风险投资之前，如果原股东已经尽最大努力给予资金支持，也会对后续的股权融资产生正面影响，有利于风险投资人对企业的未来发展树立信心。如果原股东有充裕的资金但不愿意进一步投资，反而进行大规模的股权融资，甚至舍弃控制权，这对风险投资人来说是原股东对企业的发展前景没有信心的表现，会导致风险投资人怀疑企业的发展，影响企业后续的股权融资工作。

2.2.2 寻找风险投资人

1. 通过私人关系寻找个人投资者

初创企业有时尚未实际经营业务，经营的成果还没有展现出来，而风险投资人对企业所在的行业可能并不熟悉。一般来说，此时风险投资人对企业投资，更多的是基于对企业创始人和管理团队的信任而给予少量资金支持。

初创企业可以先通过私人关系寻找个人投资者。因为通过私人关系找到的个人投资者对初创企业的创始人和管理团队更加了解，有较好的信任基础。在现实中，往往是非专业的个人投资者向初创企业进行投资，尤其是初创企业的天使轮与Pre-A轮股权融资。通过私人关系寻找非专业的个人投资者，尤其适用于尚无经营数据的初创企业。相应的资金可以支持企业及时开始进行初步的市场运营，以便在拥有更好的市场表现后能对专业的风险投资机构有更大的吸引力，从而更好地开展后续的融资工作。

在通过私人关系寻找个人投资者时，可以从以下几个方面入手。

第一，求助于资金充裕的朋友或亲属。由于双方足够了解，因此更容易获得相应的投资。

第二，请人脉丰富的专业人士介绍。企业可以寻求律师、会计师、银行工作人员等的帮助，他们可能会为企业推荐有投资实力和投资意愿的投资人。

第三，寻找一些年龄较大的相关行业企业里的中高层管理人员。这些人员前期已经积累了一定的财富，但临近退休需要寻找新的收入来源，或者希望改变现状。同时，他们对相关行业有较深入的了解，可以很好地预测企业的发展前景，能高效地做出投资决策。

第四，寻找其他通过股权融资壮大企业的创业者。这些创业者通过股权融资将企业发展壮大，并最终通过IPO获得了充裕的资金，同时具备相关的投资经验。他们更能理解初创企业的情况，能快速地做出投资决策。

第五，其他渠道。企业创始人或管理人员自然可以通过陌生拜访等方式结识可能的个人投资者，但更有效的方式是让熟悉的中间人进行介绍，这样能够更快地拉近与个人投资者的距离。企业创始人或管理人员还可以参加一些以创业投资内容为主题的活动，寻找可能的个人投资者。

2. 寻找专业的风险投资机构

非专业的个人投资者的投资只能支持企业较短时间的发展。企业如果想取得长远发展，需要与有大量资金和资源的专业的风险投资机构合作，以获得更多融资。

初创企业固然非常希望能获得专业的风险投资机构的青睐，但在寻找专业的风险投资机构之前，其应该对存在合作可能性的风险投资机构进行判断，并列出清单，而不能仅倾向于寻找有名的或者拥有大额资金的风险投资机构。

首先，应考虑风险投资机构是否有相应的产业经验，风险投资机构通常的角色是财务投资人。虽然作为财务投资人的风险投资机构一般不会过度干预企业的经营决策，但总有少数风险投资机构为了优化被投资企业的财务表现，在投资后也会对企业进行干预，因此需要考虑风险投资机构是否会干预企业的经营决策，其利益诉求是否与原股东一致。

其次，考虑风险投资机构是否可以为企业提供持续的融资支持。如果风险投资机构没有足够的资金实力为企业提供持续的融资支持，就意味着企业后续需要再寻找其他风险投资机构，可能需要耗费更多时间。

再次，考虑风险投资机构是否有能力为企业提供除资金以外的其他支持。风险投资机构投资的企业之间可以形成一些协同效应，同时经验丰富的风险投资机构可以凭借其在相关行业企业的管理经验，让企业从多方面获益。

最后，考虑双方达成平等合作的可能性。企业与风险投资机构的合作应基于长期的平等互利的伙伴关系，不能将从风险投资机构处获得融资视为风险投资机构的"施舍"。从交易角度来讲，企业在获得融资的同时也提供了股权对价，双方进行的是平等的交易。双方只有建立平等的、长期互利的关系，才能正确地对企业的经营决策及投资人的权益进行保护。

在市场上，通过股权融资获取的资金是有限的，因此有众多的初创企业寻求风险投资。初创企业若能比其他企业先一步找到投资人，实现融资，获得足够的资金，就能抢先一步发展，从而比竞争对手获得更多的优势。

2.2.3 寻找产业投资人

产业投资人往往出于战略协同方面的考虑是否进行投资，对企业的短期财务表现要求不高。产业投资人往往更倾向于加强对企业的控制。

产业投资人包括以下几种类型。

第一，有商业往来的合作伙伴，如企业的上游供应商和下游客户。发展良好的企业会稳定地在供应商处采购，并使其上游供应商得以延伸其产业链。下游客户了解企业的产品或服务，而且下游客户对企业的市场情况十分了解，比没有相关经验的一般个人投资者或风险投资机构能更好地理解企业商业模式的市场前景。

第二，有协同效应的相关行业企业。例如，一些商业地产运营商有可能考虑和高端餐饮业的联动效应，因而愿意投资于高端餐饮业。

第三，行业内的竞争对手。不同的企业可能在行业内具有不同的优势，为了更好地获取市场，企业可以通过并购整合或交换股权进行融资安排，以形成更大的规模。这样即使是行业内的竞争对手，也不排斥通过并购整合给予企业股权融资。

2.3 商业计划书的制作

商业计划书是风险投资人对企业及其创始人、管理团队进行全面了解的一个窗口。如果商业计划书无法打动风险投资人，那么其可能不会对企业进行投资。制作出对风险投资人有吸引力的商业计划书，可以大大提高企业成功融资的概率。

在正式提交商业计划书之前，企业的产品或服务、运营理念可能初步吸引了风险投资人。风险投资人看商业计划书主要有以下目的。

第一，进一步了解企业的运营理念，并审查企业做的工作是否具备可行性。

第二，详细了解企业及其创始人、管理团队的情况。

第三，分析企业的财务规划及发展方向是否具备可行性。

针对上面所述，企业在开展融资工作之前，需要认真准备相应的商业计划书。

2.3.1 商业计划书的制作原则与准备工作

商业计划书应该在逻辑上完整、自洽，能将企业未来的发展完整地呈现给风险投资人。商业计划书应该前后逻辑一致，内容环环相扣，有所呼应。如果商业计划书中提出了相应的优势，就应在具体执行层面的描述中体现相关内容。

要想制作出一份吸引投资人的商业计划书，应该做好以下准备工作。

第一，进行详细的市场调研。企业在商业计划书的准备过程中，应该对市场数据和主要竞争对手的情况进行详细了解，包括同类或可替代的产品情况、年度需求数据和年度供给数据、主要竞争对手的市场占有率及相应营销策略等。

第二，进行可行性财务预测分析。企业应该针对业务的实际情况，进行可行性财务预测分析，展示预计的经营成果。商业计划书中如果出现明显高于行业平均水平的不合理的业务增长速度或过高的利润水平，又没有合理的数据解释作为支撑，商业计划书将难以获得风险投资人的认可。

第三，广泛了解同行业或同类型企业的估值情况。企业应提出合理的估值建议，避免过高或过低的估值。

此外，后续路演的主要宣讲人应熟悉商业计划书的内容，主要宣讲人应尽可能参与商业计划书的准备及编写工作。

2.3.2 商业计划书的主要内容与编写

1. 商业计划书的主要内容

一般的商业计划书主要包括以下内容。

第一，企业及其业务的执行情况。商业计划书的编写者应在一页纸内对企业及其业务进行明确的概括（包括产品服务、相关业务范围、营销策略、生产销售计划等），并将主要团队成员的具体情况、相关财务预测的结论放在其中，以便风险投资人快速了解企业的全貌。

第二，企业的基本情况和发展战略介绍。这部分内容包括企业的发展历程、员工、开展的具体业务等。在这部分内容中，应对企业的管理团队、发展理念和战略进行详细的阐述。对员工的介绍也非常重要，因为良好的发展理念必须有人去执行。未完成融资的初创企业的独特优势和资源就是其人力资源，其中管理团队的执行能力是风险投资人对投资进行评估时主要考虑的因素。此外，对企业的发展理念和战略的描述要注意体现其合理性。

第三，企业的产品或服务，以及和竞争对手相比自身具有的竞争优势。这部分内容主要包括企业的产品或服务、相关行业市场需求和供给分析及从上述分析中得出的企业市场定位；基于供求情况和市场定位形成的商业模式，重点描述目标市场与竞争策略；商业模式的执行，涵盖产品或服务的推广和营销策略。

第四，企业的财务及融资情况。列明企业目前的财务情况，详细列出资金使用计划、相应的财务预测，包括收入、投资回收期等。同时，根据财务预测，给出企业对应的估值，以供风险投资人参考。融资金额一般应能够满足企业在未来18个月至24个月的资金使用需求。

第五，企业面临的风险，以及应对策略。

第六，融资条件的归纳，以及相应的退出机制。

商业计划书模板如表2.1所示。

表2.1 商业计划书模板

商业计划书
第一章 执行总结
第二章 企业基本情况和发展战略
2.1 企业基本情况
2.2 企业创始人与管理团队基本情况
2.3 企业发展理念与战略
第三章 市场需求及分析
3.1 产品或服务介绍
3.2 行业需求、供给分析及市场定位
3.3 企业商业模式：目标市场与竞争优势
3.4 商业模式的执行：推广与营销策略
第四章 企业财务与融资计划
4.1 企业目前的财务情况
4.2 企业的资金需求与财务预测

4.3 企业的估值分析
第五章 主要风险与应对策略
5.1 主要风险
5.2 应对策略
第六章 融资条件与退出机制

2．商业计划书的编写

在商业计划书的编写过程中，应注意以下重要内容。

1）市场定位与需求分析

在商业计划书中，企业对所在的市场进行明确定义，并对需求进行明确分析是非常重要的。比如企业售卖饮料，可以考虑自身是处于餐饮市场还是侧重于提供休闲交际的场所，这就是定位的不同。如果市场定位不同，那么企业面对的市场需求、竞争对手等都会有所不同，企业的战略、发展策略、竞争优势、推广手段、资金需求及对标企业的估值也会受到影响。

企业对市场需求的分析应与自身市场定位相一致，并且应合理。企业需要明确地界定目标客户及设定相应的市场份额目标。翔实的市场数据及明确的定位，会让风险投资人对企业及其管理团队更加信任。

企业应明确目标客户和服务对象、具体满足哪种类型的需求、主要对标的企业等。

第一，企业应明确目标客户和服务对象。当在商业计划书中简洁明了地指出目标客户和服务对象后，企业能更好地围绕自身目标客户和服务对象采取合理的策略。

第二，企业应明确具体满足哪种类型的需求。明确目标客户和服务对象解决的是"为了谁"的问题，而明确具体满足哪种类型的需求，则是解决"做什么、怎么做"的问题。只有明确了具体满足哪种类型的需求，才能清楚自身的定位。在售卖饮料的例子中，如果企业处于餐饮市场，则其采取的经营措施就主要集中在餐饮本身上；而如果企业侧重于提供休闲交际的场所，则其要做到不但餐饮可以吸引消费者，而且门店环境达到了一定的标准。

第三，企业应明确主要对标的企业。有明确的目标，企业才有发展的方向，并且可以参考对标企业的经营策略，以及吸取对标企业在发展中的教训。同时，明确主要对标的企业也有利于风险投资人理解企业的商业模式和对未来发展的构想。

在分析整体市场行业的时候，可以从以下几个方面进行。

第一，行业总体分析，包括对行业的定义、相应行业的外部经济和政治环境、总体技术发展因素等。

第二，市场的需求情况，包括年度需求的变化情况、市场容量等。商业计划书中应对目标客户的特征、需求痛点及解决痛点的关键进行说明。

第三，市场的供给情况，包括现有市场供给的结构及其年度变化情况等。商业计划书中应明确指出需求与供给之间的差距，这既能体现企业的价值，也可能给企业切入业务创造机会。

2）管理能力

商业计划书中应对企业自身的管理能力做出说明，包括对企业创始人和管理团队的经历的介绍、董事会和高管的组成、企业的组织和管理情况、企业股权及实际控制权情况、企业治理情况等。

初创企业刚刚开始运营，甚至尚未开展实质性业务，因此企业创始人和管理团队是风险投资人的重点审查对象。在商业计划书中应着重介绍核心人员，并强调其经历或能力与企业的主要业务或核心竞争力的匹配情况。同时，在商业计划书中可强调管理团队成员之间的互补情况、管理团队明确的分工等，总之，要注意展示管理团队的优势。

3）竞争优势

在商业计划书中，应对竞争对手有明确、充分的描述。商场如战场，需要知己知彼。只有对竞争对手有详细的了解，企业才能有针对性地制定市场策略，与竞争对手进行竞争。企业在商业计划书中应在详细分析竞争对手的优势、劣势的基础上，展示自身令人信服的竞争优势。

商业计划书的编写者可以采用 SWOT 分析法对企业的优势、劣势、机会及威胁进行综合分析。针对劣势与威胁，企业应提出相应的应对方案，而对优势与机会可以重点描述。如果企业处于初创阶段，难以与竞争对手在市场上进行正面竞争，那么在商业计划书中可以说明通过提升组织和管理能力，凭借管理团队的高执行力，能够提高企业的生产效率或压缩成本。这也是竞争优势的体现。SWOT 分析法的应用如表 2.2 所示。

表 2.2　SWOT 分析法的应用

优势（S）	机会（O）
具体表现：	具体表现：
劣势（W）	威胁（T）
具体表现： 应对方案：	具体表现： 应对方案：

4）商业模式

商业模式是企业应对市场需求，针对目标客户整合协调自身资源，充分发挥竞争优势，从而获得收益的总体模式。它是整个商业计划书逻辑的集中体现。

商业模式除涵盖如何获得收入的内容之外，还可以对企业自身如何构建竞争壁垒进行说明，可以涉及核心竞争力、品牌认知度、知识产权保护等。

5）收入预测与其他主要财务指标预测

商业计划书中应包括企业对生产经营的适当安排、合理预测的未来收入。比如，可以从获取相应融资金额的角度考虑——获取相应融资金额后可以有多少资源投入企业的生产经营，同时考虑企业所在市场的情况及客户需求的变化，合理预测企业的未来收入。

对于收入预测，应重点突出其增长趋势，但预测的数据应当与企业现实的经营数据和预备采取的措施有一定的联系。这样的收入预测才比较合理，才会让风险投资人信服。对风险投资人来说，初创企业的市场和财务数据的基数低是可以接受的，其更看重企业的收入增长趋势。企业的收入增长趋势是企业价值提升的重要体现之一。

商业计划书中不仅应包括预测的收入数据，还应包括与收入关联度高的数据，如有效客户的数量、客户的平均收入、客户保留率、产品或服务的销售额、市场占有率等。

除收入预测外，商业计划书中还应包括其他主要财务指标预测，如资产、利润、费用和成本等。资产相关指标主要包括总资产、固定资产等；利润相关指标主要包括营业利润、息税前利润、净利润等；费用和成本相关指标主要包括固定成本、变动成本、管理费用、销售费用、财务费用等。企业应当向风险投资人呈现利润相关指标有较好的增长，并且应尽量控制费用和成本相关指标的增长幅度，而企业的资产规模变化情况，符合发展战略即可。

6）投资回收期预测

投资回收期是指企业获得相应投资后，风险投资人收回投资所需要的时间。由于风险投资人往往通过股权投资基金的形式进行投资，而股权投资基金一般有存续时间限制。如果对企业进行投资的个人投资者或风险投资机构通过一个股权投资基金进行投资，一般会要求这笔投资的回收期短于该股权投资基金的存续时间。而如果有多个股权投资基金联合向企业提供股权融资，则投资回收期应当短于其中存续时间最短的股权投资基金的存续时间。一般投资回收期要比风险投资人预计的投资时间短，这样有利于获得风险投资人持续的资金支持。风险投资人往往更青睐投资回收期较短的企业。

需要注意的是，企业应合理预测投资回收期。如果预测的投资回收期过长，就意味着企业的盈利能力不足，风险投资人的资金可能会被占用较长时间，从而影响风险投资人的收益，导致风险投资人对企业的信心不足。

而如果预测的投资回收期过短，那么风险投资人可能会怀疑投资回收期过长，导致其不信任企业的管理层。

7）风险分析与应对策略

企业在商业计划书中应当对自身的不足、面临的风险进行客观的阐述，并提出切实可行的应对策略，说明采取应对策略所需要的资源，风险一般包括商业模式建立的基础条件丧失、市场条件发生重大变化等。

8）融资资金的使用与监管

企业应在商业计划书中对融资资金的使用有明确的描述：融资资金的使用方式，资金去向，每个事项需要的资金量。此外，在资金的监管方面，也需要做出描述。在企业管理中，资金的管理非常重要。资金的使用如何监管、资金购买的设备物资等如何盘点，都需要在商业计划书中做出明确的安排，以使风险投资人放心投资。

9）股权融资具体的安排

在商业计划书中，需要对股权融资的安排进行具体且明确的阐述，如股权融资的金额、期限、相应条件，以及在此轮融资中预备给予投资人的股权比例等。

2.3.3 商业计划书的呈现

企业一般需要准备三种形式的商业计划书，分别在不同的场景中使用。

第一种是摘要版本。尽量通过一到两页的篇幅，非常精简地把商业计划书中最重要的部分呈现出来。摘要版本的主要内容包括：（1）面向的目标市场；（2）相应的商业模式；（3）企业、创始人及团队介绍；（4）融资金额和财务预测。

摘要版本主要帮助风险投资人快速了解企业的相关情况。

第二种是PPT形式的商业计划书。企业向潜在的风险投资人讲述自身情况时，主要使用PPT形式的商业计划书。这种形式的商业计划书的特点是结构与逻辑合理，提纲挈领、图文并茂，可以帮助风险投资人更细致地了解企业的商业模式。企业在制作PPT时要注意以下几点。

（1）篇幅适宜，一般以15页以内为宜，最长不超过20页。

（2）重要内容应当放在PPT的开始阶段，不要过多地铺垫。

（3）避免使用过多的行业专有名词，尽量以投资人可以理解的语言表达。

（4）每页的标题尽量明确表达主要观点。

（5）PPT应当图文并茂，重要数据应用图表来展示，这样能够加深投资人对企业的印象。但切忌让图片或动画喧宾夺主，影响风险投资人对内容的理解。

第三种是完整且详细的商业计划书文本。这种形式的商业计划书需要有充足、细致的数据支撑，细节上也要尽量完善，即应非常详细地阐述和论证商业计划书中的各方面内容。

同时，文本不能出现错别字、逻辑错误等。完整且详细的商业计划书中的一些细节，可以让风险投资人看到企业的做事方式，有助于企业获得风险投资人的信任。

2.4 获得投资与退出机制

2.4.1 如何获得天使投资

如果企业通过创始人或管理团队成员的私人关系接触天使投资人，由于相互比较熟悉，一般可以比较顺利地进入融资洽谈环节。本节重点讲述企业如何获得陌生的天使投资人的投资。

在接触天使投资人后，有些强势的天使投资人会提出很多问题，如企业生产什么产品、对标哪些企业等。在得到回答后，天使投资人往往会表示对这个产业不了解，或者认为商业计划的可行性不高等，拒绝企业进一步详细介绍其商业计划。事实上，仅仅依靠抽象的描述很难在第一时间打动天使投资人，企业应向天使投资人更为具体地描述自身发展前景。

企业一般可以采用两种描述方法：第一，选取一个天使投资人熟悉的对标企业，帮助天使投资人更好地理解企业的商业模式；第二，尽可能地列举数据，这些数据可以是真实的，也可以是合理预测的，以此来打动天使投资人。也就是说，企业应至少让天使投资人给予进一步详细说明商业模式或商业计划书的机会。通过上述两种方法，一般可以打开与天使投资人交流的通道，避免在第一时间被天使投资人拒绝。

在之后与天使投资人的沟通中，要说明自身商业模式的优势，并突出团队与商业模式的契合情况。在天使轮投资中，投资人往往更看重企业的创始人和管理团队。

2.4.2 如何获得进一步增资

企业在不同的发展阶段,会有不同的股权融资策略。在不同的发展阶段,企业需要的资金金额也会有所不同。通过股权融资筹集资金,可以支付的融资成本和相应对价也会有所不同。在天使轮股权融资后,企业在不同的阶段,会通过多轮股权融资进一步增资,一般命名为A轮、B轮、C轮。有时在A轮、B轮、C轮相应各轮融资之前,还会有Pre-A轮、Pre-B轮、Pre-C轮等,甚至还有Pre-A+轮、Pre-B+轮、Pre-C+轮等。一般而言,在每年进行一轮融资的安排下,企业的股权融资最终会进行多少轮,主要看企业的上市安排和股权融资需求,有的企业会选择不上市,但会进行多轮股权融资。一般企业在上市后就不会再进行股权融资。

1. 总体谈判准备

企业一定要有清晰的战略,同时应让风险投资人比较容易了解企业的战略。最简便的方法就是对标市场上成功的相似企业,并重点说明自身与对标企业的差异及竞争优势。

在准备的各项材料中,企业应注重基础数据的准确性和合理性。所列的相关数据应当合理,并可以让风险投资人进行复核。

风险投资人一般会重点考虑创始人和管理团队的情况,企业应尽力展示创始人和管理团队的专业素养、对行业的熟悉程度、努力经营好企业的态度及良好的协作能力。

风险投资人与企业的关系应当是长期的、平等的合作关系,双方应该建立相互的信任。企业提供的数据、案例应真实,不能夸大甚至编造数据。同时,企业也要对风险投资人有一定的判断和适当的约束,确保风险投资人在获得股权后不会恶意损害企业及其他股东的利益。因此,企业需要对风险投资人的情况有所了解,包括其以往的投资情况、资金实力及通常的退出安排等。

为了获得有利的谈判地位,企业可以考虑在股权融资阶段和多个风险投资人进行谈判。这样每个风险投资人可以拥有的股权较少,难以对原股东的控制权造成威胁。

2. 排他性谈判

为了避免企业与多个风险投资人谈判造成信息混乱,以及不同风险投资人之间竞价造成总体谈判冗长,风险投资人一般会要求与企业之间进行一定时间的排他性谈判,表示双方均有诚意再进行认真会谈。此时,风险投资人会出具一份兴趣函,表示对此项目有兴趣,并希望双方能进入排他性谈判阶段。企业可以提供一份进入排他性谈判的通知函（表示接受），或者双方可以签署一份简单的排他性谈判文件，文件中应注明双方要提供的材料和谈判时间。一般来说，双方应尽力在排他性谈判期间达成合作。

3. 谈判要点：股权稀释与摊薄

企业进行股权融资，无论是新增股权还是转让股权，都不可避免地会稀释与摊薄股权，原股东的控制权也随之被削弱。此时，企业需要了解融资中会导致股权稀释与摊薄的一般做法，以提前准备应对策略，达到原股东继续掌控企业，不被风险投资人剥夺企业控制权的目的。

企业可能会经历多轮股权融资。在一轮轮股权融资中，原股东所拥有的股权比例不断降低，每股股利也可能不断下降。股权份额增多导致分配到每股的利润减少，这就是股权被稀释与摊薄的过程。

举例如下。

某初创企业总资产为10万元，注册资本金为1万元。

假如对企业的估值为20万元，创始股东将股权融资比例定为30%，即将30%的股权转让，则融资金额为20×30%=6（万元）。也就是说，创始股东占有的股权比例下调为70%，而投资人出资6万元，换取30%的股权。

（1）假设创始股东甲、乙两人的股权比例分别为70%和30%，各自转让相同比例的股权，则这种情况下三人股权结构的变化如下。

创始股东甲的股权比例：70%－15%＝55%

创始股东乙的股权比例：30%－15%＝15%

投资人的股权比例：30%

创始股东甲的股权账面价值：20×（70%－15%）＝11（万元）

创始股东乙的股权账面价值：20×（30%－15%）＝3（万元）

投资人的股权账面价值：6万元

（2）假如投资人要求创始股东甲、乙各转让10%的股权，在建立后续的股权激励安排计划或资金池后才入股，则股权结构的变化如下。

创始股东甲的股权比例：70%－10%－15%＝45%

创始股东乙的股权比例：30%－10%－15%＝5%

资金池：20%

投资人的股权比例：30%

创始股东甲的股权账面价值：20×（70%－10%－15%）＝9（万元）

创始股东乙的股权账面价值：20×（30%－10%－15%）＝1（万元）

投资人的股权账面价值：6万元

此时，投资人的持股比例远超创始股东乙，创始股东甲的持股比例也降低了。当后续每轮股权融资中有新的投资人进入时，创始股东的股权将被不断稀释。

（3）在实际操作时，如果由投资人直接进行增资，那么创始股东甲、乙的股权比例将进一步降低。

由上述例子可知，原股东应当详细计算会被分出进行股权融资的股权比例，防止股权被稀释与摊薄后丧失对企业的控制权。如果企业在估值较低的情况下，释放过高比例的股权给投资人，会导致原股东对企业的控制权被迅速削弱，因此企业应当在估值较高时转让股权。

下面介绍一些对原股东比较有利的应对方法。

第一，通过发行优先股等方式融资。一般而言，优先股股东拥有优先获得可分配利润的权利，并拥有固定的股息，但一般优先股股东对经营事务没有参与权等。这种做法可以保证原股东对企业的控制权不被削弱，风险投资人只拥有获得可分配利润的权利，而不能干预企业的经营管理。

但需要注意的是，按照我国的法律法规，股东之间应当同股同权，因此不能直接采取发行优先股的做法。为了符合法律法规的相关规定，实践中可以采取发行可转换债券的方式。风险投资人向企业投放贷款，如果企业不能按期还本付息，或在满足特定的条件时，该贷款可以转为企业的股权。当然，转为股权后依然应进行同股同权的安排。

另外一种常见的方法是在给风险投资人股权时，原股东要求与风险投资人签订一致行动人协议。也就是说，现有风险投资人获得股权后，将股权对应的投票权委托给原股东或保证与原股东投票一致。那么，实际上原股东依然持有对企业的控制权，不会因为股权融资后股权被稀释与摊薄而丧失对企业的控制权。

第二，在原股东占据强势地位的情况下，每轮股权融资中仅允许转让部分股权，同时对原股东增发相同比例的新股。由于原股东虽然转让了部分股权，但同时会获取新的股权，这样使原股东的股权比例始终保持在一定比例以上。

第三，在投资协议中增加反稀释条款（Anti-dilution Provision），主要包括安排优先认购权和最低价条款两种方法。增加反稀释条款的主要目的是保护现阶段的股东（既包括原股东，也包括新进入的风险投资人）的权益，避免在以后的股权融资中股权被稀释或摊薄。优先认购权是指原股东在股权融资过程中拥有以相同条件对拟转让的股权进行优先认购的权利。企业在股权融资完成前应通知原股东，说明拟安排新增股权的数量、价格和潜在的股权投资人的身份。原股东可以以同等价格、同等条件，优先购入相应的股权，以保证原股东的股权不被稀释或摊薄。

最低价条款是指当企业引入新股权投资人时，新股权投资人获得的股权的价格不能低于原股东投资的价格。如果企业以低价引入新的股权投资人，原股东就有权要求无偿获得部分股权。

4. 谈判要点：对赌协议

对赌协议（Valuation Adjustment Mechanism）是股权融资中比较常见的安排，主要是风险投资人与企业约定，如果企业无法提供在商业计划书或路演中提出的预测的业绩（净利润、主营业务收入等）、估值，就要求原股东或企业自身按照约定履行一定的义务。一般要求履行的义务是由原股东对风险投资人手中的股权进行回购。对赌协议的实质是给风险投资人的退出所做的强制性安排，以保证风险投资人的利益，同时把企业原股东的利益与风险投资人的收益捆绑起来，以避免双方的利益冲突，导致任何一方遭受损失。

对赌的方式很多，一般是设定与企业财务或业务预测的重要指标相关的目标，如设定一定时期的市场占有率、盈利情况、收入情况、估值等目标，或者要求在规定的时间内上市等。如果企业不能在规定的时间内实现相应的目标，则投资人将重新对企业的估值进行调整，如果调整后的估值下降，那么原股东必须退还高于新估值的融资款项。此外，风险投资人也会直接要求原股东回购股权，从而实现退出。

对赌协议中的条款可以有多种形式，具体可以分为估值调整条款、补偿条款、领售权/强制出售权条款、随售权/共同出售权条款、回购请求权条款、清算优先权条款等。

估值调整条款。如果企业没有实现预计的目标，风险投资人可能会重新调整对企业的估值。例如，企业按照息税折旧及摊销前利润的倍数来进行估值，预计当年息税折旧及摊销前利润为 5 000 万元。与风险投资人签订对赌协议，估值仅能按照当年息税折旧及摊销前利润的 10 倍来进行估值，即 5 亿元。风险投资人按照预计的 5 000 万元进行估值，并按照该估值取得 8% 的股权，即支付 4 000 万元。最终，当年实现息税折旧及摊销前利润为 2 000 万元，则估值重新调整为 2 000 万元的 10 倍，即 2 亿元。那么，8% 的股权对价应为 1 600 万元，企业应向风险投资人返还 2 400 万元。

补偿条款。补偿条款往往与估值调整条款同步使用，但有时也不进行重新估值，一旦企业未完成相应业绩，就直接按照对赌协议规定的计算公式，计算原股东或企业应向风险投资人补偿的金额。原股东或企业既可以用现金来补偿，也可以用股权来补偿。企业和风险投资人协商确定计算公式。还是举上面的例子，企业与风险投资人约定如果息税折旧及摊销前利润没有达到预期的目标，那么相应投资款要按比例返还。由于企业当年实现息税折旧及摊销前利润为 2 000 万元，完成的比例为

40%，则企业要返还60%的投资款，即向风险投资人返还2 400万元。如果约定的补偿为给予风险投资人股权，则要给予风险投资人价值为2 400万元的股权。

领售权/强制出售权条款。当企业没能达到投资协议中的要求或某条件时，风险投资人有权要求企业原股东按照风险投资人和第三方达成的股权转让价格和相关条件，与风险投资人一起将部分股权转让给第三方。这种条款如果实施，将会对企业原股东的控制权造成较大的影响。

随售权/共同出售权条款。如果企业没能达到投资协议中的要求或某条件，当企业股东要把拥有的股权转让给第三方时，第三方应以相同的条件或价格收购风险投资人拥有的股权。此条款保证风险投资人有较好的退出方式，能够保护风险投资人的利益。

回购请求权条款。回购请求权条款与估值调整条款、补偿条款类似，仅是当企业没能完成规定的业绩或未达到某条件时的后果不同。回购请求权条款规定企业原股东回购风险投资人的部分或全部股权，即风险投资人可以在企业业绩不佳或者达不到投资预期的相关目标时，通过企业原股东回购股权，成功实现退出。如果企业进行回购，则会涉及形成企业的库存股，或者需要对注册资本进行注销，程序上比较烦琐。

清算优先权条款。当企业被并购、出售控股权、出售主要资产或者破产时，进入清算程序，风险投资人可以通过手中的优先股，优先于普通股股东获得企业的清偿财产。

对赌协议有利于保护风险投资人的利益，也能促使企业合理预测自己的财务和业务情况。在股权融资中，企业切忌签订不切实际的对赌协议，以防止企业在后续难以完成业绩时，不但要补偿风险投资人的损失，造成原股东或企业支付大量资金，而且难以进行后续的股权融资。

5. 谈判要点：竞业禁止条款

风险投资人会要求企业与管理团队、技术团队的核心人员签订竞业禁止条款。竞业禁止条款规定相关人员如果在规定的期限内从企业离职，不得到竞争企业就职。签署竞业禁止条款的人员在离职时，企业会给予相应补偿。但如果后期这些人员违反竞业禁止条款，不仅要把企业给予的补偿退回，还要按竞业禁止条款的规定向企业赔偿。

风险投资人在投资初创企业时，企业的创始人或管理团队、技术团队的核心人员是影响其投资的决定性因素之一。

风险投资人相信团队成员各自发挥相应作用，在创始人的领导下，可以使企业按照商业计划书中规划的那样发展。而如果管理团队、技术团队的核心人员离职，将会影响企业商业计划的实现，给企业造成难以挽回的巨大损失。因此，投资人会要求创始人或管理团队、技术团队的核心人员不离职或者签署竞业禁止条款，规避企业后续发展的不确定因素。企业可以就此条款发挥效力的年限与投资人协商。但如果创始人及相关核心人员非常看好企业未来的发展，根本不考虑核心人员离职的情况，那么可以忽略此条款。

6. 各轮融资的谈判方向

A 轮融资。一般来说，A 轮融资在企业产品或服务已经推出，预备进行大规模市场拓展的前期进行，并且一般是专业的风险投资机构对企业进行投资。此时，企业已经具备完整的商业模式，并且已经有一定的成功运营经验。企业进行 A 轮融资的目的主要是进一步完善产品或服务，并做好向市场大规模扩张的充分准备。

在天使轮融资之后，A 轮融资之前，初创企业也会进行股权融资，往往起名为 Pre-A 轮融资等。Pre-A 轮融资的主要目的是为后续股权融资考虑，预备通过前期股权融资支持企业发展到一定程度后，再开启 A 轮融资，从而提高 A 轮融资成功的可能性。

在 Pre-A 轮融资阶段，企业可能是第一次与专业的风险投资人正式接触。此阶段的谈判方向与天使投资类似。在此阶段，企业已经开始运营，已经有推出市场的产品或服务，同时拥有相应的运营数据。因此，企业在谈判中既要像天使投资阶段一样突出创始人和管理团队，同时要向专业的风险投资机构说明运营的结果。

B 轮融资。一般在进行 B 轮融资时，企业的产品与服务已经相对成熟，企业处于进行大规模的市场拓展阶段。因此，在开启 B 轮融资时，企业需要已经有完整的商业模式，业务的运作也日趋成熟。企业通过 B 轮融资获得的大量资金，主要用于市场拓展。商业计划书的重点也要放在市场拓展和让企业的业绩迅速提升上，这样才能被投资人接受。

C 轮融资。此时企业已经成熟，产品或服务已经被市场接受，甚至可能在行业内已经达到领先地位，为后续 IPO 奠定了基础。此时，企业进行融资的目的在于需要通过资金投入进一步巩固市场地位，并为后续 IPO 做相应准备。在 C 轮融资中，企业与风险投资人的谈判可以集中在上市前的准备工作，比如进一步投入以巩固市场优势，或者增加对品牌的投入以形成企业的"护城河"。

7. 谈判结果

双方谈判的结果体现在风险投资人出具的投资意向书或双方签署的条款清单上。同时，企业股东及其他企业相关人员需要保证其所述信息完整、真实，如果由于虚假信息使风险投资人遭受损失，风险投资人可以据此向企业及其股东要求赔偿。在投资意向书出具或条款清单签署之后，双方各自等待通过内部对正式协议的报批。在双方签署正式协议后，完成股权交割，即完成整个融资安排。

2.4.3 作为投资条件的退出机制的建立

风险投资人的退出方式主要包括 IPO、股权转让、并购和破产清算。风险投资人最终都会退出投资的初创企业，因此风险投资人在投资时一般会做好退出的安排。IPO 是风险投资人最为青睐的退出方式，因为以这种方式退出，其往往可以获得高额的回报，但相对来说，这种退出方式的实现难度比其他几种退出方式的实现难度大。

严格来说，退出机制的建立主要与风险投资人相关，与企业及创始人关系并不大。但有时风险投资人为了控制风险，会将退出机制的建立作为投资条件提出。风险投资人要求在特定条件下，企业或创始人以一定的价格对风险投资人的股权进行回购。特定条件可以根据对赌协议的规定确定，如取得特定的业绩或成功 IPO 等，也可以直接约定在一定的期限后以约定价格进行回购。对企业而言，采取回购股权的做法，企业经营的风险并未完全转移给风险投资人。相应地，在有企业或原股东回购股权的安排下，风险投资人的回报也较小。

在这种条件下，企业相对可以保持较高的独立性。风险投资人仅作为财务投资人进入企业，并不会过多干预企业的决策和经营管理。企业的创始人和管理团队可以对企业进行充分的掌控。如果企业发展顺利、业绩平稳增长、具备一定的资金实力，那么可以考虑采取这种方法。

2.5 本章小结

本章主要介绍了初创企业的风险融资。初创企业可以通过风险融资筹措到比一般债务融资更多的资金，帮助企业快速成长。

从投资人的角度来看，风险融资是风险投资。风险投资人通过投资初创企业，获得部分股权，而企业获得相应资金。风险投资人除提供资金外，还会为企业提供各种其他帮助。一般风险投资人既包括个人投资者，也包括风险投资机构。

初创企业处于不同的阶段，可以进行不同金额的风险融资，同时准备工作等也有所不同，如表 2.3 所示。

表 2.3　各轮股权融资的要点

阶段	企业情况	通常融资金额	通常转让的股权比例	向投资人展示重点	准备工作	寻找投资人的途径
种子阶段（天使轮风险融资）	尚未注册	20 万元至 100 万元人民币	10%～30%	创始人和管理团队、相应商业理念	商业计划书	(1) 找现有股东。 (2) 借助私人关系，包括： 第一，求助于资金充裕的朋友或亲属； 第二，请人脉丰富的专业人士介绍； 第三，寻找一些年龄较大的相关行业企业里的中高层管理人员； 第四，寻找其他通过股权融资壮大企业的创业者； 第五，其他渠道
初创阶段	企业成立并初步运营	1 000 万元至 5 000 万元人民币	10%～20%	创始人和管理团队、相应商业理念、初步产品与服务情况	商业计划书	(1) 找现有股东。 (2) 借助私人关系，包括： 第一，求助于资金充裕的朋友或亲属； 第二，请人脉丰富的专业人士介绍； 第三，寻找一些年龄较大的相关行业企业里的中高层管理人员； 第四，寻找其他通过股权融资壮大企业的创业者； 第五，其他渠道
A 轮风险融资	产品或服务已经推出，大规模市场拓展的前期	根据财务预测确定	根据实际情况确定，一般为 10%左右	商业模式；产品与服务；财务表现，预测和资金使用	商业计划书、尽职调查	(1) 找专业的风险投资机构。 (2) 找产业投资人，包括有商业往来的合作伙伴、有协同效应的相关行业企业、行业内的竞争对手

续表

阶段	企业情况	通常融资金额	通常转让的股权比例	向投资人展示重点	准备工作	寻找投资人的途径
B轮风险融资	产品或服务已经相对成熟，正在进行大规模市场拓展	根据财务预测确定	根据实际情况确定	市场与财务表现、资金用途，重点为市场拓展，预计IPO时间	商业计划书、之前的融资情况、尽职调查	（1）找专业的风险投资机构。（2）找产业投资人，包括有商业往来的合作伙伴、有协同效应的相关行业企业、行业内的竞争对手
C轮风险融资	产品或服务已经被市场接受，准备IPO	根据财务预测确定	根据实际情况确定	市场与财务表现、资金用途、IPO计划，如何巩固市场优势与形成"护城河"的方式	商业计划书、之前的融资情况、尽职调查	（1）找专业的风险投资人。（2）找产业投资人，包括有商业往来的合作伙伴、有协同效应的相关行业企业、行业内的竞争对手

企业需要制定好经营战略、确定股权融资的比例和相应金额、成立专门团队负责融资工作、撰写融资申请材料，同时安排好备用的资金计划，以防止融资失败。

初创企业在进一步发展后进入风险融资阶段。企业在考虑自身资金用途的基础上，根据未来一段时间的现金流量净额判断是否需要融资。如果净利润为负或略微为正、资金周转率与行业平均水平持平、现金流量净额为正，就可以开展融资。同时，企业也要关注总体资本市场的环境变化和主要竞争对手的融资进度，选择在合适的时机开展融资。

在融资准备阶段，需要建立退出机制、确定企业的估值和融资金额。企业需要考虑退出的现实可能性，并做出相应安排。一般风险投资人会选用其熟悉的估值方式，企业可以根据自身业务情况，寻求合理做法，具体估值可以通过聘请财务顾问的方式进行。企业应根据资金需求确定融资金额，同时要考虑获得融资的难易程度。过大金额的融资会导致融资时间较长，成功融资的可能性较小，对企业稳定获取资金不利。

在股权融资谈判中，主要有以下几点需要注意。

（1）股权稀释与摊薄：关注在各轮股权融资中转让的股权比例，防止创始股东的控制权被迅速削弱，在估值较高时转让股权；同时，可以在投资协议中增加反稀释条款，主要通过安排优先认购权和最低价条款来实现。

（2）对赌协议：企业应合理预测自身的财务和业务情况，避免后续无法完成目标，遭受重大损失。

（3）竞业禁止条款：可对发挥效力的年限进行协商。

第 3 章

典型案例：某餐饮初创企业的股权融资

3.1 总体思路与商业模式

面对国内餐饮及新茶饮行业的蓬勃发展，鉴于我国茶文化历史悠久、市场广阔，某创始团队规划成立公司，向市场提供茶饮、餐饮和商务会议空间三者结合的综合服务。

该创始团队通过分析市场情况，认为餐饮与茶饮在我国有悠久的历史，被市场广泛接受，尤其是茶饮在我国的传统文化中被赋予了特殊的精神内涵，极具代表性。我国是饮食大国，餐饮也具有深厚的文化和历史底蕴。基于此，创始团队创建了 Z 公司，打造专门的品牌，提出"以传承精神立足创新"，将业务定义为"为客户提供可以享用餐饮和茶饮，同时具备社交功能的'城市会客厅'"。创始团队力图为客户开拓新的社交和生活方式，创造"美好生活空间"。

Z 公司的业务围绕三个核心展开。

第一，以餐饮和茶饮为产品的核心。Z 公司在传统工艺传承的基础上，以标准化流程创新再造，推出契合现代消费潮流的饮食和风味茶饮。Z 公司的产品力图在保留传统美食和茶饮精髓的同时，采用科技萃茶和营养工艺，使之符合时尚消费潮流，更富新时代活力。

第二，基于打造"美好生活空间"的核心理念。针对新消费群体的需求，打造"城市会客厅，饮食轻茶空间"。Z 公司能满足客户用餐、饮茶的需求，提供符合客户需求的社交空间，使客户获得良好的服务体验。

第三，打造"一店一景"。Z 公司进行严格的选址，结合创始团队提出的基于对空间美学的追求和对自然环境的尊重，使各家门店的景色独一无二，充分展现 Z 公司对美好空间的匠心打造和对美好生活理念的孜孜追求。

Z 公司的商业愿景为"以文化自信打造契合新时代消费潮流的饮食轻茶空间，打造中式社交空间和中国连锁餐饮服务业头部品牌；成为最值得信赖、最具专业性、最具规模化、最具商业价值的中国商务服务业之'商业空间伙伴级运营商'"。

创始团队组成人员包括曾在高档酒店、餐饮集团等任职的高级管理人员，他们在餐饮业及相关行业有丰富的经验。

Z 公司的商业模式所面对的市场环境是餐饮连锁和茶饮连锁品牌很多，布局广泛，但规模化且符合新时代消费潮流的中式连锁餐饮加茶饮服务运营商稀缺，该细分市场的头部品牌区域存在可观的发展机遇和空间。

在具体的市场切入点上，Z 公司细致比较了与餐饮相关的西式社交方式和中式社交方式的差异。西式社交偏重开放性，以咖啡和茶饮为主要特色，但本质是下午茶模式；而中式社交的特色集中在餐饮与茶饮，源于传统礼仪文化。中式餐饮社交在目的上更趋多元化，在场景上则更侧重隐私性、仪式性和独立性。Z 公司预备从中式社交切入市场。

从市场容量来看，Z 公司主要依据当年相关行业报告的数据。例如，《2019 年中国餐饮行业市场现状及发展前景分析》显示，2019 年中国餐饮业收入 46 721 亿元，比上年增长 9.4%。又如，《2019 年新式茶饮行业市场前景研究报告》显示，2017 年全国综合饮品销售额达 472 亿元，同比增长 14.29%。经历快速发展后，餐饮与休闲饮品市场正进入由单纯消费型转入消费服务型的重要阶段。

Z 公司的核心商业模式是"降租金 + 提坪效 + 主打社交的社群经营"，以餐饮和茶饮为核心产品，依托城市会客厅模式，为客户提供私密的社交空间。

第一，Z 公司预备通过与 IP、文化、文创等社群/行业合作进行社群经营，提升品牌黏性；丰富城市会客厅的内容运营，提升品牌附加值，提高经营坪效。

第二，Z 公司预备通过打造城市会客厅，在一定的空间内提供更多的服务，满足客户不同层次的需求；提高周转率，进行多样化场景应用，实现客户引流。

第三，Z 公司预备依托门店布局，棋盘式扎营定位中档消费，主打"口粮茶"品类，以伴手礼和定制商品为主要形式，扩大离店消费品的销售，快速获取可观的收入。

第四，侧重商务青年，打造"外带 + 堂食"的消费场景。Z 公司以商务餐饮为基础，原叶茶占提供的茶品类的比例达到四成，以风味茶和调味茶为特色，二者占茶品类的六成。此外，Z 企业还开发周边外卖服务，进一步提高坪效。

"降租金"以控制成本是 Z 公司商业模式的重要基础。在一线商业综合体、中高端写字楼/商务园区及高端酒店中，Z 公司集中选择高端酒店，利用高端酒店现有的低坪效空间，采用低租金或无租金方式进行直营/联营/输出管理，降低装修成本或该成本由合作方分担。

Z公司力求通过将餐饮和茶饮作为现代社交重要场景的入口，以城市会客厅为核心的商务会议、休闲聚会场景叠加，促进茶饮、商品和社群的联系；链接中高端酒店和其他高端消费但低坪效空间，整合形成城市会客厅功能融合的空间，为多样生态叠加赋能，为客户创造价值。在营销发展策略方面，Z公司使用规模化的发展策略，扩大客户群体，提升产品和服务的吸引力，形成网络叠加效应。Z公司每增加一个布点，就会在一定程度上提高服务的便捷性和客户的流动性，提升客户对品牌的归属感、黏性和忠诚度。进行规模化布局的Z公司，结合自身城市会客厅功能融合的特点，为具有不同需求的客户不断提供更好的服务。

3.2 对标与估值

Z公司向消费者提供餐饮和茶饮，但业务主要瞄准消费者的社交需求。通过与酒店业的联动，降低业务中高昂的房租和装修成本。Z公司注册资本由创始团队全额支付。创始团队初步向Z公司投资了5 000万元人民币，创始团队各成员按照比例支付相应的金额。创始团队将初始投资5 000万元人民币中的150万元人民币设定为Z公司最初的注册资本，而剩余的4 850万元人民币，以股东贷款的形式，作为劣后资金（在企业面临破产的时候，该笔股东贷款的债权等级比其他贷款的债权等级都低）注入企业。

在Pre-A轮融资中，股权融资前Z公司估值为5 000万元人民币，经过与各潜在投资人谈判，股权融资后公司估值为7 000万元人民币。也就是说，增资扩股2 000万元人民币，Z公司确定增资部分占公司投后股权的20%，这2 000万元预备增加注册资本。与此同时，原先创始团队的股权被相应稀释。融资的2 000万元资金主要用于项目拓展、人力资源扩张、市场推广、信息化建设和供应链建设等。

由于客观原因，Z公司业务拓展进度受到影响，因此适度放慢了融资进度，并不立即开始A轮融资，而是进行Pre-A+轮融资，为后续的A轮融资做相应准备。在Pre-A+轮融资之前，公司估值为7 000万元人民币，本轮股权融资后公司估值为2亿元人民币。

随着市场向好，Z公司规模不断扩大，产品与服务日渐成熟，Z公司及时开启A轮融资，股权融资后其估值达到5亿元人民币。此时，开始有专业的风险投资机构进入。

后来，Z 公司依托 A 轮融资的效果，进行广泛的市场扩张，并已经开始准备 B 轮融资，并适时开始规划 IPO 相关事宜。

3.3　股权融资的历程

Z 公司在创业开始后，由于没有完全可以对标的餐饮或茶饮企业，因此其只能与经营简餐的企业进行对标。在商业计划中，Z 公司主要对标两家公司：一家是主要在城市商圈中经营餐饮的海外 S 公司，另一家是在城市写字楼经营餐饮的 R 公司。因此，在初创阶段，Z 公司主要依靠创始团队自身的资金进行投资运作，为公司的运营及后续股权融资打下基础。Z 公司的创始团队提供了 Z 公司初创阶段需要的资金。在这个阶段，Z 公司的资金来源主要是现有股东增资。

由于 Z 公司的现有股东具有一定的经济实力，在开启 Pre-A 轮融资前，Z 公司已经开办了一些门店，有初步的产品和服务推出，并且在经营上取得了一定的效果。这些前期的经营成果在 Pre-A 轮融资中，为进一步提高公司估值奠定了较为坚实的基础。但 Z 公司毕竟依然处于初创阶段，因此在 Pre-A 轮融资中主要还是依靠创始团队成员的私人关系，进行投资的基本为个人投资者。在 Pre-A 轮融资中，引入了众多的股东，但各个股东投资的金额较小。

在 Pre-A+轮融资中，由于之前受到一些客观因素影响，风险投资机构与个人投资者对投资餐饮项目非常谨慎，融资难度加大。此时，Z 公司由于主要通过高端酒店进行扩张，而酒店业需要经验丰富的运营商盘活相应空间。在这种相契合的模式下，有投资酒店的产业投资人开始关注 Z 公司，并逐步洽谈入股事宜，最终某有投资酒店的产业投资人投资了 Z 公司，推动了 Z 公司与相关酒店进行协同运营。

随着门店的扩张和财务数据的向好，A 轮融资开始，专业的风险投资机构开始进入，并利用其资源对 Z 公司进行扶持。专业的风险投资机构对 Z 公司的盈利表现十分关注，这促使 Z 公司加快扩展业务。

3.4　股权融资案例的决策评述

Z 公司的融资安排比较典型，充分体现了初创企业在股权融资阶段如何寻找投资人，并将融资安排与业务的不同发展阶段进行匹配。

在企业初创阶段，暂时还没有开始具体产品的生产或服务的提供，仅有企业对未来会生产的具体产品或提供的服务的表述，以及相关商业模式的说明等。此时，如果企业的股东有足够的资金完成初期投入，企业可以依靠股东投入的资金进行运营和初期的生产准备等，无须引入风险投资人。因为通常风险投资人投入几百万元人民币，就要占有企业10%~30%的股权。对于非常有前景的项目，成本（10%~30%的股权）是过高的。Z公司的创始团队中包括出资人，这样做很好地规避了必须引入风险资本的情况，保护了创始团队的利益。

在企业开始运营的时候，其已经开启了部分门店的运营，此时主要通过私人关系寻找个人投资者进行融资。由于Z公司的财务数据并没有太大的意义，投资人主要关注创始团队的经验和能力，以判断未来Z公司的发展情况。因此，本轮融资会引入较多的个人投资者，大部分个人投资者与创始团队成员有关系，他们主要由于看好创始团队而进行投资。

Z公司在进行A轮融资之前，之所以增加Pre-A+轮融资，主要为了引入产业投资人，同时由于前期受一些客观因素影响，其门店虽然在逐步扩张，但发展水平有限，尚未到大规模市场扩张阶段。A轮融资前的一系列股权融资，有助于Z公司对冲客观因素影响，提高估值，为后续的股权融资奠定基础。

在Z公司的A轮融资阶段，开始有专业的风险投资机构进入，并为后续IPO做准备。

在股权融资的过程中，Z公司创始团队的一大弱势是难以通过找到能够对标的企业来吸引专业的风险投资机构的注意力。因此，在寻求股权融资的过程中，Z公司及时与产业投资人取得联系。由于产业投资人通常看重Z公司的业务能否与其自有业务产生协同效应，并不会过多考虑Z公司当时的财务表现，相对而言产业投资人能够快速做出是否投资的决定。通过与产业投资人沟通，Z公司能够顺利获得投资。

第 2 篇
债务融资篇

第4章
企业债务融资概述

从前面的章节我们已经了解了企业在初创期财务实力不足的情况下，怎样通过股权融资来使自身获得足够的资金，以开展经营活动。我们知道，由于企业债权人的受偿等级高于股东，因此企业债务融资的比例越低，对股东来说对企业投资的安全性越高。但从融资成本来看，股权融资的成本比债务融资的成本高。若过多使用股权融资，会使企业的融资成本变得高昂。

另外，对企业的原股东来说，如果进行股权融资，其股权不可避免地会被稀释或摊薄，过多使用股权融资会威胁原股东对企业的控制权。从实际操作来看，只要企业具备一定的规模和财务实力，债务融资的成功可能性、便利性均高于股权融资。企业通过债务融资获取资金的确定性更高，时间更短，结果更可控。因此，债务融资对企业和股东来说，是非常重要的融资方式。

下面以一家餐饮企业为例进行分析。餐饮企业的一家门店每天可供应的产品及可接待的客户是有限的。也就是说，一家门店的收入与利润都是存在上限的。因此，餐饮企业要想迅速做大做强，必须通过不断开店来进行快速扩张，以迅速增加自身收入。但要想快速扩张，必须有足够的资金，而需要的资金一般通过企业自身积累，或者股权融资、债务融资获得。企业通过自身积累获得发展所需要的资金，需要耗费非常长的时间；而通过股权融资，原股东对企业的控制权又可能被削弱，大概率会摊薄企业原股东拥有的股权和降低利润；但如果使用债务融资，企业从债权人处获得贷款，进而开设新的门店，就可以马上获得新的收入和新的利润，企业可以迅速发展壮大。只要企业的现金流量可以支持对融资银行还本付息，也就是利润率高于贷款利率，就可以不断地滚动发展，迅速实现扩大企业规模的目的。

因此，对初创企业而言，虽然进行债务融资有一定的难度，但其有利于自身发展，企业应当全面掌握债务融资的知识。在具备一定条件的情况下，企业应用债务融资替代股权融资。

4.1 债务融资的基本知识

对企业而言，债务融资是比股权融资更为常用的融资方式。在进行融资时，应做好规划，即确定融资规模、具体方式和渠道。初创企业尤其要重视做好融资规划工作，以避免在后续融资过程中发生过度融资、融资不足或因融资成本计算有误而导致损失的情况。在做好规划后，企业就可以依照规划来考虑可行的融资策略了。在债务融资中，企业要让获得的融资资金充分发挥效用，扩大企业经营成果。

4.1.1 债务融资的策略

债务融资是企业通过借贷进行的融资，一般包括通过发行债券、向银行贷款等多种方式来开展资金的筹集工作。其一般模式是，企业向债权人借入资金，以供自身使用，到期后企业要按照事先同债权人的约定向债权人归还本金并支付利息。

债务融资对企业来说是一种需要进行刚性支付的融资方式，即企业必须按照和债权人的约定，在某时间进行还本付息。通常对企业来说，最常见的债务融资方式就是向银行借贷，即以银行为债权人，确定一定的利息和期限，银行将资金提供给企业，企业按照与银行约定的资金用途使用该资金，并按照与银行的约定按时还本付息。

债务融资既包括常见的资金借贷，又包括企业在经营过程中利用自身商业信用获得的延期付款。典型的延期付款方式包括企业在贸易过程中要求交易对手同意，企业采购要支付的对价可以延期付款；或者由企业发出应付票据，待票据到期后，企业再向持票人支付款项。

企业在经营运作中时时都需要资金，因此需要进行债务融资规划——企业在自身债务承担能力范围内，考虑自身对资金的使用需求，规划债务融资的最高金额。明确自身债务承担能力，并以此确定债务融资策略，对初创企业在债务融资过程中维持自身资金链安全非常重要。

总体来说，如果企业的利润率较低，但业务经营非常稳健、上下游客户关系稳定、回款顺畅、现金流稳定，同时企业自身所拥有的资产可以较容易变现，那么企业可以选择相对激进的债务融资策略。在相对激进的债务融资策略下，企业可以在其债务承担能力范围内，尽量提高债务融资的金额，充分扩大资金的使用范围。

而如果企业的现金流在一定的经营期间会有较大起伏，相关业务周期性波动非常明显，则可以选择较为保守的债务融资策略。保守的债务融资策略包括缩小资金的使用范围和债务融资的规模。

采用适当的债务融资策略,可以提高企业对债务融资资金的使用效率,并且可以有效地降低在债务融资过程中可能面临的风险。因此,初创企业应根据实际情况,按照上述方法选择合适的债务融资策略。

在具体的资金使用方面,可以针对不同的情况进行不同期限、方式的债务融资资金安排,如图4.1所示。

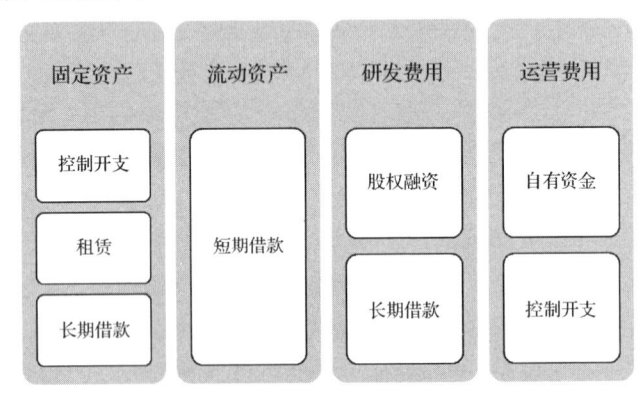

固定资产	流动资产	研发费用	运营费用
控制开支	短期借款	股权融资	自有资金
租赁			
长期借款		长期借款	控制开支

图4.1 债务融资资金安排

企业在购买设备、建设厂房等方面所需要使用的资金金额大,而设备、厂房等资产一般会使用相当长的时间,主要用途在于支持企业的长期发展。当企业总体实力较弱的时候,应对此类型的开支进行控制。尤其是初创企业,在经营初期,资金需求量大,过早追求重资产的扩张对企业来说资金压力太大,不利于企业生产经营的稳定发展。在这个阶段,企业可以选择使用轻资产的发展策略,利用成本较低的方式满足资产的使用需求。例如,对一些设备和厂房的需求,企业可以考虑采用租赁的方式解决,这样既可以满足对这些资产的使用需求,又可以缓解企业在初期的资金压力。如果企业现金流稳定、资产规模较大,则对这些资产的购买可以匹配长期借款等长期的债务融资安排。

但从实际情况来看,由于受到国内金融市场发展的环境制约和银行的经营业务偏好导向影响,企业能从银行获取的长期债务融资产品和金额都比较有限。长期债务融资产品较为单一,有的仅可用于基础设施建设、固定资产购置和土地开发等相关业务。初创企业获得长期债务融资的可能性较小,因此本书不再赘述。

企业正常运营所需的资金并不直接支持主营业务,初创企业应当尽量加以控制。这部分资金的来源最好是自有资金,一般不应该通过债务融资获得。例如,这部分资金中的管理费用,包括差旅费等,都应当节约使用。

企业用于研发技术、采购原材料、开拓市场和营销等方面的资金,与企业的业务发展及未来的成长息息相关，往往在有充足资金投入的情况下，企业会得到更好的发展，但每个单独事项的资金投入不一定能够获得预期的结果。企业应当主要通过股权融资或自有资金来满足对此类资金的需求。此外，如果用这些资金购置的资产对后续还本付息有所保障，可以获得预期收益，那么企业也可以采用长期债务融资的方式来满足对此类资金的需求，通过获取资金，加速企业的发展。

用于企业流动资产的资金往往被使用在企业的生产和交易中，典型的流程就是企业用资金向上游供应商采购原材料，生产后再向下游经销商销售。如果采购原材料的资金为贷款所得，则当下游经销商向企业支付货款后，企业就可以用货款偿还购买原材料的贷款。由于流动资产周转快，能较快地进行变现，因此企业可以采用短期债务融资的方式来满足对此类资金的需求。

债务融资的期限应该与企业的资金回收周期相匹配，这样才能最大化发挥资金的效用。如果企业的一项业务活动资金回收周期较长，资金使用的效率较低，资金量需求一般也会较大，企业就需要适度扩大债务融资的规模。而如果企业的一项业务活动资金回收周期较短或资金周转效率较高，则可以主要通过短期贸易融资安排来加速资金运转，提高资金的使用效率，形成稳定的现金流，保障企业资金链的安全、可靠。

从债务融资的时机来看，需要尽量使获得的资金及时得到使用，或者在对资金有需求时可以及时通过债务融资获取资金。如果时机把握不当，就会造成资金的使用和需求时点错配。若通过债务融资获取了资金却没有及时使用，会造成资金浪费；而过晚进行债务融资则无法满足企业的资金使用需求，导致企业无法抓住时机，从而无法按计划进行经营。除了考虑自身的发展，企业还应该关注市场上的资金情况，及时把握利率的变化，合理分析关于融资的各类因素变化，把握最佳的债务融资时机。

4.1.2 债务融资中的基本概念

本节对债务融资中的一些基本概念进行介绍，掌握这些基本概念有助于我们对债务融资的理解。

1. 债权人与债务人

在债务融资中，由债权人出借资金给债务人，债务人需要按照债务融资相关合同履行给付本息的义务。简单地说，就是债权人贷出资金，而债务人获得资金，之后必须还本付息。例如银行贷款，企业作为借款人借入资金，就是债务人；银行放出资金，就是债权人。

2. 融资金额

融资金额是债务融资必备要素之一，一般仅指本金，即在债务融资中，债务人从债权人处获得的资金金额。一般作为债权人的融资银行会以额度的形式对资金进行管理，并以此控制风险，也就是说，融资银行会确定在一个周期内提供给借款人的最高金额。它代表着融资银行能承担的最大风险。额度可以在一个周期内一次性使用，也可以在规定的期限内循环使用，只要尚未归还的金额低于该循环额度即可。

债务融资的资金主要来源于货币市场，货币市场又分为在岸货币市场和离岸货币市场。在岸货币市场就是传统的货币发行国国境内的货币市场；离岸货币市场是非居民间以银行为中介的在某种货币发行国国境之外从事该种货币借贷的市场。目前最大的离岸货币市场是欧洲货币市场，它起源于冷战时期，是在美国的持续逆差背景下，各国为避免资金被冻结，减轻税收负担，而逐步形成的货币市场。其资金来源主要是各国商业银行和中央银行外汇头寸、欧洲货币的派生存款等。其特点是资金庞大，经营自由，资金调度灵活、手续简便，有独特的利率体系，以银行间交易为主。

3. 融资期限

融资期限即债权人提供给债务人资金后，从债务人提款到最终偿还所有欠款（包括所有本金和利息）的期限。但如果是使用银行向借款人提供的循环额度进行的借贷，则融资期限可以是签订的借贷合同规定的期限。在这个期限内，债务人可以随时在规定的额度内进行提款和还款的操作。

一般在银行对企业的贷款中，相关期限可以分为提款期、宽限期和还款期，如图 4.2 所示。

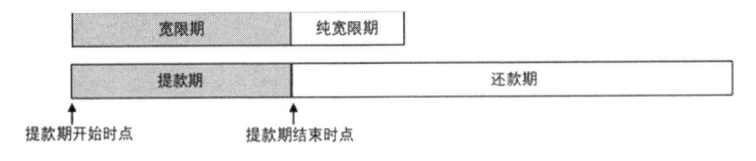

图 4.2 提款期、宽限期和还款期

提款期是从银行与企业签订的贷款合同生效之日开始，至合同规定的提款期结束时点为止的时间。企业在提款期间可以按照贷款合同规定的金额、次数等进行提款。企业既可以进行全额提款，也可以根据资金需求的实际情况进行部分提款，实际有多少资金的使用需求，就提多少款。一般来说，只有在符合贷款协议规定的条件下，银行才会允许企业提款。当银行确信向企业发放贷款可能使其面临贷款无法收回的风险时，银行也会依据贷款合同取消企业进行提款的权利。

宽限期是贷款协议中规定的，银行允许企业在提款后仅支付利息，不需要支付本金的时间。宽限期一般与提款期重合。但在部分情况下，银行也会接受纯宽限期，即企业在完成提款后，依然有一段时间可以只还本金不还利息。有时银行在宽限期内也不会要求企业支付利息，但宽限期依然是计算利息的时间，银行依然会计算相应的利息，只不过是待企业到还款期后才开始支付利息。给予宽限期是银行所允许的减轻企业本金偿还压力的措施。

还款期是按照银行与企业签订的贷款合同的规定，企业还本付息的时间，也就是从企业第一笔还本付息款项的支付时间到最后一笔还本付息款项支付完成的时间。各期限内贷款余额的变化如图 4.3 所示。

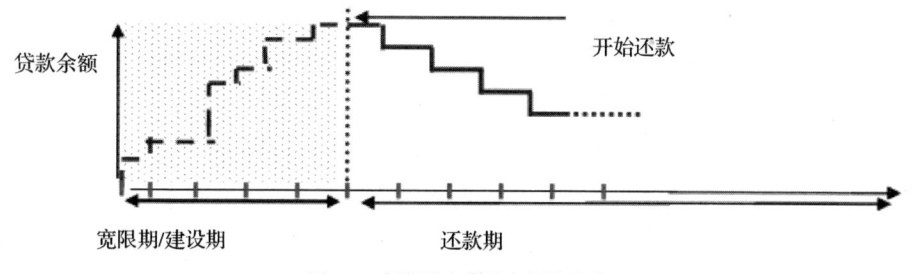

图 4.3 各期限内贷款余额的变化

可见，贷款余额在宽限期/建设期内逐步累积，到宽限期/建设期结束后，贷款余额达到峰值；而在进入还款期后，借款企业开始逐步还款，贷款余额随着每期的还款开始逐步下降。

融资期限由债权人与债务人共同确定。

4. 债务融资的成本：利息与费用

利息即债务人为使用资金而向债权人支付的成本，以利率计价。同时，债务人通常也需要向债权人支付一定的服务费用，以费率计价。利息与费用的总和为债务融资的总成本。

在借贷期间，根据债权人与债务人之间约定的利率是否变化，可以分为固定利率与浮动利率两种利率。如果使用固定利率，则债务人在借贷期间以确定的利率水平支付利息，利率不会变动，如我国早期使用的长期贷款基准利率。如果使用浮动利率，则通常的做法是让利率水平在借贷期间依据一定的条件进行变动。一般浮动利率会使用反映资金供需关系的市场基准利率（如 LIBOR、HIBOR 等银行间同业拆借利率及贷款市场报价利率等）加上固定的息差（Margin）。LIBOR（London InterBank Offered Rate，伦敦银行间同业拆借利率，即一些国际一流银行报出的借入资金的平均利率形成的基准利率）是之前常使用的市场基准利率。LIBOR 原先涵盖5个币种、7类期限。币种包括欧元、英镑、美元、日元和瑞士法郎；期限包括隔夜、7天、14天、1个月、3个月、6个月和12个月。市场基准利率根据还款频率分为不同的期限，如还款频率为每3个月还款一次（一年还款4次），则对应3个月LIBOR。由于市场基准利率根据市场上资金供需关系不断变化，因此浮动利率水平不断变化。

举例如下。

某银行与某公司签订一份美元贷款合同，期限为5年，约定使用浮动利率。由于还款频率为每3个月还款一次，因此确定利率为3个月LIBOR+2.5%。每到还款期前，银行根据当时的3个月LIBOR向某公司发送通知书，告知具体利率及相应还本付息的金额。由于3个月LIBOR在不断变动，因此某公司在每次还款时，实际利率都是不同的。

需要注意的是，根据英国金融行为监管局（Financial Conduct Authority，FCA）2021年3月发布的公告，2021年12月31日之后将立即停止所有英镑、欧元、瑞士法郎、日元，以及1周和2个月期美元LIBOR报价；2023年6月30日之后将终止对剩余美元LIBOR报价（本书部分案例仍使用LIBOR，仅供参考）。后续国际金融机构将以新市场基准利率进行浮动利率的报价。

如果借款发生逾期或者超额提款，债权人可以向债务人收取罚息，债权人和债务人会就罚息的利率进行专门约定。

利率按照计息的期间不同可以分为年利率、月利率和日利率，这三种利率都以利息与本金的比值来体现。一般作为基准的是年利率，月利率和日利率需要换算成年利率来对债务融资的成本进行对比。

一般利率使用"百分比"来计价，但是月利率和日利率有时为了方便，也会用"千分比"或"万分比"来表示。但在债务融资中，一般的相关融资协议中都将用百分比表示的年利率作为正式的利率表示方式。

融资银行在与企业沟通时，对利率的表示有时会使用基点（Basis Point，BP），原因是如果单纯使用百分比，不但不直观，而且在表示增加或减少时可能产生歧义。一个基点是万分之一，那么千分之一就是10个基点，百分之一就是100个基点。融资银行有时在进行关于利率的谈判时会说，利率是20个BP或20个点，就是千分之二；或者利率原先是150个点，再增加20个点，也就是从1.5%增加到1.7%，这样的说法清晰明了，不会误认为是1.5%增加一定的比例。

债权人为债务人提供的服务所收取的费用以费率计价。银行通常会在贷款中向借款企业收取服务费用。费用的收取一般以融资的本金为基数计算。在银行给予企业的贷款中，比较常见的费用是承诺费和安排费。

承诺费是企业获取银行额度,融资银行承诺该额度在约定期内不予变更而收取的费用;安排费是融资银行进行贷款安排向企业收取的服务费用。

而企业如果找第三方进行担保而获得融资,那么还需要向担保方支付担保费。

5. 债务融资产品与结构

在融资银行向企业提供债务融资时,应使用对应的融资产品。融资产品中一般包括相应的融资结构、条件要求和特定的流程。在最重要的融资产品结构安排方面,包括融资项下债权人和债务人,以及相应的担保方式和保障信贷安全的措施。

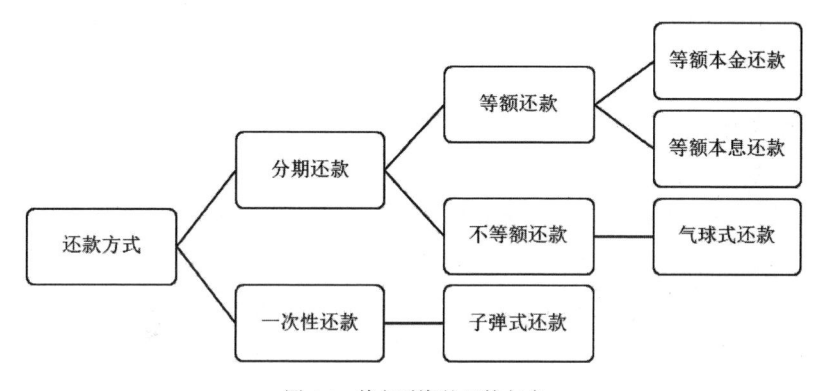

6. 债务融资的还款方式

债务融资的还款方式一般分为一次性还款和分期还款。分期还款又包括等额还款与不等额还款。其中,等额还款可以分为等额本金还款和等额本息还款。债务融资的还款方式如图4.4所示。

图 4.4 债务融资的还款方式

一般来说,一次性还款是在最后的还款日前,债务人不偿还任何款项或不偿还本金仅支付利息,在最后的还款日一次性偿还本金。如果前期不偿还任何款项,则在最后的还款日,一次性将本息同时偿还,这种还款方式又称子弹式还款(Bullet Payment)。

分期还款中的不等额还款方式,主要是气球式还款(Balloon Payment),也就是前低后高,每期还款逐步偿还更多的本金和利息。

在等额还款中,等额本金还款方式是每期还款归还同样数量的本金,同时付清上一还款日至本次还款日之间产生的利息。这种还款方式相对等额本息还款方式而言,由于本金在前期偿还较多,因此总的利息较低,但是前期支付的本金和利息较多,还款负担逐期递减。在进行等额本金还款时,每期还款金额的计算公式如下:

每期还款金额 =（贷款本金÷还款期数）+（本金－已归还本金累计额）× 每期利率

等额本息还款方式是指在还款期内，借款人每期偿还同等数额的贷款（包括本金和利息）。其中，每期贷款利息按期初剩余贷款本金计算并逐月结清。这种方式先还利息较多，后期偿还的本金较多，因此总的利息较高。在进行等额本息还款时，每期还款金额的计算公式如下。

每期还款金额 =[贷款本金 × 利率 ×（1 + 利率）^ 还款期数] ÷ [（1 + 利率）^ 还款期数 － 1]

债务人必须在每个还本付息日，偿还贷款协议所规定的本金及相应产生的利息。债务人已经使用而未偿还的本金会产生利息。而已经偿还的本金在下一个还本付息日，不再进行计息，下一个还本付息日偿还的利息所依据的本金，不包括上期已经偿还的本金。

一般在债务融资中，必须明确债务融资的还款方式，并规定还款的具体日期与相应金额。

7. 担保方式与约束条件

债务融资往往涉及担保条件，即当债务人无力偿还债务时，由担保人或担保物来承担还款责任。在我国的法律体系中，担保包括保证、抵押、质押、定金和留置五种方式。在合法的债务融资内，通常用这五种方式对债务进行担保。

保证是保证人与被保证人订立合同，保证人承诺为被保证人（债务人）在特定条件下向债权人履行或部分履行其债务的担保方式。根据《中华人民共和国民法典》（以下简称《民法典》）第六百八十一条规定，"保证合同是为保障债权的实现，保证人和债权人约定，当债务人不履行到期债务或者发生当事人约定的情形时，保证人履行债务或者承担责任的合同"。

抵押是抵押人和债权人订立抵押合同，不转移抵押财产的占有，当债务人不履行债务时，债权人有权依法将抵押财产进行折价或以拍卖、变卖该财产的价款优先受偿。《民法典》第三百九十四条规定："为担保债务的履行，债务人或者第三人不转移财产的占有，将该财产抵押给债权人的，债务人不履行到期债务或者发生当事人约定的实现抵押权的情形，债权人有权就该财产优先受偿。

"前款规定的债务人或者第三人为抵押人，债权人为抵押权人，提供担保的财产为抵押财产。"

同时，《民法典》第三百九十五条规定了可进行抵押的财产："债务人或者第三人有权处分的下列财产可以抵押：

"（一）建筑物和其他土地附着物；

"（二）建设用地使用权；

"（三）海域使用权；

"（四）生产设备、原材料、半成品、产品；

"（五）正在建造的建筑物、船舶、航空器；

"（六）交通运输工具；

"（七）法律、行政法规未禁止抵押的其他财产。

"抵押人可以将前款所列财产一并抵押。"

我国虽然没有清晰说明固定抵押和浮动抵押的区别，但《民法典》也做了一些规定，如第三百九十六条规定："企业、个体工商户、农业生产经营者可以将现有的以及将有的生产设备、原材料、半成品、产品抵押，债务人不履行到期债务或者发生当事人约定的实现抵押权的情形，债权人有权就抵押财产确定时的动产优先受偿。"可见，其规定了可以进行浮动抵押的财产包括生产设备、原材料、半成品和产品。同时，《民法典》第四百一十一条规定："依据本法第三百九十六条规定设定抵押的，抵押财产自下列情形之一发生时确定：

"（一）债务履行期限届满，债权未实现；

"（二）抵押人被宣告破产或者解散；

"（三）当事人约定的实现抵押权的情形；

"（四）严重影响债权实现的其他情形。"

在符合这些条件时，可以对进行抵押的动产进行确定，并行使抵押的相应权利。

质押是指债务人或第三人向债权人转移质押财产的占有，债权人占有该财产，以作为债务人履行债务的担保。《民法典》第四百二十五条对动产质权进行了规定："为担保债务的履行，债务人或者第三人将其动产出质给债权人占有的，债务人不履行到期债务或者发生当事人约定的实现质权的情形，债权人有权就该动产优先受偿。

"前款规定的债务人或者第三人为出质人，债权人为质权人，交付的动产为质押财产。"

定金是当事人双方为保证债务履行，约定当事人一方先行支付给另一方当事人一定的货币作为担保。《民法典》第五百八十六条规定："当事人可以约定一方向对方给付定金作为债权的担保。定金合同自实际交付定金时成立。

"定金的数额由当事人约定；但是，不得超过主合同标的额的百分之二十，超过部分不产生定金的效力。实际交付的定金数额多于或者少于约定数额的，视为变更约定的定金数额。"

留置是指债权人按照合同约定占有债务人的动产,当债务人不按照合同约定的期限履行债务时,债权人有权依法留置该动产,以该动产折价或者以拍卖、变卖该动产的价款优先受偿。《民法典》第四百四十七条规定:"债务人不履行到期债务,债权人可以留置已经合法占有的债务人的动产,并有权就该动产优先受偿。"

五种担保方式的对比如表 4.1 所示。

表 4.1 五种担保方式的对比

担保方式	权利属性	担保物	是否占有担保物
保证	人的担保	无	—
抵押	担保物权	有,动产或不动产	否
质押	担保物权	有,动产或权利	是
定金	担保物权	有,资金	是
留置	担保物权	有,动产	是

在债务融资中,保证、抵押和质押是比较常见、日常使用较多的担保方式。

另外,在银行贷款中,还会使用一些约束条件,以保护债权人的利益。约束条件是在债务融资安排中,债权人给债务人设定的约束其行为的条件。常见的有提款条件的设置、对企业资本金的要求、对企业财务指标的要求、信息的提供要求等,银行要求企业必须达到约束条件,否则不能提款,或形成违约导致企业必须加速还款。

4.2 债务融资对企业报表的影响

债务融资一般按照融资期限分为短期债务融资和长期债务融资两种。短期债务融资一般是融资期限不超过 1 年的债务融资,超过此期限的债务融资是长期债务融资。不同的融资安排会对企业的报表产生不同的影响,进而影响企业的偿债能力,企业管理者有必要了解相关情况,以便在进行融资决策时,综合考虑对企业财务报表的影响。初创企业总体财务实力一般不强,融资安排对其报表的影响相对成熟企业而言可能更为明显。企业管理者是否重视债务融资对企业报表的影响,关系着企业后续融资是否可以顺利进行。

债务融资对企业报表的影响主要体现在损益表、负债和现金流量表方面。

在损益表方面,与借款相关的费用涉及资本化问题,即相关费用是否不计入当期损益而计入相关资产成本,在财务报表上记入资产负债表。如果相应的费用可以资本化,则费用可以按照资产的相关规则在后续一段时间内进行摊销。因此,虽然从现金流的角度来看资金已经支出，但是在财务报表上分期计入成本，这就可能在当期增加企业收益。资本化的存在使债务融资有杠杆作用，对企业的投资回报率有较大的影响。企业管理人员还需要重点了解债务融资导致企业报表中负债和现金流量方面的变化情况。

4.2.1 短期负债

由于短期债务融资速度快、程序相对简单、成本一般较低，能满足企业一般临时性或者短期的资金使用需求，因此在企业的债务融资中有较广泛的应用。短期债务融资通常被用来弥补经营周期中的资金缺口，在企业报表上会以短期负债体现。

《企业会计准则第30号——财务报表列报》（财会〔2014〕7号）第三章第十九条规定："负债满足下列条件之一的，应当归类为流动负债：

"（一）预计在一个正常营业周期中清偿。

"（二）主要为交易目的而持有。

"（三）自资产负债表日起一年内到期应予以清偿。

"（四）企业无权自主地将清偿推迟至资产负债表日后一年以上。负债在其对手方选择的情况下可通过发行权益进行清偿的条款与负债的流动性划分无关。

"企业对资产和负债进行流动性分类时，应当采用相同的正常营业周期。企业正常营业周期中的经营性负债项目即使在资产负债表日后超过一年才清偿的，仍应当划分为流动负债。经营性负债项目包括应付账款、应付职工薪酬等，这些项目属于企业正常营业周期中使用的营运资金的一部分。"

在财务报表中，短期债务融资可能涉及的科目包括"短期借款""应付票据""应付账款""应付利息"等。短期债务融资的增加，使企业的流动负债和流动资产（如果使用资金购买流动资产）结构发生变化，对企业的短期偿债能力也产生相应影响。

评估短期偿债能力的财务指标一般有六种，如表4.2所示。

表4.2 评估短期偿债能力的财务指标

评估短期偿债能力的财务指标	计算公式
流动比率	流动资产÷流动负债×100%
速动比率	（流动资产－存货等）÷流动负债×100%
现金比率	现金及其等价物÷平均流动负债×100%
应收账款周转率	销售收入÷平均应收账款×100%
存货周转率	营业成本（销售成本）÷平均存货金额×100%
应付账款周转率	采购成本÷平均应付账款×100%

与流动负债直接相关的财务指标包括流动比率、速动比率、现金比率、应付账款周转率等。如果企业在增加流动负债的同时没有对应增加流动资产，则企业的短期偿债能力将会下降。短期偿债指标的恶化，意味着企业的偿债能力下降，会对企业的后续进一步融资造成不利影响，如能够融资的金额会有所下降，融资条件也会更加苛刻。融资银行对企业短期偿债能力的评估在本书6.3节还会详细介绍。

4.2.2 长期负债

企业进行较长期限的债务融资类似于股权融资，在这两种融资方式下企业均可以长期占有资金。但不同的是，在使用长期债务融资时，企业必须刚性地按照还款约定还本付息，因此企业有对外支付义务，相对而言风险更高。在使用股权融资时，企业并没有刚性的还款义务。企业从长期债务融资中获得的资金主要用于购买长期使用的固定资产或权利，比如购买机器设备、购买比较长期的收益权和使用权等。

《企业会计准则第30号——财务报表列报》（财会〔2014〕7号）第三章第二十条规定："流动负债以外的负债应当归类为非流动负债，并应当按其性质分类列示。被划分为持有待售的非流动负债应当归类为流动负债。"该文件第三章第二十一条规定："对于在资产负债表日起一年内到期的负债，企业有意图且有能力自主地将清偿义务展期至资产负债表日后一年以上的，应当归类为非流动负债；不能自主地将清偿义务展期的，即使在资产负债表日后、财务报告批准报出日前签订了重新安排清偿计划协议，该项负债仍应当归类为流动负债。"

在财务报表中，长期债务融资可能涉及的科目包括"长期借款"、"应付票据"（长期）、"应付账款"（长期）、"应付利息"等。

评估长期偿债能力的财务指标一般有六种，如表4.3所示。

表4.3 评估长期偿债能力的财务指标

评估长期偿债能力的财务指标	计算公式
长期债务比率	长期负债÷（长期负债+股东权益）×100%
权益负债率	长期负债÷所有者权益×100%
资产负债率	总负债÷总资产×100%
利息保障倍数	（息税前利润+财务费用）÷利息费用（财务费用）
经营性现金流与总负债的比率	经营性现金流÷总负债×100%
经营性现金流与资本支出的比率	经营性现金流÷资本支出×100%

与长期负债直接相关的财务指标包括长期债务比率、权益负债率、资产负债率、经营性现金流与总负债的比率等。长期债务融资所产生的利息较高，因此也会引起

利息保障倍数的变动。长期负债的增加会导致企业长期偿债能力有所下降，同时也会降低企业的融资能力和融资可能性。融资银行对企业长期偿债能力的评估在本书 6.3 节还会详细介绍。

4.2.3 现金流

当企业使用贸易融资尤其是无追索权应收账款转让的融资安排时，由于企业为了获取资金，将应收账款转让给银行，一般会计师事务所会将该笔资金记为企业的经营性现金流。企业可以通过这样的债务融资方式，增加经营性现金流，以优化企业报表的结构，同时提高应收账款周转率。因此，一些融资活动可能并不直接在资产负债表的负债中体现，但在现金流量表中会体现为经营性现金流的增加。报表上体现为经营性现金流的增加，有助于企业提升实现债务融资的可能性，也能为企业扩大股权融资的规模奠定基础。

4.2.4 对盈利的影响

根据税法，债务融资的利息可以进行税前扣除。也就是说，在计算所得税的时候，所要支付的债务融资利息应当在税前扣除，不进行所得税的计算，这就使债务融资具有了节税的功能，企业的所得税缴纳可以合法减少。

我们一起来看看下面的例子。

如果某初创企业初始的资金需求为 500 万元（包括注册资本和所需要的其他各类启动资金），预计可以实现息税前利润为 100 万元，所得税税率为 20%。

此时，该企业可以有不同的融资安排。

第一种安排：完全依靠股东的初始投入，企业不进行任何融资。

第二种安排：股东投入注册资本 100 万元，另外 400 万元进行银行融资，年利率为 5%。

第三种安排：股东投入注册资本 100 万元，另外 400 万元以股东贷款的形式注入企业，年利率为 5%。

在第一种安排下，企业全额息税前利润应扣除所得税，应扣除的所得税为：

$100 \times 20\% = 20$（万元）

可供股东分配的税后利润为：

$100 - 20 = 80$（万元）

在第二种安排下，企业应支付的年利息为：

400 × 5% = 20（万元）

企业扣除利息后的利润为：

100 - 20 = 80（万元）

应缴纳的所得税为：

80 × 20% = 16（万元）

可供股东分配的税后利润为：

80 - 16 = 64（万元）

在第三种安排下，企业需要向股东支付的年利息为：

400 × 5% = 20（万元）

企业扣除利息后的利润为：

100 - 20 = 80（万元）

应缴纳的所得税为：

80 × 20% = 16（万元）

可供股东分配的税后利润为：

80 - 16 = 64（万元）

股东实际收到的资金为：

64 + 20 = 84（万元）

从这三种安排来看，当股东使用债务融资的时候，尤其是在股东贷款的情况下，可以用利息来部分免除缴纳所得税：

20 × 20% = 4（万元）

免除缴纳所得税的金额就称为"税盾"的作用。在这种情况下，比第一种安排的 80 万元可供股东分配的利润多了 4 万元。因此，从可分配利润的角度来看，第三种安排可以获得更多的利润。

但是否就应该用第三种安排来为企业筹措资金呢？

企业应该看到以下几点。

首先，第一种安排和第三种安排都大量占用了股东资金，进行这些安排的前提是股东有充足的资金，但很多初创企业并不具备此条件。而如果以股权融资的方式进行融资，则又会造成企业股东的控制权被削弱，获得的可分配利润也会进一步减少。

其次，除看到股东可分配利润的绝对数额之外，还应考虑进行哪种安排股东回报率最高。

在第一种安排下，股东全额投入了 500 万元，而最终可分配利润为 80 万元，则股东回报率实际为：

80 ÷ 500 × 100% = 16%

在第二种安排下，股东仅投入了 100 万元，最终可分配利润为 64 万元，则股东回报率实际为：

64 ÷ 100 × 100% = 64%

在第三种安排下，股东投入了 500 万元，最终可分配利润为 84 万元，则股东回报率实际为：

84 ÷ 500 × 100% = 16.8%

对比这三种安排的股东回报率，可以发现第二种安排的股东回报率是最高的。很明显可以看出，进行债务融资对企业的盈利能力、股东回报率有大幅度提升的作用。我们再假设一种新的情况，如果企业融资的利率大幅度攀升，甚至超过了企业的利润率，那么会出现什么情况呢？

下面假设融资利率达到了 10%。

在第一种安排下，可分配利润和股东回报率没有变化，可分配利润依然为 80 万元，股东回报率依然为 16%。

在第二种安排下，如果利率超过企业利润率水平 1%，则年利息为：

400 × 21% = 84（万元）

企业扣除利息后的利润为：

100 - 84 = 16（万元）

应缴纳的所得税为：

16 × 20% = 3.2（万元）

可供股东分配的税后利润为：

16 - 3.2 = 12.8（万元）

股东回报率为：

12.8 ÷ 100 × 100% = 12.8%

很明显，此时企业的股东回报率低于不进行债务融资的情况，可分配利润也大幅度减少。

在第三种安排下，如果股东贷款利率同样超过企业利润率水平 1%，股东可以收到的年利息为：

400 × 21% = 84（万元）

企业扣除利息后的利润为：

100 - 84 = 16（万元）

应缴纳的所得税为：

16 × 20% = 3.2（万元）

可供股东分配的税后利润为：

16 - 3.2 = 12.8（万元）

股东所得为：

84 + 12.8 = 96.8（万元）

股东回报率为：

96.8 ÷ 500 × 100%= 19.36%

可以看出，当债务融资的利率过高（超过企业利润率）时，不使用债务融资时股东回报率较高。此时，无论是从可分配利润来看，还是从实际股东回报率来看，都可以通过股东贷款的方式，充分发挥股东贷款的"税盾"作用，使股东的收益在一定程度上提升。

4.2.5 出表

债务融资金额应当记入企业的资产负债表，增加企业的负债。但许多企业在寻求出表的方式，即将债务融资金额通过各种方式不记入资产负债表，以优化自身财务结构。某些初创企业就非常重视采用可以出表的融资方式，以保持自身财务报表的良好情况。一般的出表方式如下。

第一，以经营租赁（详见 7.2 节）形式租赁的资产而需要支付的租金。企业可以实际使用相关资产，但相应的对价总额并不一次性算在企业报表的负债中，而是每期以当期租金记入报表。

第二，以基金形式收购其他企业，被收购的企业只要不被认定为被企业所实质控制，就可以不将被收购企业并入企业的报表。

第三，在进行应收账款转让融资时，如果是无追索权应收账款转让融资，那么融资金额可以看作经营性现金流，甚至可以不算作负债。

4.3 债务融资的风险

债务融资的风险主要是企业在债务融资中不能按时还本付息的风险，出现这种风险主要是由于企业自身的偿债能力出现了问题。企业的偿债能力出现问题的根源在于资本结构出现了问题，比如负债占比例较高，导致资产负债率过高，相应的财务风险也就必然增大。另外，企业对融资的方式选择、顺序安排、时间把握等也可能导致出现相应问题，由于不同的融资方式导致资本成本情况不同，资金获取的可能性、难易程度、耗费时间也会不同。过高的利率、不适宜的期限都可能导致企业融资成本过高。若融资的期限、结构方面没有做好安排，也会导致出现问题，如可能导致企业负担过重，现金流出现问题，资金链难以为继，最终导致风险爆发。

4.3.1 债务融资风险的类型

从作为债权人的银行角度而言，债务融资风险主要包括债务人（主要是企业）的偿债能力和偿债意愿两个方面的风险；但从作为债务人的企业角度而言，一家正常经营的企业偿债意愿应当是强烈的，不应该由于不具备偿债意愿而拖欠债权人的欠款，正常经营的企业往往只会因为偿债能力出现暂时性或根本性问题，而导致无法偿还债务的情况出现。因此，从初创企业的角度出发，我们仅讨论由于偿债能力出现问题而出现的债务融资风险，并梳理相应的规避与控制措施。

第一，企业偿债能力不足引发的风险主要表现为现金流暂时出现问题而导致的无法按照约定偿还债务，包括企业现金流出量超过现金流入量或现金流入量不足的情况。这种情况出现可能是由于企业预期的现金流入未能实现，或者在债务融资下偿还本息的期限、金额与企业现金流的实际流入情况不匹配。

在出现这种情况时，企业应依靠自身资产的变现和扩大收入来偿还债务。因此，企业在日常经营中要保持足够可顺利变现的流动资产，以应对可能出现的现金流不足而导致偿债能力不足的情况。

第二，企业的资产贬值或减损，导致的偿债能力下降，尤其是相关资产是企业主要现金流来源的基础的情况。比如，企业日常将所拥有的大楼对外出租，从中获得收入，但由于企业经营管理不善，大楼内空置率不断提高，从而导致该大楼作为债务融资保障的实际价值缩减。随着企业亏损的扩大，基于资产对债务融资进行还款的保障能力进一步降低。在极端的情况下，企业破产清算后的剩余资产依然不足以对未偿还的债务融资进行清偿。此时，企业就要寻求外部的资金或担保资产的支持，以在较短时间内提高偿债能力。

4.3.2 债务融资风险的规避与控制措施

债务融资风险的发生不但使债权人的贷款出现风险，而且会对企业的正常经营造成负面影响。初创企业的管理能力和风险控制能力相对而言较弱，贷款出现风险会导致企业的资金链出现问题，企业经营管理将无法正常、持续进行。此外，如果企业存在多个贷款，一旦其中一个出现风险，其他融资银行和相关债权人会进一步要求企业增加担保措施或者提前还款。企业和融资银行的贷款协议中往往也会有交叉违约的条款，一旦启动交叉违约相关条款，会造成企业的偿债压力猛然上升。因此，企业应及时采取对违约的风险规避与控制措施，降低出现违约事件导致对经营产生不利影响的可能性。

为了防范风险，企业应当加强对日常财务情况和融资还款情况的监控与分析。企业可以通过杜邦分析法，对净资产收益率进行监控，一旦发现财务指标出现异常，就应当及时进行进一步细致排查，以防范风险。杜邦分析法主要进行财务杠杆的分层分析，在后文贷后管理中会进行细致描述。同时，企业应对融资还款情况进行细致监控。比如，企业可以用资金周转表记录相应情况，以跟踪和分析资金的周转率等重要数据指标，监控现金流的流入和流出情况给融资带来的影响；检查一些重要财务指标，尤其是融资银行关心的或在贷款协议中规定不得突破的指标，如未来一段时间内支出金额与总收入的比率、销售额与付款票据兑现额的比率、短期内支付的融资成本与融资获得资金的情况等。企业要做好预算管理工作，关注现金流和资金周转情况，及时采取保持资金链稳定的措施，保证企业有充足的现金流。

总体来说，要想有效地规避与控制融资的相关风险，企业应制订合理的融资计划和选择好融资时机，同时选择适度的融资规模与合适的融资结构，并尽量降低成本。有效的风险规避和控制措施如下。

第一，提高企业的盈利水平，让企业有足够的现金流流入。企业要加强经营管理与成本控制管理，提高盈利水平。当企业有足够的盈利，大量的现金流入，充足的净资产时，才有足够的偿债能力，才能及时清偿债务融资的金额。初创企业一般财务实力有限，但如果经营业绩能够快速提升，现金流流入充足，就能为控制好债务融资的相关风险奠定良好的基础。

第二，对资本结构进行合理规划，控制资产负债率。企业应按照对资本结构的规划，严格对负债的规模进行控制，使得资产对债务有足够的保障能力。比如，企业不能在资产收益率与盈利水平过低的情况下大举负债，这样会导致企业的资产负债率过高，一旦资产的变现能力不足，将导致企业的偿债能力被严重削弱。合理的资本结构、适度的资产负债率，可以使企业的资产对债务有较高的保障水平。企业在经营中应维持融资渠道畅顺，从而保持资金链的稳固，拥有持续融资的能力，以应对外部风险。

第三，确定合理的长期负债与短期负债的比例。企业可以通过控制长期资产与短期资产的比例来确定长期负债与短期负债的结构，同时要考虑后续的现金流流入情况。比如，购置设备、土地和厂房等固定资产需要长期占用资金，这类资金应当通过长期债务融资来筹措，避免资金回收与还款安排的错配。而短期、临时性的资金需求，如临时由于资金未能按计划回款，却需要资金来采购原材料进行生产，则可以通过短期债务融资来满足。相应资产和资金期限相互匹配，可以有效地控制企业的债务融资风险，也有助于企业的正常经营运作，提高资本收益水平。但如果将短期债务融资获得的资金用于购买长期资产，长期资产在短期内的收益可能不足以支持对短期债务融资的还款，企业需要短期内投入自有资金或进一步进行融资以偿还原有债务，就会对企业的资金安全造成负面影响。而如果使用长期债务融资获得的资金来满足短期资金需求，则导致企业支付了过高的资金成本，会造成资金的冗余浪费。

第四，关注市场资金动态与利率变化情况，保持融资能力，应对风险。当货币市场资金充裕，利率水平较低时，可以通过再融资的安排替换原有利率较高的融资。在利率水平上升的情况下，可以考虑使用延期付款的方式对外付款，同时将应收账款进行贸易融资操作，以替换一般的短期银行贷款。在不同的市场利率环境下的不同操作，可以有效地降低企业的融资成本，保持持续的融资能力，有助于企业经营管理的稳定。

第五，对债务融资的结构进行重新安排。当企业由于经营不善或资金缺口巨大，无力按期偿还债务融资本息时，可以通过与债权人协商，对债务进行展期、延付、债转股等债务重组安排，以缓解企业暂时的资金压力，从而化解风险。

4.4 本章小结

本章对债务融资的一些基础知识进行了介绍，讲解了什么是债务融资，为后续章节进一步介绍怎样进行债务融资奠定了基础。

债务融资对企业来说是一种必须刚性支付的融资方式。企业借入资金，到期要按照约定归还本金并支付利息。债务融资既包括常见的借款，也包括企业在经营过程中利用自身商业信用进行的延期付款。对用于固定资产的资金需求，可以使用长期债务融资来满足；而用于企业流动资产的资金需求，则可以使用短期债务融资来满足；企业正常运营应该充分利用自有资金，一般不应该通过债务融资解决。

从期限来看，债务融资的期限应该与企业的资金回收周期相匹配，这样才能最大化发挥资金的效用。如果企业贸易的资金回收周期较短，则可以更多地用贸易融资替代流动资金贷款，以加速资金运转。

债务融资对企业报表的影响主要体现在损益表、负债和现金流量表方面。同时，与借款相关的费用可以资本化，资本化后的费用在后续一段时间内进行摊销，可以在当期增加企业收益。企业管理人员主要通过对偿债能力的各项指标的把握，了解融资对负债和现金流方面的影响。评估各项偿债能力的财务指标如表4.4所示。

表4.4 评估各项偿债能力的财务指标

评估短期偿债能力的财务指标	计算公式	评估长期偿债能力的财务指标	计算公式
流动比率	流动资产÷流动负债×100%	长期债务比率	长期负债÷（长期负债+股东权益）×100%
速动比率	（流动资产－存货等）÷流动负债×100%	权益负债率	长期负债÷所有者权益×100%
现金比率	现金及其等价物÷平均流动负债×100%	资产负债率	总负债÷总资产×100%
应收账款周转率	销售收入÷平均应收账款×100%	利息保障倍数	（息税前利润+财务费用）÷利息费用（财务费用）
存货周转率	营业成本（销货成本）÷平均存货余额×100%	经营性现金流与总负债的比率	经营性现金流÷总负债×100%
应付账款周转率	采购成本÷平均应付账款×100%	经营性现金流与资本支出的比率	经营性现金流÷资本支出×100%

负债的增加使企业的偿债能力有所下降。

当企业在融资银行进行贸易融资，将无追索权应收账款转让给融资银行时，一般会计师事务所会将该笔资金记为企业的经营性现金流，实现财务报表结构的优化，同时提高应收账款周转率。

偿债能力出现问题而导致的债务融资风险，主要包括现金流暂时出现问题，以及企业的资产贬值或减损。有效的风险规避和控制措施如下。

第一，提高企业的盈利水平，让企业有足够的现金流流入。

第二，对资本结构进行合理规划，控制资产负债率。

第三,确定合理的长期负债与短期负债的比例。
第四,关注市场资金动态与利率变化情况,保持融资能力,应对风险。
第五,对债务融资的结构进行重新安排。

第5章
企业债务融资需求分析与预算管理

在对债务融资有了基本的了解以后，我们就可以进入对债务融资的具体管理的学习了。初创企业只有通过有效的管理，才能把债务融资工作做好，改进工作效率，降低成本、提高收益。企业通常需要进行的融资管理工作包括对融资结构进行规划，以及做好融资计划，并加强对融资安排的管理。

对融资结构进行规划包括做好资金需求量及相应用途的预测。通过需求分析和预算管理，将相应的融资管理工作做细做实。强化债务融资的管理工作，有助于融资的实现，高效、合理地安排融资工作。

初创企业应进行融资需求分析和预算管理，并在此基础上做好融资计划。如同企业在生产和运营过程中需要做好相应的销售计划、生产计划，融资也需要做好计划、按计划实施及应对可能出现的风险，并且在执行后对比计划与实际情况的差别，这样才能有效地实现目标。融资工作尤其是债务融资工作，需要做好管理。管理是综合性的工作，债务融资的管理不仅是在筹集资金环节，对融资成本、结构、期限和风险等也应加强管理，尤其是在前期的需求分析与预算管理环节，应精细化、有步骤地进行操作，通过管理收获实效。这不仅有利于初创企业债务融资工作的开展，还是企业强化管理的重要体现。

5.1 融资结构规划

当企业面临资金支出的时候，首先需要考虑清楚的是，在需要的资金中有多少应该通过外部债务融资获得，有多少需要依靠股权融资或企业自身的现金流。融资结构规划就是为了解决这个问题。

前文对资本结构的讲解中已经对此做了初步的说明，但在具体融资过程中，在保证企业的控制权的前提下，需要根据实际情况进一步细化工作。通过精细化管理，合理计算成本和相应收益，以明确债务融资的最高金额，实现融资结构的合理优化。

5.1.1 什么是融资结构规划

融资结构是企业融资获取的资金相应的构成和比例关系，包括短期负债、长期负债及所有者权益（来源于股东的投入和企业自身的积累）三者之间的比例关系。这些资金与企业的总资产相对应，如图 5.1 所示。

所有者权益	短期负债	长期负债

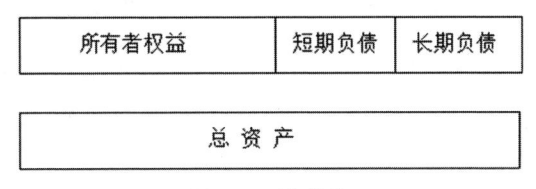

总　资　产

图 5.1　融资结构

一般情况下，由于短期资金在企业的经营运作和周转中不断循环变化，因此在考虑融资结构时，只考虑长期债务资本和权益资本的比例。企业只有明确融资结构，才能对后续的融资工作指明方向，让融资工作得以顺利开展。

融资结构规划会使企业的资本结构发生变化，如股权融资与债权融资的比例变化会使原股东在企业中所占股权份额有所变化。如果企业无法顺利通过债务融资获得经营所需资金，企业原股东得不断通过出售股权进行股权融资，以筹集企业发展需要的资金，从而最终会引起企业控制权的变化，原股东对企业的控制权会被削弱，甚至完全丧失。

事实上，融资结构的变化会对企业债务融资与股权融资造成影响。增加股权融资会使企业的所有者权益提高，同时企业的资产负债率会相应下降，这意味着企业的偿债能力得到了提高。融资银行与其他债权人会更愿意为企业提供债务融资，这样有利于企业进一步扩大债务融资的规模。而如果企业不断扩大债务融资的规模，使得企业的负债率水平不断上升，企业对外应承担的实际义务也在不断累积。这对企业的股权价值也会有所影响，意味着股东也会对企业的对外债务偿还承担一定的义务，企业吸引股权融资的难度会有所提升。

在融资结构的规划中，企业也要考虑到，股权融资关系到企业股东的权益，是企业经营决策方面的重要事项，通常应召开股东会进行决策，并按照公司法等有关法律规定的程序来执行。而债务融资是企业日常管理的工作，属于企业管理层就可以决定的事项，企业的管理人员可以直接进行相应的安排。因此，债务融资比股权融资在决策和相应流程上更加简单、高效，便于企业的管理人员开展工作。

在第 1 章中，我们学习到的知识仅是基于企业初创时期对资本结构的初步安排，对股权融资和债务融资的比例进行了相应的规划。企业发展到一定阶段，虽然同样需要对股权融资和债务融资的比例进行安排，但情况与之前已经大不相同。此时，企业已经发展壮大，具有了一定的业务规模，现金流开始趋于稳定，资产规模逐步扩大，债务融资成为可能。债务融资和股权融资不再是企业无可奈何下的选择，企业已经可以做到基于自身的发展，在管理人员更深入的思考下对融资方式进行选择。这种选择所考虑的因素，不仅包括股权融资与债务融资的比例，还包括长期债务和短期债务的比例，企业可以综合比较各种方案的优势和劣势，对融资结构进行优化。

5.1.2 优化融资结构

由于根据会计恒等式"资产＝负债＋所有者权益"，所有的资产都可以对应负债和所有者权益，负债与所有者权益的比例关系对于企业非常重要，融资结构对负债和所有者权益的比例具有影响，因此确定融资结构的核心是确定负债总额。负债总额也会影响企业的负债率（负债总额÷资产总额×100%），将负债总额确定好，就能把握好融资结构的规划。一般而言，融资结构的优化可以通过以下三个标准进行考虑。

第一，企业的价值是否最大化。企业的价值可以是估值，也可以是企业的市值。企业管理的目的是要做到企业的价值最大化，融资管理也是一样的。能够让企业的价值最大化的融资结构规划，就是可行的融资结构规划。

第二，企业的综合资本成本是否最低。融资结构不同，企业的资本成本也不同。当企业在一定的融资结构下，实现了资本成本低于其他任何结构时，该融资结构就是企业可以选择的融资结构。

第三，企业普通股的每股收益是否最高。企业普通股的每股收益最高，就相当于实现了企业股东价值最大化。这也是企业的经营目标，融资结构的规划同样要遵循这个目标。

企业在进行债务融资管理时，在融资结构的优化方面应比企业刚刚创立时进行的融资安排更加精细化。企业需要对全盘财务情况进行综合考量，以做出最优的决策。不合适的融资结构，对企业的融资可能会产生负面的影响。企业过度依赖债务融资，会导致资产负债率过高，削弱企业的偿债能力，增加企业风险。资产负债率低的企业进行大规模股权融资，可能会被认为进行过度融资；而资产负债率过高的企业若进行大规模的债务融资，则可能会被认为在融资和财务政策方面过于激进。

对融资结构的确定与优化可以从以下两个方面进行考虑。

1. 资金的主要用途

一般来说，企业资金的主要用途包括以下方面：固定资产投资，如购买生产设备、运输工具等；营运使用，包括流动资产消耗，如购买上游原材料、低值易耗品的采购、仓储管理等；发展研发，包括企业在发展过程中技术升级、产品研发、市场开拓等。

固定资产投资所用的资金，一般金额较大，回收期较长，需要利用融资进行解决。由于这些固定资产存续的时间较长，应寻求成本较低、还款期较长的融资方式，以实现融资期限和资产使用期限的匹配。

一般营运资金是流动资产减去流动负债后的资金，它们是现金及其等价物，或者是可以迅速变现的资产。营运资金对企业的总体流动资金影响较大，尤其是在企业生产经营过程中营运资金的过度消耗，可能让总体流动资金紧张，导致企业难以正常经营。企业对营运资金应当厉行节约，减少资金的占用，尽可能不使用融资来解决。

发展研发资金使用量较大，投入前景有一定的不确定性，但又对企业的长远发展至关重要。从风险匹配的角度来看，将自有资金或通过股权融资获得的资金投入发展研发较为适宜。

2. 资金的使用期限

企业对资金使用期限的需求与其自身资金的周转情况相关，如果企业的资金周转率较高，说明资金使用效率高，企业在经营生产过程中被占用的资金较少。由于其在正常的经营过程中会不断获得资金，那么对这类企业来说，资金的需求规模就不会太大，同时所需要的资金使用期限也会相对较短。

在进行融资结构的优化时，应对企业的资金用途和使用期限同时加以考虑。企业要提高资金使用效率，降低融资规模，以达到合理使用的目的。总体来说，现金流稳定、所拥有的资产较容易变现的企业，可以相对激进地进行债务融资安排；而现金流有较大波动、周期性特征明显的企业，可以较为保守地进行债务融资安排，其适合更多地使用自有资金或留存收益支持业务发展，可以适当进行股权融资。

在融资结构优化方面，还需要注意的是要把握收益和风险之间的关系。收益与风险并存，通常企业承担了相对较高的风险会带来较高的收益，企业面临的风险较低最终获得的收益也有限。因此，企业需要让风险和收益最终达到均衡的状态，以实现融资结构的最优化。优化融资结构的目的是提高资金的运营和使用效率,提高资本投入的收益。如前文所述,衡量融资结构是否合理的标准包括企业的价值是否最大化、企业的综合资本成本是否最低。在把握收益和风险之间的关系时,也要考虑备选的融资结构安排是否可以将企业的综合资本成本降到最低,同时达到企业价值最大化的目的。在这两个标准的把握下,当企业加权平均资本成本最小化时的融资结构与企业价值最大化时的融资结构应当是同样的,二者最终带来的结果是一致的,这也可以说明在收益和风险之间达到了均衡的安排。

在规划融资结构时,融资期限的确定也是需要考虑的重要环节,以实现融资成本、还款安排与实际融资需求相匹配。一般来说,融资期限越长,融资成本越高;短期融资的成本相对较低,但持续性存在一些问题,当宏观经济环境和融资环境发生变化时,企业存在不能持续获取短期融资的可能性,融资有可能失败。对此,初创企业也可以考虑使用循环贷款的方式,获得长期的资金支持。

一般大型企业长期融资占总体债务融资的比例可以达到80%以上,而初创企业难以达到这个水平,但也可以进行适度的安排。

此外,融资成本也是需要考虑的重要因素,即应当让融资费用与相应利息总体可控。融资成本不仅应让企业能够承担,同时相应的支出不会削减企业利润,导致企业利润水平被降低。企业应在不同的融资时机和市场条件下,选择不同的融资结构和融资安排,如在市场上处于低利率时期时,可以选择固定利率资金,而在高利率时期可以选择浮动利率资金。

5.1.3 融资结构确定与优化的主要方法

企业可以通过量化方法来确定融资结构。

1. 寻找综合成本最低的融资结构

在各种融资结构之间进行对比,列出各种融资方案下的成本情况(资本成本通常用比率表示),最终确定最优的融资结构。

某初创企业有两种融资方案,如表5.1所示。

表5.1 某初创企业的融资方案

融资方案	A 方案		B 方案	
	融资金额/万元	单独资本成本	融资金额/万元	单独资本成本
长期借款	1 000	7%	1 200	7.5%
优先股	500	12%	400	12%

续表

融资方案	A方案		B方案	
	融资金额/万元	单独资本成本	融资金额/万元	单独资本成本
普通股	500	15%	400	15%
合计	2 000		2 000	

通过计算对比两种融资方案的综合资本成本。

A方案：

1 000 ÷ 2 000 × 7% + 500 ÷ 2 000 × 12% + 500 ÷ 2 000 × 15% = 10.25%

B方案：

1 200 ÷ 2 000 × 7.5% + 400 ÷ 2 000 × 12% + 400 ÷ 2 000 × 15% = 9.9%

从这两个方案的对比可以看出，B方案的综合成本更低，因此该初创企业应该选择B方案。如果有其他方案追加，可以进一步计算其综合成本，以确定最终应当选择的融资结构。

2．分析每股收益

企业也可以通过分析每股收益来确定融资结构，最终做出最优的决策。企业可以通过不同的融资结构下息税前利润对每股收益的相应影响，确定最优的融资结构。当息税前利润较高时，企业提高负债可以使每股收益得到提高。

我们可以通过图5.2看出债务融资与股权融资、每股收益与销售额的关系。

当股权融资与债务融资的每股收益及销售额都相同的时候，二者达到均衡，即此时的融资结构能实现每股收益最大化。

依然使用例子来说明，某初创企业的资本结构如表5.2所示。

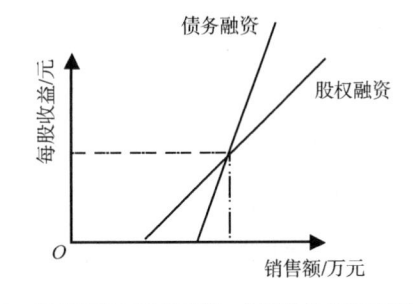

表5.2　某初创企业的资本结构

图5.2　债务融资与股权融资、每股收益与销售额的关系

资本结构	金额/万元	单独资本成本
债务资本（短期负债与长期负债的和）	1 000	5%
权益资本（普通股）	1 000	（每股面值10元，发行100万股）

现在需要追加投资500万元，有两种方法：一种是完全进行债务融资，债务融资成本不变，依然是5%；另一种是完全进行股权融资，发行普通股，增发50万股，每股面值保持10元不变。

企业的变动成本率为50%，固定成本为50万元，企业所得税税率为25%，计算每股收益。

企业的债务资本（原有短期负债与长期负债之和）支付的利息为 1 000×5%＝50（万元），如果完全进行债务融资，则增加的利息为 500×5%＝25（万元）。假设销售额为 S：

$$(S-0.5S-50-50)\times(1-25\%)\div(10+5)=(S-0.5S-50-50-25)\times(1-25\%)\div 10$$

由上面的算式可以计算出，企业的销售额为350万元。

从而可以计算出每股收益为：

$$(350-0.5\times 350-50-50)\times(1-25\%)\div(10+5)=3.75（元）$$

从结果可以看出，当销售额小于350万元时，运用股权融资可以获得较高的每股收益；当销售额大于350万元时，运用债务融资可以获得较高的每股收益。

3．比较分析企业的价值

每股收益分析的缺陷在于没有考虑风险因素，只有在风险不变的情况下，进行每股收益对比才有价值。而考察企业的价值，可以有效地避免相应的弊端。一般来说，企业的价值为其股票的市值加上债券的价值。通过资本资产定价模型可以计算股票的资本成本，通过企业股票的 β 值和无风险收益率加总来计算，从而进一步计算某个特定融资结构下的加权平均资本成本。但这种计算方式中的参数在现实情况中并不易于找到，在实际操作中并不适用，在此不再赘述。

5.2 债务融资资金需求量预测

5.2.1 资金需求量预测的准备工作

在进行资金需求量预测时，需要对以下四个重要因素加以考虑。

1．市场利率

市场利率与资金的使用成本相关，同时市场利率的高低也代表市场上资金获取的难易程度，是资金供需关系的重要体现。对企业而言，资金成本的水平——利率，也会影响对资金的需求。当利率较高时，由于市场上资金较为稀缺，获取融资的难度会加大，融资成本较高，这时对融资的需求量会减少；而当利率较低时，市场上资金较为充裕，获取融资的难度较小，融资成本较低，这时可以扩大融资的规模。

2．资金周转速度

企业在经营过程中，一直伴随着资金的周转。如果资金周转率较高，那么在一定的时期内，由于资金周转速度快，同等金额的资金投入可以产生更高的效率，获得更高的利润。这样资金的使用效率得到提高，对融资的需求会适度减少。

3．预期投资回报率或收益率

企业使用资金一般基于某个特定的经营事项，可以看作对该特定经营事项的投资。当投资的预计收益较高时，相对而言资金成本就较低，此时可以增加资金的投入，以实现较高的收益水平。

4．目标资本结构

企业应确定目标资本结构，主要就是明确负债与权益的比例，这个比例应该可以实现企业既定、明确的目的。比如，为了保持股东对企业的控制权，企业不能过于依赖通过股权融资获取资金；而为了企业整体健康发展，也不能过度借贷，以免导致资产负债率等过高，影响企业的偿债能力。

5.2.2 资金需求量预测的方法

在预测资金需求量时，首先应当明确企业在一定时期内的经营和投资计划。按照该计划，可对企业的重要财务指标或要素做出预测，如图 5.3 所示。

预测主要收益指标 → 资金需求金额预测 → 估算留存收益 → 用资金需求金额减去留存收益 → 得出外部融资金额

图 5.3 资金需求量预测的方法

第一步，预测主要收益指标，如销售额、成本和净利润等。通过对企业总体销售额和成本的预测，可以对净利润做出相应预测。由于企业资金主要用于经营活动，业务收入相关的情况是资金需求量预测的重要依据。

第二步，资金需求金额预测。根据对主要收益指标的预测，可以推算出相应时期内所需要使用或消耗的资产，并确定购置或维护相应资产所需投入的资金。预测中涉及的购置或维护相应资产所需要的资金就是该时期内的资金需求金额。

第三步，估算留存收益。留存收益由盈余公积和未分配利润两部分组成，盈余公积来自每年按规定提取的净利润，同时考虑相应时期内股利分配的政策，就可以估算出企业在未来相应时期的留存收益。

第四步，用资金需求金额减去留存收益。在完成这步计算后，再加上其他自然增加的负债，包括与销售相关的天然形成的负债，比如在上游购买原材料所形成的应付账款、应付票据等。

第五步，得出外部融资金额。

如果企业有专门的投资新建或扩建项目，也需要进一步预测项目的初始投资金额及相应投资所需使用的资金量。用预计增加的资产总量减去以后资金来源——负债自然增加和内部留存的资金（一般用增加的留存收益来衡量），就可以得出外部融资金额。

外部融资金额＝预计增加的资产总量－负债自然增加－增加的留存收益

通过上述方法，就可以较为全面地预测出企业的资金需求量，在预测时还需要注意把握以下原则。

第一，资金需求量随着业务的开展和外部环境的变化而变动。企业需要经常性地对外部环境变化（如宏观政策、利率变化等）进行分析比较，不断对预测的误差进行必要的修正，从而使预测的资金需求量更符合实际，缩小预测的偏差。

第二，充分考虑引起资金需求量变化的各种因素。企业的运营需要资金的支持，而经营的直接目的是进行销售。扩大销售规模意味着生产与原材料采购规模需要相应扩大，同时营销费用的支出、人员工资的投入、生产成本的提高都会随之而来。因此，需要对各种情况进行综合评判与细致分析，以更为精确地预测资金需求量。

在预测资金需求量时，可以考虑的具体方法包括定量和定性两种。

下面先介绍定量方法。

企业可以根据以往财务开支情况，根据经验进行定量的预测。

在进行定量的预测时，可以采用销售百分比法。企业从历史财务数据出发，假设资产负债表中流动资产、流动负债等与销售收入保持较为稳定的比例关系。用预计的销售收入乘以相应比例，得出资产、负债的相关变化情况，之后就可以确定相应的融资需求了。

比如，仅从资产和负债角度来测算。

销售收入占资产的百分比＝现有销售收入÷企业资产×100%

销售收入占负债的百分比＝现有销售收入÷企业负债×100%

在估算销售额时，通过上述比例得出预计的资产和负债情况，并计算所有者权益增长情况（内部融资金额）；预计资产与预计负债、所有者权益的差额就是初步得到的外部融资金额。

$$预计资产 = 预计销售收入 \times 销售收入占资产的百分比$$

$$预计负债 = 预计销售收入 \times 销售收入占负债的百分比$$

$$所有者权益增长情况 = 预计所有者权益 - 现有所有者权益$$

$$= 预计资产 - 预计负债 - 现有所有者权益$$

$$负债的增加额 = 预计负债 - 现有负债$$

另外，还可以通过预期的销售净利率来预计所有者权益，进行更精细的计算。

$$预计所有者权益 = 现有所有者权益 + 预计销售收入 \times 预期的销售净利率 \times (1 - 股利支付率)$$

$$预计外部融资金额 = 预计资产 - 预计负债 - 预计所有者权益$$

当然，现实中我们可以进一步细致地将财务报表相关数据进行细分，从而推算出更为精确的金额，举例如下。

某公司上一年的年销售额为 3 亿元，预备不进行固定资产投资，税后销售利润率为 10%，当年的销售额预计提高到 3.6 亿元。某公司上一年的相关财务数据占销售收入的百分比如表 5.3 所示。

表 5.3　某公司上一年的相关财务数据占销售收入的百分比

项目	金额/万元	占销售收入的百分比	项目	金额/万元	占销售收入百分比
资产：			负债及所有者权益：		
现金及其等价物			短期借款	650	
应收账款（净值）	975	3.25%	应付票据	375	1.25%
存货	1 500	5%	应付账款	1 350	4.5%
预付账款	1 725	5.75%	应付债券（长期）	3 000	
长期投资	300	1%	应付债券——折价	-262.5	
固定资产	2 500		股本	9 750	
无形资产	10 400		资本公积	600	
长期待摊费用	1 425		盈余公积	100	
其他资产	525		未分配利润	3 787.5	
合计		15%	合计		5.75%

从这个例子可以看出，如果企业的资产、负债及所有者权益和上一年保持一致，企业每增加 100 元的销售收入，需要多占用 15 元资金，但其中有 5.75 元可以通过正常的交易自然获得。因此，其资金需求量为当年预计销售额的 15% - 5.75% = 9.25%，预计销售额增加 6 000 万元，则预计需要增加资金 6 000 × 9.25% = 555（万元），可知需要进行 555 万元的融资。

如果企业还需要在当年安排股利支付，则还应扣减需要支付的股利，从而增加需要融资的金额。总之，这种方法就是利用销售额与报表中各个主要财务指标的关系计算融资金额。当销售金额发生变动的时候，资产占用和负债将自然提供资金来源。扣除这种自然提供的资金来源后，就能较为方便地对融资的金额做出预测。

这种办法比较适用于传统的生产制造-销售企业，因为企业所有资金的使用都与最终销售息息相关，同时可以获得的资金来源也主要与销售有关。因此，可以通过销售额与财务报表中主要指标的关系，实现对融资金额的预测。

另外，企业还可以采用平均财务比率法、时间序列预测法等，它们都是根据财务报表中的主要数据之间的关联，对企业一定时期的融资做出预测。不同的是平均财务比率法主要用于对营运资金需求量的预测，使用财务比率，如股东权益周转率（销售收入÷股东权益×100%）、流动负债与权益比率（流动负债÷股东权益×100%）、产权比率（负债总额÷股东权益×100%）、流动比率（流动资产÷流动负债×100%）、销售毛利率、存货周转率（销售成本÷存货成本×100%）、应收账款周转率（销售收入÷应收账款×100%）、固定资产比率（固定资产÷股东权益×100%）等，假设这些比率不变，基于销售收入变动，就可以通过这些主要财务比率求得相应主要财务指标的金额，从而计算出营运资金需求量，进而得出需要进行融资的金额。

现金流量预测法也是一种比较常用的方法。通过编制现金预算来预测现金需求量，对各种需求、支出列出详细预算，进行现金流出量的预测，同时预测相应的现金流入量，二者的差额就是需要融资的金额。

在编制现金预算时，首先，计算投资类资金需求，因为这是投资再生产的首要环节，会对企业的未来现金流产生影响。

其次，计算生产、运营、经营、销售等各项活动的资金需求情况，同样主要计算资金净流量。

最后，测算资金流出情况。用资金净流量减去要偿还的贷款本息，最终得出相应的融资金额。企业资金需求计算表如表5.4所示。

表 5.4 企业资金需求计算表

现金流	预计资金情况	1月	2月	3月	4月	5月	6月	……	合计
经营性现金流	销售收入								
	原材料支出								
	行政支出								
	缴纳税款								
	经营性净现金流								

续表

现金流	预计资金情况	1月	2月	3月	4月	5月	6月	……	合计
投资性现金流	投资收入								
	投资支出								
	长期资产支出								
	投资性净现金流								
融资性现金流	利息支出								
	偿还到期贷款本金								
	融资性净现金流								
合计	总净现金流								

接下来介绍定性方法。

定性方法在企业中使用较少，主要是企业的管理人员通过经营经验进行主观判断和分析，根据以往融资需求和使用的情况，预测下一个时期需要的融资金额。这种方法对一些业务比较简单、日常使用融资较少的企业较为适用，也便于企业融资工作的开展。使用定性方法确定融资需求的步骤如图 5.4 所示。

图 5.4　使用定性方法确定融资需求的步骤

第一，参考往年的融资金额。相关人员可以参考往年的融资金额，同时考虑计划的融资金额和实际落实的融资金额。

第二，对比往年的资金使用需求。当年的资金使用需求主要考虑企业是否有重大投资项目，有没有与往年不同的大额支出。

第三，根据经验调整融资金额。如果当年的资金使用需求与往年相比变化不大，可以考虑使用往年的融资金额，并根据经验进行相应调整；如果当年的资金使用需求与往年有明显变化，就对融资金额做相应调整，并根据经验进行修正。

5.3　债务融资资金用途与需求分析

5.3.1　销售增长引发的融资需求

在资金的具体使用中，一般而言在未来一定的时期内，需要使用的资金超过了企业可以获得的现金流入量，其中的差额就是资金的需求。

从销售方面来看，包括销售增长需要增加相应费用、购买材料、增加运营费用等，这些在企业的财务报表上都体现为用来支付这些费用的营运资金。在销售收入增长时，企业应关注经营性现金流的流入是否足以支持营运资金的增长需求。在具体做法上，企业可以计算可持续增长率并将其与企业实际的销售增长率进行比较，因为可持续增长率是企业在没有增加财务杠杆的情况下可以实现的长期销售增长率。如果销售增长率超过可持续增长率，就意味着企业需要通过外部融资来支持销售的增长。

可持续增长率的前提假设条件如下。

企业的资产使用效率维持现有水平不变。

企业的销售净利率维持现有水平不变，并且可以足够支付负债的利息。

企业的股利发放政策维持现有水平不变。

企业的财务杠杆维持现有水平不变。

企业不增发股票也不做任何股权融资安排，从外部进行债务融资是唯一的外部融资来源。

以上因素变化越小，可持续增长率的计算对现实的指导意义越强。可持续增长率较为简便的计算公式如下：

可持续增长率 =[股东权益收益率×（1−股利支付率）]÷[1−股东权益收益率×（1−股利支付率）]

同时，可持续增长率等同于股东权益增长率，即增加的留存收益÷期初股东权益×100%。

股东权益收益率 = 利润率×资产使用效率×财务杠杆 =（净利润÷销售收入）×（销售收入÷总资产）×（总资产÷所有者权益）= 净利润÷所有者权益×100%

结合可持续增长率的计算公式，可以计算出相关财务指标。我们用下面的例题进行说明。

某企业的主要财务数据如表 5.5 所示，下面根据这些数据计算可持续增长率及其他相关财务指标。

表 5.5 某企业的主要财务数据

科目	金额/万元	科目	金额/万元
总资产	10 000	销售收入	12 000
总负债	5 000	净利润	800
所有者权益	5 000	股息分红	300

股东权益收益率 = 净利润÷所有者权益×100% = 800÷5 000×100% = 16%

股利支付率 = 股息分红÷净利润×100% = 300÷800×100%×100% = 37.5%

股东权益收益率×(1-股利支付率)=16%×(1-37.5%)=10%

可持续增长率=10%÷(1-10%)≈11%

利润率=净利润÷销售收入×100%=800÷12 000×100%≈6.7%

资产使用效率=销售收入÷总资产×100%=12 000÷10 000×100%=120%

财务杠杆=总资产÷所有者权益=10 000÷5 000=2

留存比率=(800-300)÷800×100%=62.5%

如果企业向银行贷款1 000万元,所有者权益和股息分红都不变,那么销售提升的影响如下。

如果这1 000万元全部用于资产投资以支持销售,部分财务指标的变化如表5.6所示。

表5.6 某企业部分财务指标的变化

科目	金额/万元
总资产	11 000
总负债	6 000
所有者权益	5 000

由于资产使用效率保持不变,依然为120%,那么销售收入可以增长到11 000×1.2=13 200(万元);利润率保持不变,依然为6.7%,则净利润增长到13 200×6.7%=884.4(万元);留存比率保持不变,依然为62.5%,则股息分红增长到884.4-884.4×62.5%=331.65(万元)。

也就是说,如果企业将销售收入目标定为13 200万元,则需要向银行贷款,以支持业务的增长所需要的资金使用需求。实际销售增长率或者计划的销售增长率显著超过可持续增长率,那么企业进行债务融资就是必要的。

一些经营明显具有周期性的企业,在需要大量资金的时间段,可以通过债务融资解决周期性资金需求问题。此时,在企业的财务报表中体现为存在大量存货和下游客户的应收账款,同时存在待付费用和对上游供应商的应付账款,二者之间的差额就是需要融资的金额。由于销售量快速上升,一些企业的经营如果前期需要占用大量的资金,会产生较高的销售成本和费用,此时也会出现较高的资金使用需求,往往需要通过债务融资获得资金。

需要注意的是,在确定融资金额及相应用途的同时,企业应相应做好偿还融资的安排,并及时对企业的现金流进行调整和修正,保证企业经营的有序和可控。

5.3.2 支出引发的融资需求

从资产方面来看，重置固定资产、增加长期投资等都会使得企业对债务融资的需求提升。企业在生产经营过程中，由于设备更替或者工艺提升、扩大投资等，会进行固定资产的更新或者增加新的投资。企业在管理过程中应对固定资产的年限和使用情况进行必要的跟踪管理。由于在生产经营过程中，固定资产总是在不断折旧，此时可以通过固定资产使用率来评估重置固定资产的潜在需求。

固定资产使用率 = 累计折旧 ÷ 固定资产的总折旧 × 100%

这个计算公式中的固定资产，不含不进行折旧的固定资产，但该使用率能反映整个企业的固定资产情况，由于不同的固定资产折旧年限不同，会有总体固定资产使用率较低而个别固定资产需要更新的情况。同时，需要注意的是，折旧是会计上的概念，折旧完毕的资产未必意味着完全丧失使用价值而必须报废。现实中也存在企业依然使用着会计上已经完全折旧完毕的资产，而没有进行报废的情况。企业也有可能对设备等固定资产在会计上完成折旧前，就由于各种原因需要更换的情况。

在固定资产方面增加长期投资，往往意味着企业扩大经营规模。当出现投资机会时，只要投资回报与收益合适，就可以进行融资的相关安排，以扩大企业规模，使其加速发展。

在流动资产方面，企业在经营周期中，随着业务的开展，可能使应收账款和存货增加，同时应付账款减少。从现金流来看，可能会出现现金流入少于现金流出的情况，此时企业为维持正常的运营，必须进行相应的融资。

对此，企业在管理中可以关注应收账款周转率、存货周转率等指标。当企业的应收账款周转率、存货周转率开始下降时，资金回收的速度也会放慢，现金流入的速度慢于现金流出的速度，导致企业的资金出现缺口。

除上述需求外，有的企业进行收、并购类的长期投资，也会需要进行融资安排。在收、并购中，企业除使用一定比例的自有资金外，还会通过一定的杠杆，用债务融资获得的资金进行收、并购。

另外，企业在经营过程中会出现计划外的临时性支出，如人力资源相关支出等。一旦企业自身的资金储备不能支持这些临时性支出，就需要进行债务融资。

将上述各类需求加总，就是企业融资总需求的金额。

5.3.3 负债结构变化引发的融资需求

当企业所处的市场利率下降时，可以考虑采用再融资的方式通过债务融资用低利率的新债替代旧债。同时，如果企业对于先前的债务暂时无力偿还，那么可以与债权人就延期还款等进行谈判，这也是融资的延续。这既包括延迟向银行还款，也包括在有一定信用期限的条件下对供应商的延期付款。

5.4 债务融资的预算管理

企业在一定期限内进行的融资，需要进行预算管理。预算管理是对融资进行科学管理的重要环节。预算管理主要是为了明确企业融资所需的资金量，并制定相应的成本管理目标，确定融资时机、融资方式、融资成本等。企业应按照预算开展相应的融资工作。对初创企业而言，做好债务融资的预算管理，可以有效地节约融资成本，同时在一定程度上避免由于超出企业自身实力过度进行债务融资而出现的风险。

5.4.1 债务融资成本预算管理

在债务融资的预算管理中，首先是对债务融资成本的管理。企业可承受的融资成本实质限制了债务融资的金额上限。

债务融资的成本包括使用资金的成本，如支付的利息等。这种成本是随着融资的资金被占用而不断支出的，需要定期支付，但只有在提取了融资资金的情况下才会产生利息，因此利息会随着融资获得的资金的实际使用情况和期限变动。

融资过程中还有一些需要固定付出的成本，如律师费、手续费等各种费用。在管理上，由于这种成本是一次性付出的，因此可以看作从融资额中扣减的金额。

此外，还有些成本需要进行测算。比如，企业在交易中使用延期付款方式应支付的金额和使用即期付款方式应支付的金额是不同的。一般来说，使用延期付款方式应支付的金额高于使用即期付款方式应支付的金额。这二者间的差额，实际也是进行融资的成本。

债务融资成本主要包括利息和费用。按照我国法律，利息可以在所得税前进行列支，计入税前成本费用，可以抵免企业所得税。在实践中，当债务融资成本进行比较时，一般比较其实际利率，相应计算方法如下。

实际利率 = 税后利息费用 ÷ 扣除手续费后的融资金额 × 100%

税后利息费用 = 年利息额 ×（1 - 所得税税率）

扣除手续费后的融资金额 = 融资金额 ×（1 - 手续费率）

下面举一个具体的例子来说明。

某企业向银行借款100万元，年利率为10%，手续费率为1%，企业所得税税率为33%，则企业向银行借款的实际利率的计算如下。

税后利息费用：100 × 10% ×（1 - 33%）= 6.7（万元）

扣除手续费后的融资金额：100 ×（1 - 1%）= 99（万元）

实际利率：6.7 ÷ 99 × 100% ≈ 6.77%

在实际业务中，有时银行要求企业必须有相应的存款，以作为备用金或担保金额，则相应的存款也必须计入扣除的融资金额。在上面的例子中，若银行要求企业必须留存10万元，则扣除手续费后的融资金额变为100 ×（1 - 1%）- 10 = 89（万元），这时实际利率为6.7 ÷ 89 × 100% ≈ 7.53%。

而实际贷款利率的计算，是用实际利息金额除以实际融资金额。实际利息金额为100 × 10% = 10（万元），实际贷款利率为10 ÷ 89 × 100% ≈ 11.24%。

企业可以参照上面所举的例子，计算每种融资方式和融资安排的实际成本，并进行对比，最终选择出合适的方案。

5.4.2 融资预算的编制

在编制融资预算时，应先明确预算期初现金余额，再合理预测整个预算期的现金流，以对全年的融资规模做出科学、合理的预测。企业需要预测预算期内的净现金流量，同时考虑预算期内对以往融资的还本付息等现金流出量。在综合考虑上述资金需求情况后，再确定融资金额。

融资金额预算 = 本期预计投资金额（包括为此进行的筹资活动的现金流和经营活动的现金流）- 预算期初现金余额 + 下期投资需在本期筹措的金额 - 企业留用利润

可以进一步细化为：

融资金额预算 = 预算期内筹资活动产生的现金净流出量 + 预算期内支付前期融资本息产生的现金流出量 - 预算期内分配利润现金净流量 + 预算期末现金预计余额 - 预算期初现金余额 - 预算期内经营活动产生的现金净流入量

融资活动产生的现金净流入量 = 预算期初现金余额 + 净经营性现金流 + 净筹

资性现金流－预算期内支付前期融资本息－分配利润

融资预算的编制步骤如图 5.5 所示。

详细列出资金的用途 → 进行融资需求预测 → 计算现金余缺总量 → 完善融资预算 → 进行成本规划和考察融资安排的可行性 → 完成融资预算

图 5.5 融资预算的编制步骤

在编制融资预算时，一般先详细列出资金的用途，包括预算期内各类有资金需求的项目，预算期内按月、季度或年安排的资金使用金额，还有需要偿还的前期融资成本，然后总计相应金额，进行融资预测。企业要对各类现金收付事项、时间和金额进行汇总，计算现金余缺总量。

之后，企业应将计算出的现金余缺总量和预测的融资需求进行对比，完善融资预算。

接着，进行成本规划，并且考察融资安排的可行性，确定融资方案，这样就完成了融资预算。

在编制好融资预算后，还需要对以往的预算情况进行分析，重点查找以往的预算与实际执行之间的差异。表 5.7 所示为融资预算与实际融资情况分析表。

表 5.7 融资预算与实际融资情况分析表

科目	年初余额	本年变化数	上一年预计金额	上一年实际金额	本年费用预算	其中资本化利息	其中财务费用
一、非流动负债							
（一）长期借款							
其中：银行借款							
非金融机构借款							
（二）应付债券							
（三）融资租赁							
（四）其他非流动负债							
二、流动负债							
（一）短期借款							
其中：银行借款							
非金融机构借款							
（二）其他流动负债							

5.5 看懂融资财务模型

在债务融资过程中，要想将融资的效果及对企业经营的影响进行直观展现，需要对各类财务指标进行预测并构建模型。通过构建模型，验证相关财务假设的合理性，从而判断融资结构是否合理、有效，进而确定合理的融资安排。

融资财务模型可以用来展现企业在预测期内的风险和收益。企业可以以此为基础评估融资的可行性。融资财务模型应充分体现融资结构的变化对企业最终经营结果的影响，以协助企业做出对融资的决策和安排。

融资财务模型也应做好融资期限的匹配。融资往往用于特定的项目或特定时期的企业经营，以项目融资为例，一般可以将项目分为建设期和运营期两个阶段。企业需要同时将融资结构——包括债务融资规模、期限和偿还方式匹配到项目的对应期间。

融资财务模型的主要内容如下：

企业在预备融资期间的收入、费用及资本性支出分析；

企业在预备融资期间的营运资本分析；

计算对应期间息税折旧及摊销前利润、自由现金流及项目内部收益率；

建设期资金来源和投入使用情况；

融资安排明细表（包括偿债安排情况）；

收益和损失情况；

现金流量表；

现金余额、债务余额和所有者权益余额；

计算内部收益率、偿债覆盖率及贷款偿还覆盖率。

融资财务模型的作用主要在于对收入、费用和经营成本、资本性支出进行预测，并将这些预测指标在模型中汇总，并考察融资安排的可行性。在模型中，将融资获得的资金用于相应支出，同时将收入获得的资金进一步投入生产中。通过合理预测和计算得出收入、费用和经营成本、资本性支出后，再扣除营运资金和所得税等，就可以计算出自由现金流的金额。

接着，在模型中添加偿债相关安排，比如每期的还本付息资金。将这些资金与当期自由现金流进行对比，就可以清晰地看出企业是否有足够的能力偿还债务。根据该结果，企业能较好地判断融资方案的可行性，并根据可行性选择合适的方案。

5.5.1 融资财务模型的组成

一般融资财务模型通过 Excel 工具制作，包括总结表、关键财务指标分析表、财务预测核心假设指标表、当前及预测财务报表、投资成本表（对资本性支出进行分析）、运营成本表（对成本和费用进行分析）、折旧摊销表、融资安排情况表等。各表对企业的重要经营活动所产生的财务数据进行预测，并同时进行回报计算和敏感性分析，可以让使用者直观地看到相应假设情况下企业的财务状况。在融资的预算管理中，融资财务模型主要对融资安排的可行性，以及其对企业总体财务状况的影响、融资成本是否可承担进行验证，辅助相关人员做出决策。

表 5.8 所示为融资财务模型中的总体财务分析（部分），直观地将业务的逻辑与相应预测进行展示。

表5.8 融资财务模型中的总体财务分析（部分）

项目	2020年	2021年	2022年	2023年（预测）	2024年（预测）	2025年（预测）	2026年（预测）	2027年（预测）	2028年（预测）
产量									
单价									
销售收入									
增长率									
运营成本									
其他费用									
EBITDA									
毛利率									
折旧摊销									
税前利润									
税务成本									
净利润									
累计利润									
净利润率									
运营现金流									
投资现金流									
资本利得税									
杠杆前现金流									
杠杆前内部收益率									
融资现金流									
杠杆后现金流									
累计现金流									

模型中的财务报表与普通财务报表相似，只是增加了预测年度的财务数据，这里不再赘述。

如表 5.9 所示，在投资成本表中，主要将要投入资金的项目及相应的时间详细列出。相应资金的使用计划都在这部分体现，同时也会在总体财务分析部分引用。

表5.9 融资财务模型中的投资成本表

项目	2020年	2021年	2022年	2023年（预测）	2024年（预测）	2025年（预测）	2026年（预测）	2027年（预测）	2028年（预测）
机器设备									
办公设备									
……									
总计									

如表5.10所示，运营成本表主要列出各项运营成本，并进行核算。各项运营成本可以分为固定成本与变动成本。同时，需要考虑通货膨胀率，从而更为准确地对运营成本做出估算。

表5.10 融资财务模型中的运营成本表

项目	2020年	2021年	2022年	2023年（预测）	2024年（预测）	2025年（预测）	2026年（预测）	2027年（预测）	2028年（预测）
固定成本									
变动成本（人力）									
变动成本（设备维护）									
变动成本（其他）									
通货膨胀率									
总计									

如表5.11所示，折旧摊销主要是将对各项长期投资购置的固定资产所做的折旧与摊销直观地进行展示，以方便解读其对利润的影响。

表5.11 融资财务模型中的折旧与摊销（部分）

项目	2020年	2021年	2022年	2023年（预测）	2024年（预测）	2025年（预测）	2026年（预测）	2027年（预测）	2028年（预测）
机器设备1									
折旧年限									
当期折旧									
机器设备2									
折旧年限									
当期折旧									
……									
折旧摊销加总									

如表 5.12 所示，融资安排主要对融资的提款、还款、利息等进行展示。

表 5.12　融资财务模型中的融资安排

项目	2020 年	2021 年	2022 年	2023 年（预测）	2024 年（预测）	2025 年（预测）	2026 年（预测）	2027 年（预测）	2028 年（预测）
总融资金额									
融资 1 提款									
融资 1 还款									
融资 1 余额									
融资 1 利息									
还款现金流									
……									
总计									
自由现金流									

5.5.2　融资财务模型的结构与逻辑

企业自身的盈利能力及其能在经营中获得的收入和利润，是企业发展及后续偿还融资款的根本来源。相应地，融资财务模型的逻辑起点也在于收入和相应利润情况。

首先，融资财务模型对企业在预备融资期间能获得的收入和相应利润进行预测。基于此，在模型中明确营运现金流流入情况，并预测投资现金流流入情况，计算可以使用的资金。如果资金不足以应对预备的各项开支，就应通过融资现金流来进行补足，也就意味着要进行融资操作。

其次，融资财务模型展示融资的具体情况，包括预备融资的金额、预测的利率及还款安排等。

最后，对所有预测的现金流汇总后关联折旧相应情况，以计算出营运资本，最终整理出资产负债表并进行财务分析总结。这就构成了完整的融资财务模型，如图 5.6 所示。

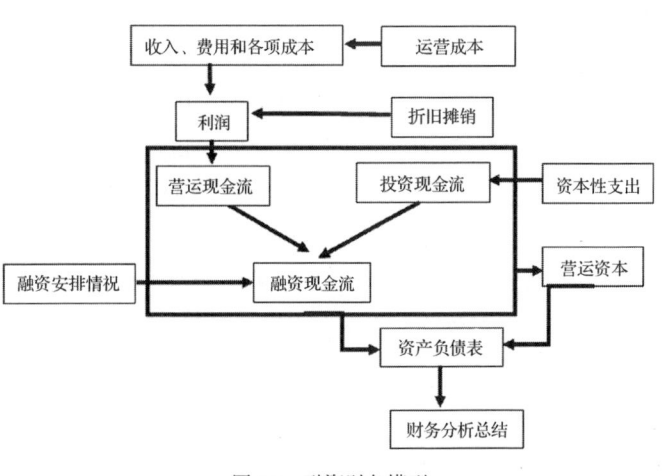

图 5.6　融资财务模型

5.6 本章小结

本章重点对债务融资前期的需求分析和预算管理进行讲解。

1. 融资结构规划

在对债务融资有了基本的认识和了解后,首先开始对融资结构进行规划,做好资金需求量及相应用途的预测。通过需求分析和预算管理,做好对融资成本、结构、期限和风险的早期管理工作。

融资结构是企业融资获取的资金相应的构成和比例关系。一般情况下,只考虑长期债务资本和权益资本的比例。融资结构的优化可以通过以下三个标准进行考虑。

第一,企业的价值是否最大化。

第二,企业的综合资本成本是否最低。

第三,企业普通股的每股收益是否最高。

不同的资金用途,使用不同的融资策略。

第一,固定资产投资——寻求成本较低、还款期较长的融资方式。

第二,营运资金——应减少资金占用。

第三,发展研发资金——利用自有资金或股权融资。

在资金使用期限方面,现金流稳定、所拥有的资产较容易变现的企业,可以相对激进地进行债务融资安排;而现金流有较大波动、周期性特征明显的企业,可以较为保守地进行债务融资安排,其适合更多地使用自有资金或留存收益支持业务发展,可以适当进行股权融资。

好的融资结构要实现让风险和收益最终达到均衡的状态,将企业的综合资本成本降到最低,同时达到企业价值最大化的目的。

在融资期限方面,一般大型企业长期融资占总体债务融资的比例可以达到80%以上,而初创企业难以达到这个水平,但也可以进行适度的安排。初创企业可以考虑向银行申请循环贷款,获得长期的资金支持。

融资成本也是需要考虑的重要因素,即应当让融资费用与相应利息总体可控。企业应在不同的融资时机和市场条件下,选择不同的融资结构和融资安排,如在市场上处于低利率时期时,可以选择固定利率资金,而在高利率时期可以选择浮动利率资金。

企业可以通过量化方法来确定融资结构。

第一,寻找综合成本最低的融资结构,对比各种融资方案的综合融资成本。

第二，分析每股收益，找到股权融资与债务融资的每股收益及销售额都相同的点，确定相应的融资方案。

第三，通过资本资产定价模型分析企业的价值。

2. 债务融资资金需求量预测

在进行资金需求量预测时，需要对以下四个重要因素加以考虑。

第一，市场利率。

第二，资金周转速度。

第三，预期投资回报率或收益率。

第四，目标资本结构。

资金需求量预测的方法如下。

第一步，预测主要收益指标，如销售额、成本和净利润等。

第二步，资金需求金额预测。

第三步，估算留存收益。

第四步，用资金需求金额减去留存收益（再加上其他自然增加的负债）。

第五步，得出外部融资金额。

在计算的同时，需要考虑资金需要量变化的原因和外部环境因素。具体的定量方法主要包括两种。

第一，销售百分比法。假设资产负债表中流动资产、流动负债等与销售收入保持较为稳定的比例关系。用预计的销售收入乘以相应比例，得出资产、负债的相关变化情况，之后就可以确定相应的融资需求了。

第二，平均财务比率法。其主要用于对营运资金需求量的预测，使用财务比率，如股东权益周转率（销售收入÷股东权益×100%）、流动负债与权益比率（流动负债÷股东权益×100%）、产权比率（负债总额÷股东权益×100%）、流动比率（流动资产÷流动负债×100%）、销售毛利率、存货周转率（销售成本÷存货成本×100%）、应收账款周转率（销售收入÷应收账款×100%）、固定资产比率（固定资产÷股东权益×100%）等，假设这些比率不变，从而计算出营运资金需求量，进而得出需要进行融资的金额。

定性方法主要是企业的管理人员通过经营经验进行主观判断和分析，根据以往融资需求和使用的情况，预测下一个时期需要的融资金额。

3. 债务融资资金用途与需求分析

债务融资资金用途引发融资需求的因素包括以下几个。

第一，销售增长带来的成本和费用增加。企业可以通过计算可持续增长率来预测资金需求量。其中，可持续增长率=[股东权益收益率×（1-股利支付率）]÷[1-股东权益收益率×（1-股利支付率）]。同时，可持续增长率等同于股东权益增长率，即增加的留存收益÷期初股东权益×100%。一些经营明显具有周期性的企业，在需要大量资金的时间段，可以通过债务融资解决周期性的资金需求问题。此时，在企业的财务报表中体现为存在大量存货和下游客户的应收账款，同时存在代付费用和对上游供应商的应付账款，二者之间的差额就是需要融资的金额。由于销售量快速上升，一些企业的经营如果前期需要占用大量的资金，会产生较高的销售成本和费用，此时也会出现较高的资金使用需求，往往需要通过债务融资获得资金。

第二，支出增加。

第三，负债结构变化。

4. 债务融资的预算管理

预算管理主要是为了明确企业融资所需的资金量，并制定相应的成本管理目标，确定融资时机、融资方式、融资成本等。

债务融资成本主要包括利息和费用。

在实践中，当债务融资成本进行比较时，一般比较其实际利率，相应计算方法如下。

实际利率=税后利息费用÷扣除手续费后的融资金额×100%

税后利息费用=年利息额×（1-所得税税率）

扣除手续费后的融资金额=融资金额×（1-手续费率）

在编制融资预算时，应先明确预算期初现金余额，再合理预测整个预算期的现金流，以对全年的融资规模做出科学、合理的预测。企业需要预测预算期内的净现金流量，同时考虑预算期内对以往融资的还本付息等现金流出量。在综合考虑上述资金需求情况后，再确定融资金额。

融资金额预算=本期预计投资金额（包括为此进行的筹资活动的现金流和经营活动的现金流）-预算期初现金余额+下期投资需在本期筹措的金额-企业留用利润

可以进一步细化为：

融资金额预算=预算期内筹资活动产生的现金净流出量+预算期内支付前期融资本息产生的现金流出量-预算期内分配利润现金净流量+预算期末现金预计余额-预算期初现金余额-预算期内经营活动产生的现金净流入量

融资活动产生的现金净流入量＝预算期初现金余额＋净经营性现金流＋净筹资性现金流－预算期内支付前期融资本息－分配利润

在编制融资预算时，一般先详细列出资金的用途，包括预算期内各类有资金需求的项目，预算期内按月、季度或年安排的资金使用金额，还有需要偿还的前期融资成本，然后总计相应金额，进行融资预测。企业要对各类现金收付事项、时间和金额进行汇总，计算现金余缺总量。

之后，企业应将计算出的现金余缺总量和预测的融资需求进行对比，完善融资预算。

接着，进行成本规划，并且考察融资安排的可行性，确定融资方案，这样就完成了融资预算。

5. 看懂融资财务模型

融资财务模型可以用来展现企业在预测期内的风险和收益，应充分体现融资结构的变化对企业最终经营结果的影响。

一般融资财务模型通过 Excel 工具制作，包括总结表、关键财务指标分析表、财务预测核心假设指标表、当前及预测财务报表、投资成本表、运营成本表、折旧摊销表、融资安排情况表等。在融资的预算管理中，融资财务模型主要对融资安排的可行性，以及其对企业总体财务状况的影响、融资成本是否可承担进行验证，辅助相关人员做出决策。

第6章
银行贷款

资金是企业在运营中必不可少的，就如同人体中的血液，蕴藏着人体生存和活动所必需的氧气。没有资金，企业就如同失血的人体，只能逐步衰弱，甚至陷入濒死的状态。

就如我们可能发生意外需要输血一样，那么万一我们遇上紧急情况需要筹措资金呢？通过前面几章的学习我们知道，由于债务融资只涉及固定的本金和利息回报，通过债务融资，可以大幅度提高企业权益资本的投资收益。在企业自身财务状况适合的情况下，初创企业应当优先寻求债务融资。

在债务融资的提供者中，银行是最主要、最常见的。在经营企业的过程中，企业管理者有必要了解银行贷款的常见产品，清楚在企业生产经营过程中遇到何种情形可以从银行获取融资产品，以解决资金问题。

本章将对企业，尤其是初创企业在融资中最常用的银行融资产品进行介绍，同时对银行贷款的相关管理要点进行阐述。在了解银行产品前，要确保企业自身经营得健康，因为银行与企业进行合作的前提是企业处于正常的生产经营状态。

第一，确保企业与所有银行的合作都没有不良记录，读者可以通过本章内容，了解与融资银行打交道进行融资时绝对不能触碰的底线。

第二，确保企业在与其他企业合作时，资金往来和合作关系是稳定的或呈向好的趋势。如果出现问题，则应当与合作的融资银行积极沟通，增进双方的了解。

第三，如果企业的股东、实际控制人、高管发生变动或出现意外情况，那么应当努力将该变动或意外对企业正常生产经营的影响降到最低，并与合作的融资银行及时沟通。

总之，企业应与合作的融资银行的相关人员保持定期沟通（建议每月一次），向其通报企业的财务状况和生产经营情况，以增强融资银行的信心。

我国银行业金融机构众多，根据中国银行业协会相关数据，各类银行包括开发性金融机构/银行、政策性银行、国有大型商业银行、股份制商业银行、城市商业银行、民营银行、农村信用社、农村商业银行、外资银行等。下面对部分银行做简单介绍。

（1）开发性金融机构/银行、政策性银行包括国家开发银行、中国进出口银行和中国农业发展银行等。

（2）国有大型商业银行包括中国工商银行、中国农业银行、中国银行、中国建设银行、交通银行等。

（3）股份制商业银行包括中信银行、招商银行、光大银行、浦发银行、兴业银行、民生银行、平安银行、华夏银行等。

（4）城市商业银行包括江苏银行、宁波银行等。

银行贷款是最常见的债务融资方式，也是初创企业使用最多的债务融资方式。了解银行贷款的相关知识，有助于初创企业更好地运用银行贷款补充资金，从而进一步发展壮大。

6.1 银行主要产品

6.1.1 流动资金融资的使用及申请要点

企业在经营过程中，在资金方面极可能出现缺口的是日常经营需要使用的流动资金。我们选取一个企业经营的日常片段来说明：每个月企业都需要在固定的时间支付员工工资，若有货物，则需要支付货款；同时可能企业本月的销售业绩不佳而导致回款不及时，或者购买的原材料价格上涨，不得不增加开支；或者企业本来就预见到在某个时间，由于存在收付款的时间差，会出现资金缺口，而可能在不久之后企业就有一笔大额回款。在以上种种情况下，企业可以通过向融资银行申请流动资金相关融资来筹措资金，渡过暂时的难关。

1. 流动资金贷款概述

在需要资金时，企业首先可以考虑的是流动资金贷款。

流动资金贷款主要解决企业日常经营所需资金。企业在经营过程中，由于收付款的时间差，或者生产运营计划出现调整，又或者出现紧急情况等，都需要向银行贷款，以补充流动资金。流动资金贷款的还款来源一般是企业未来的资金（包括综合收益和其他合法收入）。

企业通过流动资金贷款所获得的资金必须专款专用。中国工商银行的《信贷产品手册》（2012版）中规定，"流动资金贷款适用于借款人日常生产经营周转，不得用于固定资产、股权等投资"。

2．循环额度的流动资金贷款

由于在一定期间，企业可能多次遇到出现资金缺口的情况，因此在有合理预测的情形下，企业可以向银行申请循环额度的流动资金贷款。相应资金在额度内可供循环使用，企业可以随时支取融资款，也可以随时归还。这样能使企业经营的资金充足，保证企业生产经营的稳定。同时，可预期的资金供给可以为企业的扩大生产经营提供有力的支持，帮助企业做大做强。

一般而言，循环额度根据融资银行对企业的风险评估确定，往往不会超过企业的净资产。

融资银行提供的额度会有一定期限，一般从借款合同签订之日起，若企业3个月未做任何提款，则额度将会被自动取消。

3．贷款期限

在贷款期限方面，流动资金贷款的期限一般不超过1年，最长可以达到3年（根据产品而定）；但在使用循环额度的时候，企业可以对融资安排进行"逐年滚动"的确认，也就是说，每年可以对单笔贷款的起止日等进行重新约定（只要单笔贷款的最后提款日和还款日符合循环额度的规定即可），签订新的贷款协议。

4．其他流动资金贷款产品

银行会根据企业在生产运营中对流动资金不同的使用场景提供相应的融资产品。银行有时可以向企业提供账户的透支额度，透支额度一般与企业的日均存款余额或保证金挂钩。账户透支额度服务就如同企业的信用卡，在遇到需要支付的场景时，银行允许企业进行透支支付。此外，同类银行融资产品还包括营运资金贷款、周转限额贷款、临时贷款、法人账户透支等，这些均为流动资金贷款。它们在本质上是一样的，但适用于不同的场景，需要符合融资银行内部相关制度，企业可以根据融资银行的指导在不同的场景使用。

需要注意的是，企业应避免过多的融资产品同时使用，因为银行对这些产品的规定有所不同，会带来一定的管理成本。尤其是初创企业，如果使用过多类别的贷款产品，大量的管理工作会给企业带来较重的负担。因此，同类别的贷款产品，企业采用少量适合自身实际情况的为宜。

实务要点一：申请

一般而言，融资银行在提供流动资金贷款时，审核的要点如下。

（1）国家或企业所在地区对企业所在行业政策可能产生的重大影响。

（2）企业主要股东、实际控制人、高管人员的信用情况，是否存在非正常履职的情况。

（3）企业的行业地位、区域优势等。

（4）企业的经营和财务状况、资产负债组成、收入和利润情况、管理运营水平、资金筹措能力等。

（5）贷款期限内企业的经营计划和重大投资计划。

同时，融资银行还会对融资金额的合理需求，以及企业的持续经营能力和偿付意愿等进行判断。如果企业基于季节性采购而临时贷款，那么还会调查企业的采购计划、销售计划、往年采购记录和往年销售计划完成情况等。

在申请流动资金贷款时，如果企业是初次与融资银行接触，则可以按照上述要点，形成相应报告并提供给银行。其中，最重要的是第（4）个要点，企业需要在报告中清晰地呈现自身的还款能力，包括资产负债率、流动比率、速动比率等，这些比率应当不次于企业所在行业的平均表现。此外，报告需要有完整的逻辑，主要表明两点：第一，企业有足够的财务实力，能够按时还款；第二，企业的未来发展是稳定、可预期的（包括对企业行业地位和竞争力优势的说明，以及对未来一段时间经营情况的表述）。

实务要点二：管理

债务融资会带来企业负债的上升，对负债进行严格管理是企业在融资过程中需要特别重视的工作。流动资金贷款可以很好地弥补企业暂时的资金缺口，同时可以在企业资金回笼安排允许的情况下帮助企业扩大生产规模、提高经营成效，并且有效地提升企业的盈利水平。

但同时需要关注的是，流动资金贷款期限有限，需要做好还款的资金衔接安排。流动资金贷款会提高企业的负债水平，对企业的资产负债表具有一定的影响。因此，企业应该对自身的资产负债情况进行管理，推荐的办法是先确定可以承受的融资结构（详见第 5 章），并根据确定的融资结构进行管理。企业需要对贷款的使用和还款进行实时监控，一旦发现贷款金额过高，可能突破事先确定的负债比例，就应及时进行资金的统筹安排，以控制自身的负债水平。

融资银行会在贷款期限内监控企业的情况，包括资金使用情况、股东及高管的变动情况、财务与经营方面的重大变化等。如果企业的主要财务指标或经营管理明显恶化，那么融资银行会根据贷款合同中的相关条款控制风险。因此，初创企业不仅应加强对融资的管理，还应保证自身正常、有序地经营。

6.1.2 贸易融资的使用及申请要点

当企业缺乏资金时，前文已经提到可以使用流动资金贷款，但使用流动资金贷款有以下两个方面的问题需要解决。

第一，流动资金贷款提升了企业的负债水平，在一定程度上改变了企业的资产负债结构。这意味着企业的偿债能力有所下降，会对企业的后续融资产生影响。

第二，通过银行融资获取的流动资金基于企业自身财务情况，受限于企业现有的支付能力和担保能力，如何有效地提升自身的融资能力是企业需要研究、解决的问题。

现在回到企业自身，所有企业——无论是生产、销售有形的货物，还是提供无形的服务——时时刻刻都在贸易中运转，企业的资金也在消耗于上游采购，返回于下游销售的不断循环中运转。那么，如果能通过加速这些运转，实现资金支持企业的生产运营，则是一个更好的资金筹措途径。银行的贸易融资相关产品就是一个较好的选择。

贸易融资产品是银行十分常规的融资产品，也是企业使用极多的银行融资产品。由于贸易形式纷繁复杂，因此贸易融资产品也复杂多样。但万变不离其宗，贸易融资产品的核心都是以企业在某个具体贸易链条中未来的收益为还款来源的融资安排。我们可以初步按照财务口径，将这种未来的收益划分成已形成应收账款（债权确立后的预期收益，一般以发货或服务提供为债权确立标志）和未形成应收账款的预期收益。贸易融资就是针对这两种不同的未来收益，附加具体的贸易形式，形成了庞杂的贸易融资产品体系。通过这样划分，企业可以根据不同的场景选择适合的贸易融资产品。

第一种已形成应收账款的预期收益，由于具备"确定性"，因此能够在贸易融资中发挥十分大的作用。

第二种未形成应收账款的预期收益，实质上是依赖企业的资产负债表进行的融资。但得益于贸易的支持，企业可以向融资银行获得更多的融资或额度支持。通过使用贸易融资，企业可以"提前"实现自身在贸易中可以产生的未来现金流，实质上是在保持现有商务安排不变的情况下，加速资金运转，相对流动资金贷款而言更有优势。初创企业普遍存在财务实力不足的情况，但经营业绩快速增长的初创企业往往贸易活动非常活跃，因此其可以通过贸易融资满足资金使用的需求。

如果企业作为付款方（或应付账款方），已经接受了相应商品或服务，那么也有相应的贸易融资产品供使用。

1. 应收账款项下贸易融资的使用及申请：保理产品

贸易融资中经常使用保理产品。银行所操作保理的一般流程是企业将应收账款转让给银行，银行为企业提供应收账款融资服务。有些银行也会通过与保理商合作，为企业提供商业资信调查和应收账款管理等综合性金融服务。中国工商银行《信贷产品手册》（2012版）将保理定义为"销货方（债权人）将其向购货方（债务人）销售商品、提供服务或其他原因产生的应收账款转让给我行，由我行为销货方提供应收账款融资及商业资信调查、应收账款管理的综合性金融服务"。中国银行网站提出，"保理服务指卖方将其与买方（债务人）订立的货物销售、服务或工程合同项下产生的应收账款转让给中国银行，由卖方保理商和买方保理商共同为卖方提供贸易融资、销售分户账管理、应收账款的催收与坏账担保服务。卖/买方所在地的中国银行将承担卖/买方保理商的角色"。

保理是综合性金融服务，企业（卖方）最常使用的是其中的应收账款融资。企业将某笔应收账款转让给银行，银行扣除相应手续费之后将相应融资放款提供给企业，并收取利息。在应收账款到期日，企业收到的应收账款用于归还银行的放款。图6.1 所示为保理的现金流走向。

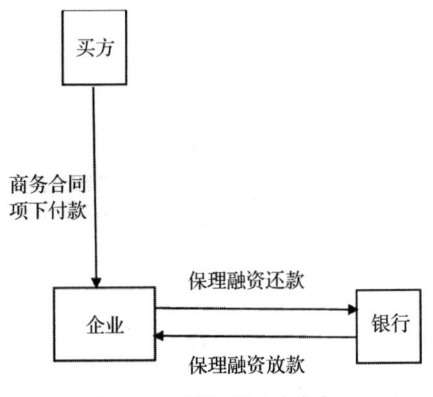

图 6.1 保理的现金流走向

根据参与保理服务的保理商或融资银行的数量，可将保理分为单保理和双保理。在银行操作单保理，一般卖方开户银行会独立为其提供应收账款融资、应收账款管理和催收等服务；双保理则是卖方开户银行或其他保理商对买方开户银行提供这些服务。

根据融资银行是否保留对企业的追索权，可分为有追索权保理和无追索权保理；根据是否对应收账款付款方披露应收账款债权转让，可分为明保理和暗保理。

对企业管理者来说，最需要了解的是融资银行对企业是否有追索权的保理。有追索权意味着无论何种情况，只要应收账款未回收，导致银行的融资款无法得到偿还，企业都需要偿还该款项；而无追索权意味着银行只能向应收账款付款方追索。

需要说明的是，目前在实践中并不存在绝对的无追索权保理产品。所谓"无追索权"，确切地说是"有限追索权"。也就是说，如果由于企业自身原因造成的买方不付款，应收账款无法收回，则银行不承担此风险，企业依然需要偿还银行的融资款。

一般而言，针对无追索权的保理，在实践中企业可以实现将从融资银行获得的贷款在财务报表中记为经营性现金流。根据企业保理协议的具体规定和会计师事务所的处理，有可能实现不记为负债。这种操作不仅为企业提供了资金支持，同时可以实现对企业报表的优化，这对初创企业有很大的帮助。因此，企业在面临资金缺口时，可以考虑优先利用保理盘活应收账款，为企业持续经营提供现金流。

如果企业从事工程相关服务，要将工程项下的应收账款办理保理业务，融资银行原则上仅接受公开的、有追索权的保理业务，不接受工程质保金和BT（建造-转移）方式承接项目形成的应收账款操作保理业务。相关款项用途应符合融资合同的规定，不得流入证券市场和房地产市场，不得用于权益性投资或纯金融投资。

同类保理产品还包括医保项下保理（医保资金为应收账款还款来源）、应收租赁款项下保理（租赁项下的应收租赁款为还款来源）等，它们是适用于不同场景的融资产品，其核心原理是一致的。融资本息一般不超过发票实有金额（发票金额扣除卖方已回笼货款后的余额）的90%。一般而言，无追索权的保理由于其"出表"的功能，融资银行会承担更大的风险，融资成本一般会比流动资金贷款高。如果多笔应收账款需要操作保理，那么银行也可以安排应收账款池融资，即企业将其在一定时期内销售商品、提供服务形成的多笔应收账款，批量转让给银行。银行将这些应收账款建立应收账款池，以池中应收账款为第一还款来源提供融资。出池和入池的期限最长不得超过1年。这样集中的应收账款操作，可以支持企业一定时期的资金需求，是比较集约、便利的融资方式。上述业务既适用于国内贸易，也适用于国际贸易。

实务要点：

通过对应收账款进行融资安排，可以很好地解决前文所说的流动资金贷款存在的问题，但申请应收账款融资需要满足以下条件。

（1）应收账款权属清晰，没有瑕疵，卖方未将其转让给第三方，也未设定任何质权和其他优先受偿权。

（2）在商务合同中未约定应收账款不得转让。

（3）应收账款还款期一般在 1 年以内，最长不超过 3 年。

结算方式以承兑汇票进行的，可以办理保理业务，同时可以将汇票进行质押或转让。

无法操作保理的应收账款包括以下几种：已到期的应收账款，由于个人或家庭消费产生的应收账款；由特许经营、专利、商标等市场不易定价的产权交易形成的应收账款；计划提供货物、服务或约定提供货物、服务，预计在未来产生的应收账款。

需要特别注意的是，在签署商务合同时就应当保证应收账款权属清晰，没有瑕疵，也就是说，必须避免可能存在的应收账款未成立，商务合同的买方有不付款的权利。关于如何保证应收账款的权属清晰，有以下两点可供参考。

（1）在合同中明确规定应收账款的形成时点，比如在商务合同中规定买方必须在供货方将货物出运后 120 天内付款，那么货物出运的时间就会被认定为供货方应收账款形成的时点；如果是提供服务的合同，可以设定验收环节，并规定某验收环节为债权成立时点，在该时点应收账款形成。也就是说，应保证企业作为卖方或服务提供方在某时点或做出某个清晰的动作后，应收账款即形成。

（2）不要存在抵销安排。抵销安排常见于存在货物质量纠纷的合同中，买方可能会要求，如果出现货物质量问题需要向卖方追回部分货款，或者自动抵扣买方在其他业务中对卖方的欠款。这样会导致应收账款虽然形成，但实际上可能出现应收账款不能收回，且融资银行无法追索的情况，这样操作应收账款转让的保理会出现问题。这时，企业可以用罚款的方式替代，即如果出现问题，买方可以对卖方进行罚款，卖方另行赔偿买方损失，但买方依然需要按时支付货款。这样既保证了交易能顺利进行，又保证了应收账款不会有瑕疵。

2. 应收账款项下贸易融资的使用及申请：发票融资

如果商务合同中已经约定了不能转让应收账款，那么企业可以通过发票融资的方式获得融资。

中国工商银行《信贷产品手册》（2012 版）将发票融资定义为"销货方在不让渡应收账款债权的情况下，以其在国内商品交易中所产生的发票为凭证，并以发票所对应的应收账款为第一还款来源，由我行为其提供的短期融资"。在发票融资项下，企业作为卖方可以不向融资银行转让应收账款。融资银行以商品交易中所产生的发票为凭证，以发票所对应的应收账款为第一还款来源，为企业提供融资。一般融资银行在发票融资项下可以接受的发票一般包括增值税发票、事业法人开具的发票、政府采购时开具的发票等，它们都必须符合相关法律法规的要求。

但需要注意的是，不同融资银行的融资产品有所不同，如中国银行的发票相关贸易融资产品"发票贴现"与保理业务高度类似。中国银行发票贴现业务要求企业必须将应收账款转让给银行，中国银行网站指出，"国内商业发票贴现业务是指卖方将其与买方订立的货物销售、服务或工程合同项下产生的应收账款转让给中国银行，由中国银行为卖方提供贸易融资、应收账款催收、销售分户账管理等服务"。由于应收账款转让的相关情况已经在保理部分讲述，因此在此不再赘述。本书中的发票相关融资内容均为不包括企业将应收账款权利转让给银行的情况。

申请发票融资需要满足以下条件。

操作发票融资的发票必须正式、合法、有效，票面要素与商品交易的内容一致，并符合合同要求；涉及的商品为卖方企业的主营商品；应收账款还款期一般不超过6个月，最长不超过9个月；融资本息一般不超过发票实有金额的80%；融资期限根据应收账款还款期限、合理在途时间等确定。

在融资资金发放前，企业需要将全套发票移交给融资银行，融资银行登录应收账款质押登记系统进行核对。

3. 非应收账款项下贸易融资的使用及申请：打包贷款及类似产品

如在贸易过程中使用信用证结算，虽然企业未形成应收账款，但实际上可以将信用证作为担保或增信的方式，从而进行融资操作。

打包贷款专指在信用证下的操作。中国银行网站将打包贷款业务定义为"我行应信用证受益人（出口商）申请向其发放的用于信用证项下货物采购、生产和装运的专项贷款"。中国工商银行《信贷产品手册》（2012版）提出，打包贷款指"我行以出口商（借款人）收到的信用证项下的预期收汇款项作为还款来源，用于解决出口商装船前，因支付收购款、组织生产、货物运输等需要而发给出口商的短期贷款"。在这种融资产品下，虽然以信用证为担保，但第一还款来源依然是企业，因此企业依然需要有一定的信用水平，这样才能被融资银行接受。同时，信用证除了要符合有关法律法规，还必须满足以下条件。

（1）信用证是不可撤销、不可转让的。

（2）信用证项下的应收账款没有瑕疵，企业未将其转让，也未设定任何质权和其他优先受偿权。

（3）开证行或承兑行为融资银行所接受。

（4）信用证不包括对受益人和银行不利或限定银行议付的条款。

申请打包贷款的条件如下。

打包贷款的金额一般不超过信用证项下预期收汇款的 70%。即期付款信用证项下打包贷款期限为自放款之日起至信用证有效期后半个月，最长不超过 6 个半月。延期付款信用证项下打包贷款期限最长不超过 1 年。当出现修改最后装运期、付款期限和信用证有效期的情况时，打包贷款可办理一次展期，一般不得超过前述的最长期限。

一般需要提交买卖合同及信用证正本。

融资银行一般会要求企业成立 2 年以上，具备丰富的国际贸易从业经验，在银行、税务局、市场监督管理局、外汇管理局及海关信誉良好；上下游客户明确且贸易关系良好。

另外，还有福费廷（又称票据包买，指银行根据企业或其他金融机构的要求，对已承兑的汇票进行无追索权的贴现融资）、押汇（有追索权地对信用证、跟单项下出口单据进行的融资）、贴现（有追索权地对信用证或非信用证出口业务项下已经开证承兑的远期付款进行的融资）等融资产品可供选择。

实务要点：

除上述申请条件外，融资银行还会对企业贸易背景的真实性进行审查。融资银行会审查购销双方是否具有长期稳定的业务合作关系，购销双方产生的应收账款的账龄结构，以及企业主要产品组成、周转率、坏账等。

4．非应收账款项下贸易融资的使用及申请：订单融资

当企业是卖方（收款方）时，如果在贸易过程中没有信用证或其他增信措施，但所有的商品有较高的市场价值，或者企业自身情况较好，也可以采用订单融资。

中国工商银行《信贷产品手册》(2012 版) 把订单融资定义为"购销双方采用非信用证结算方式并已签署订单后，我行以订单项下的预期销货款作为主要还款来源，为满足销货方在货物发运前因支付原材料采购款、组织生产、货物运输等资金需求而向其提供的短期融资"。中国银行网站指出，"订单融资业务是指为支持国际货物贸易项下出口商和国内货物贸易项下供货商（以下统称'卖方'）备货出运，应卖方的申请，根据其提交的销售合同或订单（以下统称'订单'）向其提供用于订单项下货物采购的专项贸易融资"。一般来说，融资银行会要求订单项下的商品是企业的主营商品并且供求状况稳定，市场价格波动小。

对申请该融资的企业，融资银行一般有注册资本金和持续经营时间的要求。融资金额一般不超过订单实有金额的 70%。如果有其他担保可以进一步提高这一比例，但不能超过100%。融资时间不得晚于履约交货日后30天，总体融资期限最长可以达到1年。采用赊销方式的，需要操作保理或发票融资业务，融资款优先用于归还订单融资。订单融资不得办理展期和再融资。

银行在操作订单融资时还会考虑以下方面：购销的产品质量和价格，企业生产经营状况，以往签约订单的撤单情况等。企业需要与同融资银行有合作关系的物流企业进行合作，由融资银行对企业采购的原材料进行监管，融资银行将定期检查企业的生产和备货情况。如发生贸易纠纷、取消订单或拒付，融资款可能将提前到期。

5. 付款方贸易融资的使用及申请：预付款融资、进口押汇及信用证项下产品

当企业是买方（付款方）的时候，在贸易中往往需要支付预付款，此时就可以选择预付款融资相关产品。中国工商银行《信贷产品手册》（2012版）将预付款融资定义为"购销双方在贸易合同中约定购货方（借款人）以预付款的方式进行结算，我行在购货方落实预付款项下商品或产成品的下游买家后，按预付款的一定比例为其提供的用于采购预付款项下商品的短期融资"。该融资产品主要支持企业需要资金支付预付款的需求。融资银行的关注点与订单融资基本相同，申请条件基本类似，这里不再赘述。只不过在基础交易中，企业的角色与订单融资中正好是相反的。其他类似的贸易融资有以下几种。

（1）货到付款融资。在货到付款的结算模式下，融资银行以受托支付方式代为向卖方支付货款。

（2）质押商品融资。它是指融资银行委托第三方对企业合法拥有的储备物、存货进行监管，以商品价值作为首要还款保障而进行的结构性短期融资。

这些产品的融资期限一般不超过6个月，最长不超过1年。融资期限的截止日期应该早于商品有效期或使用期限结束前6个月。

企业也可以选择进口押汇业务。中国工商银行《信贷产品手册》（2012版）指出，进口押汇是"我行应开证申请人或代收付款人要求，与其达成信用证或进口代收项下单据及货物所有权归我行所有的协议后，我行以信托收据的方式向其释放单据并先行对外付款的行为"。中国银行网站将进口押汇介绍为"我行在进口信用证或进口代收项下，凭有效凭证和商业单据代进口商对外垫付进口款项的短期资金融通"。该融资产品主要用于满足企业在进口时需要支付货款时的资金需求，通过融资银行的该项业务及时获取进口货物的物权单据。融资银行与企业达成信用证或进口代收项下单据及货物所有权归银行所有的协议后，融资银行付款、获得单据（包括物权单据），并转交给企业。

企业也可以通过银行的信用证议付和代付等业务进行对外付款，融资银行在单证一致、单单一致或存在不符点但已被开证行有效承兑的情况下，扣除议付利息和手续费后向信用证受益人给付对价。信用证开证行以承诺到期偿付的形式委托代付行向受益人或议付行兑付信用证项下款项。在融资到期日，企业作为开证申请人向开证行偿还融资本息及相关费用，开证行向代付行偿还融资本息及相关费用。在此项业务下，企业可选择融资银行保留追索权或不保留追索权，如果选择保留追索权，则当融资银行无法在信用证项下获得还款时，可以向企业进行追索。

如果在信用证项下企业作为买方需要进行融资安排，则可以操作信用证项下买方融资，融资银行与企业达成信用证项下单据及货物所有权归融资银行所有的协议后，融资银行以信托收据的方式释放单据并先行对外付款。但这种操作仅限于即期信用证，并且要有全套完整单据。

实务要点：

对付款方的贸易融资安排，除利用企业自身的信用和财务情况外，还可以将使用信用证作为增信措施。在没有使用信用证的情况下，实质是将商品质押进行增信融资。

一般在商品质押融资下，分为两种质押安排：第一种是固定质押，即质押品处于封存状态，直到融资完全清偿后才解除质押；第二种是浮动质押，即确定质押商品种类、数量、质量和价值的最低要求，在质押期间企业可自由存储或提取超出最低要求的质押物。

如果质押商品为大宗原材料、产成品和存货，那么必须符合以下条件才能申请融资。

（1）不是特殊定制的，而是用途广泛的商品。

（2）质量合格，符合国家、行业有关标准，且不属于受国家政策限制的商品，不能违反国家环保等相关政策。

（3）商品的物理、化学性质稳定，无形损耗小，不易变质，便于长期保管。

（4）商品规格标准，可以被分割，便于计量。

（5）有公开、透明的交易机制，具有相对稳定的市场价格，可以及时、准确地进行价值评估。

（6）具有便利的销售渠道，流动性强，易于变现。

（7）权属清晰，企业以合法的方式取得所有权和处置权，发票等证据足以证明相应商品的权属关系，有相对应的购销合同，商品已付清有关税费。

（8）企业未将商品转让给任何第三人，也未在商品上设定质权和其他优先受偿权。

6. 合理选择贸易融资产品

融资银行在审批传统的流动贷款等融资方式时，主要着眼于分析企业自身的资产负债表，但在审批贸易融资时，审查重点是企业贸易的情况。使用贸易融资，可以有效地加强对企业生产经营的支持。同时，由于融资银行对贸易融资相应基础交易结构、合同等都有严格把控，这样也有利于企业的规范经营，并能在日常贸易活动中更好地保护自身的利益。

初创企业应结合自身情况优先选择能优化企业财务报表、合理安排资产负债结构的贸易融资产品，同时需要做好融资成本的管理安排。

6.1.3 票据融资的使用及申请要点

在商业交易中，为了促使交易快速进行，逐步产生了票据这种支付工具。企业在交易过程中，商业交易对手开出票据进行支付，同时这种票据的支付逐步产生了汇兑、融资和结算等功能。

初创企业在交易过程中总会收到各种票据，其中一些票据可以在融资银行进行操作，使得企业顺利获得资金，为经营发展提供支持。

根据《中华人民共和国票据法》（以下简称《票据法》），票据分为汇票、支票和本票。在企业的融资业务中，主要操作的是汇票。支票和本票主要具有支付功能，在此不再赘述。

《票据法》第十九条规定："汇票是出票人签发的，委托付款人在见票时或者在指定日期无条件支付确定的金额给收款人或者持票人的票据。

"汇票分为银行汇票和商业汇票。"

严格来说，汇票并不是一种融资工具，它必须与其贸易背景相联系，但由于汇票往往存在相应账期，因此减轻了企业的支付压力。同时，如果在交易中获得相应汇票，可以在银行进行承兑或进一步的操作。虽然汇票的相关操作并不是严格的融资行为，但给予了企业一定的信用期限，让企业在这个期限后再进行付款，与融资有相似的效果。将汇票在银行进行一些操作可以使企业的资金得到融通，便利企业的运作。

简单来说，汇票的操作就是企业通过开具汇票给予贸易的交易对手，交易对手可以按照汇票上载明的期限，获得汇票上载明的金额。

1. 银行承兑汇票的承兑

在真实、合法的贸易背景下，企业可以以销售收入和其他合法收入作为兑付资金来源，申请银行对企业在贸易中签发的银行承兑汇票进行承兑。中国工商银行《信贷产品手册》（2012版）将银行承兑汇票承兑业务定义为"为满足客户基于真实、合法交易产生的支付需求，以约定的、可预见的销售收入和其他合法收入等作为兑付资金来源，我行对其签发的银行承兑汇票进行承兑的业务"。通过银行承兑的汇票被称为银行承兑汇票，即承兑银行承诺到期向汇票的持票人支付汇票上载明的金额。在银行承兑后，汇票的相应信用就从企业转移到了银行。这样交易对手能更好地接受这种票据支付方式，从而使企业可以在一定期限后再进行付款（实质上实现了融资功能）。企业的交易对手可以将银行承兑汇票进行转让或向融资银行贴现，从而获取资金，而企业则按照汇票上载明的日期和金额对汇票的持票人进行支付。承兑银行在办理此项业务时，并不将其作为单纯的融资业务来对待，因此会严格审查其贸易背景，同时非常重视对还款来源的审核。如果没有真实、合法的贸易背景，银行不会对汇票进行承兑。

同时，企业必须在相应银行开立存款账户，并有一定的结算往来。企业所在行业符合国家产业政策及承兑银行自身信贷政策，且企业自身经营正常，具有一定的竞争力，能够持续经营。承兑银行会要求企业财务状况良好，具备支付能力，同时对支付汇票金额有可靠、合法的资金来源。

在期限方面，纸质的银行承兑商业汇票期限最长为6个月；电子商业汇票期限最长不超过1年。在金额方面，银行的承兑金额不会超过对应交易下应付未付的金额。承兑银行会控制企业在银行的承兑汇票余额，一般会控制在最近12个月销售额的10%~20%，不同的银行会有不同的规定。

在担保措施方面，除非承兑银行在产品方面有相应规定，否则一般会要求企业缴纳100%的保证金。根据承兑银行的信用政策，在符合其条件的情况下，可以缴纳较低比例的保证金，对信用等级非常好的企业，银行可能会免收保证金。银行一般会对企业缴纳的保证金实行专户管理，不能在企业结算账户和其他各类账户中挪用，也不能提前支取。

在缴纳较低比例的保证金的情况下，银行为了控制风险，也有可能让企业对保证金不能覆盖的金额部分，提供其他形式的担保。对符合信用贷款条件的企业，一般承兑银行可以给予免缴保证金并免于提供担保的优惠措施。

各银行都有各自相应的规定，企业可以与承兑银行的客户经理进行沟通。如果企业在交易中广泛采用银行承兑汇票进行支付，为了方便办理，可以向银行申请在一定期限、一定交易对象的范围内批复最高承兑额度，但相应的保证金和担保可能也会需要按照最高比例提供，或者在承兑前按每笔缴纳保证金。

2．商业承兑汇票贴现

商业承兑汇票是由企业承兑的，企业承诺到期向持票人支付汇票上所载金额。商业承兑汇票由于完全依赖企业自身信用，因此在流通性、融资安排方面，效力较银行承兑汇票有所不足。

商业承兑汇票贴现是企业向交易对手提供商业承兑汇票后，交易对手作为贴现申请人向融资银行申请贴现业务，即在商业汇票到期日前向融资银行进行背书转让，融资银行作为贴现行在扣除贴现利息后向其提前支付票款。而企业按照商业汇票规定的日期和金额，将相应金额支付给银行。融资银行的贴现一般会要求对开票人有核准的专项授信额度。商业承兑汇票贴现实际是作为承兑人的企业通过商业承兑汇票这一形式实现延期付款。商业承兑汇票的贴现同样必须有真实、合法的交易背景。中国工商银行《信贷产品手册》（2012版）将商业承兑汇票贴现业务定义为"贴现申请人收到经我行核有已承诺贴现的商业承兑汇票专项授信额度的客户承兑的商票，在商票到期日前向贴现行背书转让，贴现行扣除贴现利息后向其提前支付票款的行为"。

融资银行对商业汇票的承兑人一般会有专门的审核程序，类似于授信过程，在此不再赘述，主要讲解企业作为贴现申请人在银行申请贴现的相关操作。

实务要点：

融资银行在审核银行承兑汇票的承兑业务时，除常规考察企业的情况之外，还会重点审核对应交易情况，包括以下几点。

（1）审核合同情况，分析交易是否属于企业正常生产经营。

（2）审核企业与该交易对象的业务往来，以往交易情况；分析交易双方是否存在关联关系，防止出现套取银行资金的情况；如果企业频繁申请，融资银行会分析是否为其业务真实所需，该情况是否与其业务规模和经营情况相匹配。

（3）融资银行会对相关的保证金和担保情况进行调查，评估其价值，包括调查相应的来源、权属、价值、变现难易程度等。

（4）审核企业是否有合法的出票主体资格。

融资银行在承兑以后还会继续跟踪对应交易的执行情况，包括发票等与前期提交材料、融资银行承兑汇票的金额、收付款方、日期等要素是否一致，以及对相应重点审核情况进一步跟踪核查。融资银行一旦发现企业无法按期提供发票或发现交易背景存在问题，将会采取措施，以保证资金安全。当承兑量或签发量在短时间内突然增加的时候，融资银行会对企业进行专门调查。

在商业承兑汇票贴现业务中，企业作为贴现申请人，主要提供以下材料。

（1）企业自身基本情况说明，包括基本经营情况、生产销售情况、主要客户关系和结算方式等。

（2）办理商业汇票贴现的对应的交易情况，包括交易双方、交易方式和对应商品等，以及商业汇票的使用情况等。

（3）企业成立的相关文件，包括法人代码证、税务登记证等。

（4）企业近三年财务报表。

（5）贴现申请书。

（6）持票人为最后合法持有人且背书连续的未到期商业承兑汇票原件。

（7）持票人与其直接前手之间的对应交易的商务合同原件。

（8）与交易相关的发票。

当申请的贴现金额在承兑人商业承兑汇票专项授信额度内时，融资银行主要审核以下内容。

（1）企业的合法资格，是否依法成立、合法经营。

（2）票据是否真实、合法、有效，票面要素是否齐全、有效，背书是否连续，签章是否规范。

（3）企业对应交易的商务合同、发票，以及相应日期、金额等是否一致。

（4）商业承兑汇票是否存在挂失、止付或公示催告。

在进行贴现后，融资银行会按期进行收款，由于融资银行的主要风险在于商业汇票的承兑人，因此融资银行的相应风险控制措施都针对商业汇票的承兑人。

票据融资还有协议付息票据贴现等操作，由协议方承担融资银行贴现的利息，主要业务操作与商业承兑汇票的贴现类似；同时有代理金融机构承兑商业汇票业务，只不过银行的承兑是代理其他金融机构所进行的承兑，主要业务操作与银行承兑汇票类似。

6.1.4　固定资产支持及特定担保项下融资的使用及申请要点

当企业自身财务实力不足以获得融资银行的授信以进行融资时，可以采用提供担保方式的做法获得银行融资。除前文所述融资产品项下，常见的物的抵押和其他企业主体的保证担保之外，还可以通过一些为银行所接受的权利质押的方式，来顺利从银行获得融资。这些权利往往代表着企业未来较为充足的现金流流入，因此是具备担保价值的。

1. 经营性物业支持贷款

企业已建成并投入正常运营的经营性物业资产（如写字楼、宾馆、酒店、商场等）在未来经营中会持续地产生现金流收益。经营性物业支持贷款就是将这种现金流收益作为还款来源，融资银行向企业发放的贷款。这类物业资产必须为企业所有，但融资银行不接受如自然人名下的住房、商用房及其他物业来进行支持办理此项贷款。这种贷款只能用于企业日常生产经营周转及相关固定资产投资活动，通常用于以再融资的形式置换已有的银行贷款（项目贷款除外）或超过国家规定的资本金比例的自有资金。这种贷款不能用于权益性投资及其他任何金融投资，不能以任何形式进入证券、期货市场。

贷款期限需要与还款来源的现金流情况相一致，但最长一般不超过10年，对于运营能力强，收入特别充足，物业价值稳定增长的最长可以达到15年；物业的经营期限和享有权利的期限必须覆盖贷款到期日，至少达到3年。

贷款金额需要根据预测的物业未来净现金流的现值来确定。此外，需要扣除维护该物业运营所必需的成本支出和费用，如维护费用、修理费用等，进行折现计算，同时融资银行考虑企业的融资需求、物业价值，以及其他融资还本付息的金额和时间等各个因素，最终综合确定贷款金额。

2. 待定资产收费权支持贷款

待定资产收费权支持贷款是将企业已建成并投入运营的优质特定资产相关联的收费权所产生的现金流作为还款来源，融资银行向企业发放的贷款。贷款的使用与经营性物业支持贷款相同，这里不再赘述。

作为贷款支持的特定资产一般可以是以下几种。

（1）国家或省级高速公路网规划项目及其骨干连线的高速公路。

（2）公共服务的基础设施，如供水、供电、供气、供暖、通信、广播电视服务网络。

（3）旅游景区及景区内的客运电梯和索道等基础设施。

这些特定资产的特征是面向一定时期内较为稳定的需求，同时自身价值较高，并可以产生长期、稳定的现金流。

此类贷款期限同样要与还款的现金流流入情况相匹配，一般期限在10年以内；假如将高速公路作为贷款支持的特定资产，如果借款人运营能力较强、收益充足、稳定，可以将贷款期限延长至15年。运营期限同样必须覆盖贷款期限，且贷款到期日应当早于运营到期日至少3年。融资期限同样需要进行综合考虑后再进行确定。贷款的金额不能超过收费权估算价值的70%，估算价值的要求与经营性物业支持贷款相同。

3. 权益担保支持贷款

企业的各类相应权益也可以用以对贷款的担保，这类权益必须是可变现的、流动性好的，或者可以看作现金等价物的资产，如单位定期存单、国债和外汇等。

1）单位定期存单质押贷款

单位定期存单质押贷款是企业将其定期存单作为担保，向银行获取贷款的融资行为。一般是企业将其定期存单进行质押，银行作为受益人提供相应融资。进行贷款的单位定期存单只能以质押贷款为目的开立和使用，企业不能任意支取。质押的单位定期存单金额必须能够覆盖贷款的本息。

2）国债质押贷款

我国国债是以我国国家信用为基础发行的债券，专指我国财政部代表中央政府发行的国家公债债券。这种债券以国家财政信用作为担保，一般有凭证式国债、无记名（实物）国债和记账式国债三种。

可以进行质押而获得融资的国债是凭证式国债和记账式国债，它们能够支持企业的融资需求，从银行获得贷款。

凭证式国债，是国家不印刷、制作实物债券，而仅以填制国债收款凭证的方式发行的国债。它是国债收款的证明凭单，从购买之日起计息，不能上市流通和转让。但若国债持有人有提前支取现金的需求，则可以到购买网点提前兑取。

记账式国债是财政部通过电子方式发行的，中国人民银行批准可以在商业银行柜台或证券及交易所进行交易的记账国债。记账式国债以记账形式记录相应债券，可以记名、挂失。我国上海证券交易所和深圳证券交易所都支持进行记账式国债的交易。

一般融资银行接受的可进行质押的凭证式国债仅包括1999年及1999年以后财政部发行，各承销银行以"中华人民共和国凭证式国债收款凭证"方式进行销售的国债，1999年以前发行的凭证式国债不可质押。借款企业将未到期的凭证式国债质押给融资银行，可以进行国债质押贷款。由于凭证式国债的风险系数为0，因此其贷款程序相对简单，利率也比其他贷款方式低。作为质押的凭证式国债，不能有所有权争议，以及挂失或依法止付。

借款企业办理凭证式国债质押贷款业务，一般向原认购国债银行提出申请。提出申请时，要提交本人名下的凭证式国债和能证明本人身份的有效证件。融资银行进行债券确认并审核批准后，签订质押贷款合同，作为质押品的凭证式国债交由银行保管。

此类贷款的截止日期一般不得超过凭证式国债的到期日，如果用多张不同期限的凭证式国债进行质押操作，则根据距离到期日最近的一张来确定贷款期限。贷款金额一般从 5 000 元人民币起，每笔贷款不超过质押的凭证式国债金额的 90%。

未到期记账式国债也可以进行质押，以从银行获得融资款。该国债必须由中国人民银行批准可以在商业银行进行柜台交易，其他相应处理与凭证式国债相似。有所不同的是，由于该国债是记账式的，如果在银行托管，则是对托管的记账式国债进行质押登记。如果以证券交易所托管的记账式国债质押，一般融资银行会选择与出质人到中国证券登记结算有限责任公司上海分公司或深圳分公司办理质押登记手续。如果记账式国债在银行间债券市场托管，必须在中央国债登记结算有限责任公司出具质押登记手续。

两种国债对融资银行来说都属于低风险业务，但由于风险化解措施主要来自国债的质押，因此银行会重点将国债质押的手续做好做实。

此外，类似贷款产品还有外汇担保项下人民币贷款，但其主要对境内外资企业进行发放。外汇担保项下人民币贷款是将外汇进行质押，或者由境外金融机构或在境内的外资金融机构提供备用信用证或信用担保，从而由融资银行提供贷款。相应手续要求等与上述两种融资产品类似，这里不再赘述。

实务要点：

申请经营性物业支持贷款的企业一般需要符合以下条件。

（1）企业合法设立并在融资银行开立账户。

（2）银行对企业的资质有一定的要求，一般要求净资产在 3 000 万元人民币以上；但对实力较强的集团企业下属公司，或者承租人实力较强且租约稳定，租期与贷款期限匹配的，融资银行一般会考虑适当放宽要求；如果承租人与借款企业存在关联关系，必须保证租金定价的公允合理，融资银行会对将来处置资产的影响进行分析。

（3）物业所有权、经营权、收益权和处置权，必须合法、完整、独立，已有所有权证等不动产权属证书；能办理合法、有效的资产抵押和经营收入为应收账款质押的登记手续。

（4）企业经营和财务状况良好，无不良信用记录。

（5）经营性物业必须符合当地城市规划要求，已经竣工，而且验收合格并投入运营。

（6）租期覆盖贷款期限，租金收入或运营收入持续稳定，能够覆盖贷款本息。

（7）物业地理位置优越，这一般是指商业物业要位于城市的中心商务区等成熟繁华地段，工业物业位于国家或省级经济开发区、大型产业聚集区、物流园等交通便利的地点，相应地点配套设施齐全，市场价值较为稳定。

（8）贷款用途符合国家规定，用于固定资产投资的，必须按照国家规定办理相关审批手续，符合国家对项目投资自有资金作为资本金比例的规定，以及环保、消防、安监等各项要求。

除上述条件外，融资银行在审核该贷款时还会重点考虑以下情况。

（1）物业的可持续性，国家或当地政府规划对物业未来经营收益和转让价值可能带来的影响。

（2）企业的经营和投资计划对后续经营该物业的影响。

（3）物业历史价值波动情况、经营性现金流情况，同地区同类型物业的经营情况和现金流情况。

（4）贷款用于置换其他贷款的，融资银行会要求调整相应抵押权顺位。如果抵押权调整期间出现敞口期间，则融资银行可能会要求企业提供额外的担保，确保在敞口期间贷款安全。另外，如果企业有办理相应保险，融资银行会要求将其作为保险赔偿金的受益人。

待定资产收费权支持贷款的申请条件与经营性物业支持贷款基本相同。不同的条件在于，待定资产收费权相应收入必须可以办理应收账款质押的登记手续或者收费权质押。

融资银行在评估过程中，会对涉及特许经营权的项目，分析特许经营合同中收费价格、收费期限、调价机制等。对以公共服务基础设施为特定资产的，还会了解业务运营模式，并结合所在地用户数量、经济发展情况、市场环境、以往的欠缴费情况等，分析判断其贷款期间现金流是否稳定、充足。对其中涉及财政补贴的，融资银行还会分析补贴在现金流流入中所占的比例，以及以往补贴到位是否及时、足额的情况。对以旅游景区为特定资产的，融资银行还会调查了解景区质量等级、景观资源状况、游客流量、配套服务设施等，并会结合景区的管理体制、资金运作模式等，分析判断所在地政府对景区经营、收入、支出的影响。融资银行会分析相应资产的收入占企业总体收入的比重，以判断企业的实际偿付能力。

为了专款专用，在贷款发放后，融资银行一般会对企业提款和还款的账户进行监管，监控贷款流向及是否有按照规定的用途使用贷款。在企业提款前，融资银行会就相应抵押和应收账款质押办好相应手续。当企业符合贷款协议中规定的提款要求时，融资银行才会进行放款。同时，融资银行会做好贷款的使用情况跟踪。贷款期间如果出现企业经营不善导致收益下降，收益相应期限缩短，物业资产价值贬值等不利情况，可能造成企业还款出现问题，融资银行还会进一步采取措施化解贷款风险。

企业在办理单位定期存单贷款时，需要提交的材料如下。

（1）开户证实书。开户证实书不是质押的权利凭证。如果开户证实书并非由借款企业而是由其他企业提供给银行，应当同时提交由出具开户证实书的企业同意由借款企业为质押贷款目的而使用其开户证实书的协议或书面证明。

（2）存款人委托贷款人向存款行申请开具单位定期存单的委托书。

（3）存款人在存款行的预留印鉴或密码。

融资银行对单位定期存单进行确认的内容如下。

（1）存单上的要素是否与申请一致，如开立机构、户名、账号、存款数额、期限、利率等。

（2）预留印鉴或密码是否一致。

融资银行在确认单位定期存单后，会要求企业订立书面质押合同，在借款合同中加入质押条款。质押合同的内容一般包括以下几点。

（1）出质人、借款人和质权人的名称、住址或营业场所。

（2）被担保贷款的金额、期限、利率、用途。

（3）单位定期存款号码及所载存款的户名、账户、开立机构、金额、期限、利率。

（4）质押担保的范围，一般包括贷款本金和利息、罚息、损害赔偿金、违约金和实现质权的费用。

（5）存款银行是否对单位定期存单进行了确认。

（6）单位定期存单的保管及相应责任安排。

（7）质权的实现方式。融资银行会要求约定，当借款企业破产、没有还本付息或违约时，融资银行可直接将单位定期存单兑现以实现质权；如果贷款期满，企业按时还本付息，融资银行会将质押的单位定期存单退还给存款行，存款行会在收到单位定期存单后，将开户证实书退还给银行，并由银行退还给企业。

（8）违约责任的具体规定。

（9）争议的解决方式。

在质押合同设立后，除法律另有规定外，质押款项不能擅自动用。如果定期存单处分所得不足以清偿融资银行贷款，那么融资银行会向借款企业另行追偿，要求借款企业进行偿还；如果处分质押财产所得有剩余，那么融资银行会将超出部分退还给出质人。如果质押存单先于贷款到期，那么融资银行可以提前兑现存单，并与出质人协商，将兑现的款项提前清偿贷款，或者向第三方进行提存；如果贷款先于质押存单到期，而借款企业未还本付息，那么融资银行会继续保管存单，在存单到期时兑现，用于抵偿贷款本息。如果存单丢失，那么存款银行只会接受融资银行提出的挂失申请，而不会接受借款企业提出的挂失申请。

6.1.5 政策性金融支持下融资的使用及申请要点

我国的政策性金融机构主要有四家，分别是国家开发银行、中国进出口银行、中国农业发展银行和中国出口信用保险公司。四家政策性金融机构均有对企业的政策性金融业务，但侧重点有所不同。相对而言，政策性金融支持下的融资比商业银行的融资成本低，同时风险承受能力也相对强一些，因而能基于政策性金融提供的融资金额会更大，融资期限也会更长。同时，各政策性金融机构都有针对中小微企业的融资专门支持措施，如降低融资成本等，尤其适合初创企业使用。

国家开发银行主要通过开展中长期信贷与投资等金融业务，为国民经济重大中长期发展战略服务，包括新型城镇化、保障性安居工程、"两基一支"（基础设施、基础产业和支柱产业）、支持企业"走出去"及各类科技、文化和人文交流等。

中国进出口银行支持外经贸发展和跨境投资，"一带一路"建设、国际产能和装备制造合作，以及中小企业"走出去"和开放型经济建设等领域。中国进出口银行经批准办理配合国家对外贸易和"走出去"领域的短期、中期和长期贷款，含出口信贷、进口信贷、对外承包工程贷款、境外投资贷款、中国政府援外优惠贷款和优惠出口买方信贷等；办理国务院指定的特种贷款；办理外国政府和国际金融机构转贷款（转赠款）业务中的三类项目及人民币配套贷款；吸收授信客户项下存款；发行金融债券；办理国内外结算和结售汇业务；办理保函、信用证、福费廷等其他方式的贸易融资业务；办理与对外贸易相关的委托贷款业务；办理与对外贸易相关的担保业务；办理经批准的外汇业务；买卖、代理买卖和承销债券；从事同业拆借、存放业务；办理与金融业务相关的资信调查、咨询、评估、见证业务；办理票据承兑与贴现；代理收付款项及代理保险业务；买卖、代理买卖金融衍生产品；办理资产证券化业务；提供企业财务顾问服务；组织或参加银团贷款；海外分支机构在进出口银行授权范围内经营当地法律许可的银行业务；按程序经批准后以子公司形式开展股权投资及租赁业务；开展经国务院银行业监督管理机构批准的其他业务。

中国农业发展银行的主要任务是筹集支农资金，支持"三农"（农业、农村和农民）事业的发展。支持的领域主要包括办理粮食、棉花、油料、食糖、猪肉、化肥等重要农产品收购、储备、调控和调销贷款，办理农业农村基础设施和水利建设、流通体系建设贷款，办理农业综合开发、生产资料和农业科技贷款，办理棚户区改造和农民集中住房建设贷款，办理易地扶贫搬迁、贫困地区基础设施、特色产业发展及专项扶贫贷款，办理县域城镇建设、土地收储类贷款，办理农业小企业、产业化龙头企业贷款，组织或参加银团贷款，办理票据承兑和贴现等信贷业务；吸收业务范围内开户企事业单位的存款，吸收居民储蓄存款以外的县域公众存款，吸收财政存款，发行金融债券；办理结算、结售汇和代客外汇买卖业务，按规定设立财政支农资金专户并代理拨付有关财政支农资金，买卖、代理买卖和承销债券，从事同业拆借、存放，代理收付款项及代理保险，资产证券化，企业财务顾问服务，经批准后可采用与租赁公司、涉农担保公司和涉农股权投资公司合作等方式开展涉农业务；经国务院银行业监督管理机构批准的其他业务。

中国出口信用保险公司通过为对外贸易和对外投资合作提供保险等服务，促进对外经济贸易的发展，重点支持货物、技术和服务等出口，特别是高科技、附加值高的机电产品等资本性货物出口，促进经济增长、就业与国际收支平衡。其主要产品及服务包括中长期出口信用保险、海外投资保险、短期出口信用保险、国内信用保险、与出口信用保险相关的信用担保和再保险、应收账款管理、商账追收、信息咨询等。

政策性的"走出去"相关人民币贷款在成本上比一般商业银行的成本低，也能提供更长的融资期限，并能接受商业银行所难以接受的风险控制措施。一般企业在操作特别大型的国内外项目，需要金额较大、时间较长的融资的时候，才会使用政策性金融机构的资源。政策性金融机构提供的贸易融资产品及和"走出去"相关的人民币贷款通常都是有一定要求的，由于同类商业银行也有同样的贸易融资产品，因此大部分时候初创企业还是普遍倾向于商业银行的相关贸易融资产品。

而在出口信用保险项下，由于主要与商业银行合作提供短期出口信用保险支持下的融资，因此出口企业——尤其是初创企业——通过短期出口信用保险项下进行融资是比较普遍的。

由于政策性银行的贷款业务与本章前面所述的贷款业务较为类似，在此不再赘述。这里重点对政策性短期出口信用保险项下的贸易融资进行介绍。

出口企业在中国出口信用保险公司就其出口办理短期出口信用保险之后，只要按照前文所述的贸易融资项下保理进行申请即可。短期出口信用保险主要覆盖企业对海外买家的出口，一旦买家出现拒收、拖欠、破产未及时付款等保单约定的承保风险情况，中国出口信用保险公司将根据保单条款约定进行赔付。因此，在这里主要对短期出口信用保险与贸易融资相关衔接进行讲解。

在短期出口信用保险项下的保理，同样分为无追索权和有追索权两种，即买断和非买断两种。在综合授信方面，中国出口信用保险公司承保的短期出口信用保险业务,可以占中国出口信用保险公司的额度,或者专门为企业增加核定额度,而不占企业自身原有的额度,这样企业就提升了自身的融资能力,这种融资方式对于自身实力有限的初创企业非常合适。对单笔交易操作出口信用保险项下的融资的,该笔融资的授信额度不能超过保单约定的最高赔偿金额,如果涉及多个买家,则基于同一买家核定的额度不能超过保单约定的该买家信用限额与赔付比例的乘积。

仅有短期出口信用保险覆盖项下的交易才能办理短期出口信用保险项下贸易融资,支持的贸易项下支付方式包括信用证(LC)、付款交单(DP)、承兑交单(DA)、赊销(OA)等,其对应交易的支付期限为短期出口信用保险覆盖项下的期限,一般为180天以内,中国出口信用保险公司认可且保单明确约定的,可以最长达到720天。短期出口信用保险的承保风险及损失赔偿比例如表6.1所示。

表6.1 短期出口信用保险的承保风险及损失赔偿比例

承保风险	商业风险	买方破产或无力偿还债务
		买方拖欠货款
		买方拒绝接收货物
		开证行破产、停业或被接管
		单证相符、单单相符时开证行拖欠或在远期信用项下拒绝承兑
	政治风险	指买方或开证行所在国家、地区禁止或限制买方或开证行向被保险人支付货款或信用证款项
		禁止买方购买的货物进口或撤销已发给买方的进口许可证
		发生战争或者暴动,导致买方无法履行合同或开证行不能履行信用证项下的付款义务
		买方或开证行付款须经过的第三国颁布延期付款令
损失赔偿比例		政治风险所造成损失的最高赔偿比例为90%
		破产、无力偿还债务、拖欠等其他商业风险所造成损失的最高赔偿比例为90%
		买方拒收货物所造成损失的最高赔偿比例为90%
		出口信用保险(福费廷)保险单下的最高参与比例可以达到100%
		中小企业综合保险下的最高赔偿比例为90%

短期出口信用保险项下融资结构图如图6.2所示。

融资银行对办理短期出口信用保险项下贸易融资的企业的一般要求如下。

(1)企业具有出口经营权。

(2)企业与海外买家有长期、稳定的贸易往来关系。

(3)货物已经出口,实现出运,并已经取得有关单据,企业已经履行商务合同规定的出口方义务,涉及出口货物的质量、数量、船期等。

(4)企业已投保短期出口信用保险,持有有效的保单及有效的买方信用限额。

（5）企业已履行短期出口信用保险保单项下的被保险人义务，如缴纳保费等。

（6）未发生或发现存在中国出口信用保险公司保险单中除外责任范围的风险。

（7）企业同意将中国出口信用保险公司保单权益转让给融资银行，并签订三方《赔款转让协议》。

（8）企业与买方之间不存在关联关系，双方贸易背景真实。

（9）如果企业现有融资已经出现逾期或拖欠利息，不能操作短期出口信用保险项下的贸易融资。

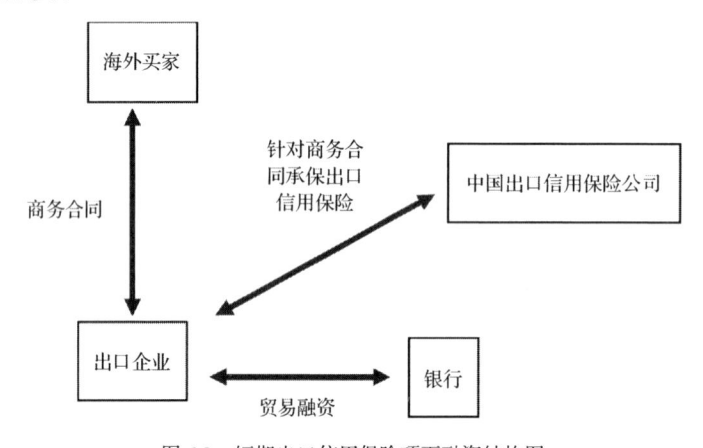

图 6.2 短期出口信用保险项下融资结构图

一般来说，业务操作的流程如下。

（1）出口前，企业向中国出口信用保险公司办理短期出口信用保险，并在获得生效保单项下申请预备出口的买方限额。

（2）企业在买方限额项下进行出运，并向中国出口信用保险公司申报，缴纳保费。

（3）企业向融资银行提出融资申请，按照贸易融资要求提交材料，融资银行初步审核后双方签订融资协议；与一般贸易融资材料不同的是，企业还需要提交保险单复印件、买方信用限额审批单正本、承保情况通知书、出口申报单、保费收据或发票。

（4）企业、融资银行和中国出口信用保险公司签订三方《赔款转让协议》；融资银行与企业签订代理索赔协议或索赔权转让协议，并将中国出口信用保险公司提供的理赔申请等模板文件，由企业签字盖章后提交给银行。一旦出现风险，则融资银行将用企业签字盖章的相应材料向中国出口信用保险公司进行索赔。

（5）对于汇款项下的融资，融资银行会要求企业在合同或发票中加入条款，注明回款路径，并明确回款应汇入银行的指定账户。

（6）融资银行进行融资审查，发放最终融资资金。

融资银行在操作此业务时，会审查企业的海外买家是否被联合国制裁，如果受联合国制裁，则银行不予受理。同时，融资银行会对贸易的真实、合法、有效进行审查，确认货物是否已经真实出口且实际出运。融资银行会重点对企业是否已经履行短期出口信用保险项下义务进行审查，包括确认出口是否在保单的适保范围内，审查买方信用限额审批单中批复限额买方与实际买方（包括合同签订及实际出运对象）是否一致，确认企业同一买方项下出口未收回金额未超过中国出口信用保险公司批复的买方信用限额，出口结算方式和期限在中国出口信用保险公司批复的买方信用限额覆盖范围内。

短期出口信用保险项下的贸易融资期限与短期出口信用保险覆盖的贸易期限一致，融资金额一般为短期出口信用保险的保险金额与赔付比例的乘积，也就是在中国出口信用保险公司保障下的金额。但由于考虑到一些海外买家存在的习惯性拖欠问题，融资银行在融资期限上，有时会短于短期出口信用保险保单条款覆盖的期限，但长于贸易合同所规定的海外买家的付款时间。相应的时间内（晚于合同规定的付款时间，但早于短期出口信用保险认为风险发生的时间），海外买家未还款，不视为发生风险，但相应期限融资银行会进行计息。

6.2 贷款期限

6.2.1 贷款期限的分类

贷款期限是从融资银行将资金出借给企业，企业提款后直到贷款本息完全清偿的期限。贷款一般可分为短期贷款、中期贷款和长期贷款。短期贷款一般指贷款期限在1年或1年以内的贷款，中期贷款一般指贷款期限在1年以上（不含1年）5年以下（含5年）的贷款，长期贷款一般指贷款期限在5年以上（不含5年）的贷款。

从提款到贷款本息完全清偿又可分为提款期、宽限期和还款期三个不同的时期。但在贷款中，往往提款期与宽限期是重合的。

6.2.2 贷款期限的确定

合适的贷款期限有助于企业合理地对贷款进行安排并节省贷款成本，发挥贷款对企业经营的促进作用，减轻还款压力给企业现金流带来的负担。贷款期限是融资银行与企业共同确定的，它基于企业的融资需求，同时受限于融资银行的风险承担能力。

贷款期限的确定首先需要与企业总体的资金计划和利率承受能力相匹配，从总体的资金流入流出需求，来进行各笔贷款的期限安排。如果企业在资金使用方面，过多使用了长期贷款，则企业的资金使用效率会非常低；而如果过多使用了短期贷款，则企业很可能要不断进行借新还旧，很容易陷入流动性危机。

其次，企业应将资金投资收益、融资成本及对企业经营利润的影响进行统筹考虑。如果贷款期限过短，可能导致企业的现金流不足以偿还贷款。

中国人民银行《贷款通则》第十一条规定："贷款期限根据借款人的生产经营周期、还款能力和贷款人的资金供给能力由借贷双方共同商议后确定，并在借款合同中载明。

"自营贷款期限最长一般不得超过10年，超过10年应当报中国人民银行备案。

"票据贴现的贴现期限最长不得超过6个月，贴现期限为从贴现之日起到票据到期日止。"

企业的贷款期限也需要匹配资金用途，若用于流动资产或补充营运资金等短期支出则匹配短期资金，若用于长期固定资产投资则匹配长期资金。同时，通过现金流预测，合理安排贷款期限。也有部分实力比较强的企业，会利用自身的融资能力，通过低利率、长期限的贷款获得资金，并将资金用于短期投资，这样企业就聚集了大量可使用的资金。但这种做法对初创企业而言并不可取，因为这种资金与用途期限错配的情况一般不为融资银行接受，同时可能造成企业的资金浪费。对于长期贷款，企业应在签署贷款协议时，注意提前还款等相关要求。企业应保留可以提前还款的权利，这样当利率环境发生变化时，企业可以选择再融资等安排，降低利率水平，调整债务结构。

6.2.3 展期

当贷款到期后，如果企业无法按照原先的还款计划进行还款，那么可以向融资银行申请展延贷款的还款期限。一般融资银行可以接受的是并非由于企业自身原因造成的经营困难而导致贷款需要延期，如国家宏观政策调整导致企业资金暂时困难（如利率调整等）、不可抗力或意外事故等原因。但如果企业确实由于经营暂时出现了困难，同时融资银行认为通过采取一定的措施，企业可以安然渡过难关，比如通过适度放宽还款期限可以让企业的现金流重新恢复稳定，保证后续还款，那么融资银行可能会同意贷款展期。展期期限一般不会特别长，其主要根据企业的盈利情况和现金流情况确定，保证企业能尽快还款。

但融资银行要同意贷款展期，一般会要求企业追加相应的担保措施，以控制风险，保证贷款的安全。

6.3 融资银行对企业信用的评估及应对

融资银行是否会为企业提供贷款，其根本在于对企业信用的评估，而在企业信用评估方面，核心的工作就是对企业的偿债意愿和偿债能力进行评估。对企业来说，偿债意愿不应当成为一个需要解决的问题，因此本书只对相关评估方法和应对措施进行讲解，帮助初创企业让融资银行认识到具有强烈的偿债意愿。而偿债能力则与企业自身资金实力有关，这里主要对融资银行一般会采取的评估方法和企业可以采取的应对措施进行讲解，让初创企业能自行对自身的偿债能力进行判断。企业如何通过采取一些措施，解决自身偿债能力不足的问题，在6.6节进行讲解。

融资银行会收集企业各方面的信息，以判断企业的现金流收入及现有资产是否可以承担相应债务。融资银行一般会充分分析企业的流动性情况、资产质量，并对企业所从事行业的周期等进行分析判断，考虑造成损失的可能性及应对措施。

6.3.1 融资银行对企业偿债意愿的评估及应对

融资银行对企业偿债意愿的评估，主要通过了解其以往贷款偿还记录、声誉和日常沟通交流情况进行。这些评估除以往贷款偿还记录之外，其他的都是印象式的、定性的评估。以往贷款偿还记录既包括企业在融资银行的贷款记录，也包括企业在其他银行的贷款记录，是一种定量的评估。同时，融资银行也会查询企业及其股东、高管人员在法院诉讼、被行政处罚等情况，以此来对企业及其股东、高管人员的偿债意愿进行综合判断。

企业除在上述方面要保持良好记录之外，还需要与融资银行做好日常的交流沟通工作，尤其是在现金流出现暂时困难的情况下，企业对现金流存在的问题如何解决、现有资金如何调配等，都可以和融资银行进行细致、坦诚的沟通，并向融资银行展示积极筹措还款的安排。这都有助于增强融资银行对企业的信心，使融资银行充分认可企业的偿债意愿。

6.3.2 融资银行对企业偿债能力的评估及应对

融资银行对企业偿债能力的评估，主要分为短期偿债能力评估、长期偿债能力评估和盈利能力评估三种，同时融资银行也会对企业的流动性、资产管理水平等进行相应的评估。

融资银行对企业偿债能力的评估一般是定量的，与对企业偿债意愿的评估多使用定性评估的情况有所不同。对企业偿债能力的评估往往依据财务报表，即基于企业的财务实力进行判断。融资银行常用的评估企业偿债能力的财务指标如表 6.2 所示。

表 6.2 融资银行常用的评估企业偿债能力的财务指标

名称	计算公式	评估目标
现金比率	现金及其等价物÷流动负债×100%	流动性
应收账款周转天数	平均应收账款×365÷销售收入	资产管理
应收账款年周转次数	平均应收账款÷销售收入	资产管理
应收账款与日销售额的比率	平均应收账款÷平均日销售额×100%	资产管理
流动比率	流动资产÷流动负债×100%	偿债能力
速动比率	（流动资产－存货等）÷流动负债×100%	偿债能力
存货周转天数	365÷存货年周转次数	资产管理
存货年周转次数	主营业务成本÷存货平均金额	资产管理
存货与日销售额的比率	平均存货金额÷平均日销售额×100%	资产管理
流动负债与存货的比率	流动负债÷存货×100%	偿债能力
存货与流动资产的比率	存货÷流动资产×100%	资产管理
存货与营运资本的比率	存货÷（流动资产－流动负债）×100%	资产管理
固定资产净值与有形资产净值的比率	固定资产净值÷有形资产净值×100%	资产管理
现金与资产的比率	现金总额÷总资产×100%	现金流量
速动资产与资产的比率	（流动资产－存货等）÷总资产×100%	资产管理
流动资产与资产的比率	流动资产÷总资产×100%	资产管理
留存收益与资产的比率	留存收益÷总资产×100%	资产管理
债务与权益的比率	总负债÷所有者权益×100%	偿债能力
负债占营运资本的百分比	总负债÷（流动资产－流动负债）×100%	偿债能力
短期负债占实收资本总额的比率	短期负债÷实收资本×100%	偿债能力
长期负债占实收资本总额的比率	长期负债÷实收资本×100%	偿债能力
固定债务与营运资本的比率	固定债务÷（流动资产－流动负债）×100%	偿债能力
所有者权益比率	所有者权益÷总资产×100%	偿债能力
固定资产与所有者权益的比率	固定资产÷所有者权益×100%	资产管理
普通股权益占实收资本总额的比率	普通股权益÷实收资本×100%	盈利能力
流动负债与净资产的比率	流动负债÷所有者权益×100%	偿债能力

续表

名称	计算公式	评估目标
市价净值与负债总额的比率	企业市值（如有）÷总负债×100%	偿债能力
资产周转率	销售收入÷总资产×100%	盈利能力
销售收入与经营资产的比率	销售收入÷经营资产×100%	盈利能力
销售收入与固定资产的比率	销售收入÷固定资产×100%	盈利能力
销售收入与营运资本的比率	销售收入÷（流动资产－流动负债）×100%	盈利能力
销售收入与净值的比率	销售收入÷所有者权益×100%	盈利能力
现金与销售收入的比率	现金总额÷销售收入×100%	盈利能力
速动资产与销售收入的比率	（流动资产－存货等）÷销售收入×100%	盈利能力
息税前资产报酬率	息税前利润÷总资产×100%	盈利能力
税前资产报酬率	税前利润÷总资产×100%	盈利能力
税后资产报酬率	税后利润÷总资产×100%	盈利能力
税前净利润比率	税前利润÷销售收入×100%	盈利能力
税后净利润比率	税后利润÷销售收入×100%	盈利能力
留存收益与净利润的比率	留存收益÷净利润×100%	盈利能力
现金流量与一年内到期的长期负债的比率	现金流量÷一年内到期的长期负债×100%	偿债能力
现金流量与负债的比率	现金流量÷负债×100%	偿债能力
利息保障倍数	（息税前利润＋财务费用）÷利息费用	偿债能力
固定费用偿付情况	根据财务报表上数据	偿债能力
经营杠杆	利润变动率÷销售收入变动率	盈利能力
财务杠杆比率——产权比率	总负债÷所有者权益×100%	偿债能力
财务杠杆比率——资产负债率	总负债÷总资产×100%	偿债能力
财务杠杆比率——长期负债与长期资本的比率	长期负债÷（长期负债＋所有者权益）×100%	偿债能力
每股收益	税后利润÷股本总数	盈利能力
每股账面价值	所有者权益÷股本总数	盈利能力
股利支付率	每股股利÷每股净收益×100%	流动性
股利与市价的比率	每股股利÷每股市价×100%	盈利能力
市盈率	每股市价÷（税后利润÷股本总数）×100%	盈利能力
股票价格占账面价值的比率	每股市价÷（所有者权益÷股本总数）×100%	盈利能力

许多融资银行在对企业进行信用评估时，会参考信用评估公司的信用评估体系与方法。众多融资银行的信用评估体系本质上是一致的，主要从企业的资产架构、经营和财务状况、管理情况、行业发展、国家及宏观经济情况等方面对企业进行信用评估。

1. 短期偿债能力的评估及应对

企业的短期偿债能力是一切偿债能力的基础，如果企业不具备短期偿债能力，融资银行不会认为其具备长期偿债能力。因为即使企业拥有众多很有价值的资产，但难以快速变现，也很可能由于企业短期债务的巨大压力，陷入资金链断裂的困境，最终出现破产的情况。因此，企业应保持较好的短期偿债能力。企业要想保持较好的短期偿债能力，应注重以下两个方面。

第一，流动资产与流动负债之间有紧密的联系，而其来源是企业流入的现金流。保持可以灵活运用的现金储备或现金流量，增加流动资产，减少流动负债，是提升企业短期偿债能力的根本方法。

第二，从短期偿债能力的财务指标评估入手，优化财务报表，实现各项指标的优化。

对企业短期偿债能力的评估基于财务指标，主要从流动资产与流动负债之间的关系入手，几个重要的财务指标如下。

营运资本，是指扣除流动负债后剩余的流动资产。营运资本＝流动资产－流动负债，营运资本越大，说明企业足以应对可能增长的流动负债，企业的偿债能力越强。

流动比率，表明流动资产对流动负债的保障程度。流动比率＝流动资产÷流动负债×100%，正常的流动比率应当大于200%，当将流动比率作为评估企业短期偿债能力的指标之一时，融资银行也会将其与行业的平均水平进行比较。因此，企业只要把流动比率保持在行业平均水平即可。当企业的流动比率下降时，可以从应收账款和存货的情况进行分析，看是否存在问题。

融资银行一般会对应收账款和存货进行分析，参考的财务比率包括应收账款周转率和存货周转率。若应收账款周转率和存货周转率较低，则说明企业的流动性存在一定的问题，需要改善相关比率。

应收账款周转率＝销售额÷平均应收账款总额×100%

存货周转率＝产品成本÷平均存货×100%

应收账款周转率表明应收账款的流动性，在计算时，需要考虑企业业务在一年内的波动性导致的应收账款波动情况，因此使用年度的平均应收账款总额是比较合适的。存货周转率表明存货的流动性，可以使用固定时间段的余额来计算平均存货。

速动比率，指企业速动资产与流动负债的比率。速动比率比流动比率能够更直观地反映企业对短期流动负债的偿付能力。

速动比率＝（流动资产－存货等）÷流动负债×100%

速动比率一般需要保持在100%以上。同样，需要考虑行业的平均水平情况，也要考虑企业的实际情况。如果一家企业的存货用于销售且马上可以获得收入，另外一家企业有同样的速动比率，但主要使用赊销的方式进行销售，虽然两家企业的速动比率相同，但不使用赊销方式的企业实际短期偿债能力强于使用赊销方式的企业。

现金比率，是最为保守的反映企业流动性的比率之一。

现金比率＝现金及其等价物÷流动负债×100%

流动资产中的应收账款和存货等，可能并不能很好地应对企业的流动性问题，对企业的流动负债进行偿还。尤其是应收账款周转率和存货周转率都比较低的企业，分析其现金比率十分重要。因此，在这种情况下，企业要应对流动性的问题，就更需要注意积累现金及其等价物，以改善流动性。

同时，营运资本周转率（销售额÷平均营运资本）、应收账款与日销售额的比率（平均应收账款÷平均日销售额×100%）、应收账款周转天数（平均应收账款×365÷销售额）、存货与日销售额的比率、应付账款周转率（采购成本÷平均应付账款×100%）等也是评估企业短期偿债能力的常用指标。

企业应增加自身的流动资产，同时提高流动资产的周转率，提高企业资金的周转速度，以增强自身的短期偿债能力。

2. 长期偿债能力的评估及应对

企业的长期偿债能力主要受长期资产影响。债务的数额和对应的资产规模，体现了企业的长期偿债能力。在损益表上，可能由于使用权责发生制，相应的收入并不会在短期内体现为现金流，但在较长的一段时间，是可以体现为现金流的。但一旦企业外部融资的利率高于企业的利润率水平，就会导致企业出现亏损，难以对企业的债务偿还提供支持。因此，融资银行对企业长期偿债能力的评估，往往从资产负债表和损益表入手。

融资银行从资产负债表着手考察企业的长期偿债能力，主要通过总负债与总资产、所有者权益等的相关比率来进行。资产负债率是融资银行应用最广泛的考察企业长期偿债能力的财务比率。

资产负债率＝总负债÷总资产×100%

总负债包括流动负债与非流动负债，不包括所有者权益。资产负债率反映了资产中通过负债手段获得的比例达到了什么程度。资产负债率能直观地反映企业的长期偿债能力。当企业的资产负债率达到比较高的水平时，企业的长期偿债能力会下降。融资银行还会将资产负债率的高低放于企业所在行业的平均水平进行考察。现金流稳定的企业往往比周期性、季节性特征明显的企业拥有更高的资产负债率水平。

债务与权益的比率也是考察企业长期偿债能力的重要财务指标。

债务与权益的比率＝总负债÷所有者权益×100%

所有者权益实质上是企业在最终破产清算时，可以对债务进行保障的最终财产。所有者权益对负债的保障程度越高，说明企业的负债在最终面临破产清算的时候越安全。值得注意的是，如果是一般的财务分析，会对所有者权益究竟是以企业账面价值计量还是以市价计量进行选择。融资银行在评估企业的信用时，一般会从严进行安排——对所有者权益以企业账面价值计量，同时对市价的情况加以考虑。

再进一步，所有者权益中可能也包括大量的无形资产的价值。而这些无形资产可能变现能力较弱，甚至没有变现能力。因此，扣除无形资产的价值后的所有者权益，才能真正对企业的负债起到保障作用。相应的财务比率如下。

总负债与扣除无形资产后的所有者权益的比率＝总负债÷
（所有者权益－无形资产）×100%

当从企业的损益表来考察其长期偿债能力时，利息保障倍数和固定费用偿付情况是融资银行常用的财务指标。

利息保障倍数反映了企业对其融资所需要支付的利息，是否有充足的资金进行偿还。企业能按时偿还利息，才能保持持续的融资能力。

利息保障倍数＝（息税前利润＋财务费用）÷利息费用

在利息保障倍数良好的情况下，企业可以较容易获得融资。稳定的融资能力使企业可以拥有稳定的资产负债结构。在良好的持续融资能力的影响下，稳定的财务情况为企业获得稳定的收入和利润奠定基础。为了更准确地评估企业的利息保障倍数，其中的利息费用可以使用长期负债的相关利息，这样评估出来的企业的长期偿债能力更为直观。利息保障倍数对长期偿债能力的反映十分直观，因为企业的短期债务所需要偿付的利息比较低，即使利息保障倍数较低，也可以比较方便地筹措资金，以偿还短期债务相应的利息。

此外，固定费用偿付情况也是反映企业长期偿债能力的重要指标，它表示企业拥有的可支配的现金对固定费用的保障能力。固定费用一般指企业必须支付的费用，除利息之外，通常还包括具有支付义务的各种费用。比如，企业进行融资租赁的操作，那么租金也是需要支付的固定费用。有时一些长期经营租赁（参见7.2节）租金中的利息，也必须在报表中调整为收益，因为其在损益表中是被扣除的。另外，一些长期项目或大型固定资产的折旧、摊销和损耗，企业要支付的员工年金，优先股的股利等，也会作为需要支付的固定费用。

在长期偿债能力的评估中，一般还考虑长期债务比率[长期负债÷（长期负债＋股东权益）×100%]、权益负债率（长期负债÷所有者权益×100%）、资产负债率(总负债÷总资产×100%)、经营性现金流与总负债的比率(经营性现金流÷总负债×100%)、经营性现金流与资本支出的比率(经营性现金流÷资本支出×100%)等。相应的比率主要与总负债、长期负债、固定资产、长期资产等相关,考察相关资产对相关负债、支出的保障程度。

面对相关的信用评估工作,企业可以进行上述财务数据的优化,以从财务比率方面满足融资银行的审核需求。同时,企业需要注重实际长期资产的充实程度,合理安排长期负债的金额,避免出现过高的负债,确保资产对长期负债的保障。处于重资产行业的企业,应注重长期资产能够便利地变现,同时保持现金流健康,不断有现金流流入,这样才能保证企业具备一定的长期偿债能力。

3. 盈利能力的评估及应对

对企业盈利能力的评估主要借助企业损益表中的相关财务数据。

首先常见的指标就是净利润率。净利润率越高,说明企业的盈利能力越强。

资产报酬率(又称资产净利率)与资产周转率是比较重要的评估相应资产对应的盈利能力的指标。融资银行常使用杜邦分析法对企业的盈利能力进行评估。根据杜邦分析法:

$$资产报酬率 = 净利润率 \times 全部资产周转率$$

$$净资产收益率 = 净利润率 \times 全部资产周转率 \times 权益乘数$$

$$权益乘数 = 总资产 \div 总权益资本$$

$$全部资产周转率 = 销售收入总额 \div 总资产 \times 100\%$$

企业可以根据相应方法自行计算相关财务指标,并对相关财务指标进行优化。

此外,融资银行还会将销售收入或利润与相应资产或所有者权益中的部分进行比较,考察相应资产或所有者权益能产生的收入或利润水平,如销售收入与经营资产的比率、销售收入与固定资产的比率、每股收益、每股账面价值、股利支付率等。

对企业而言,增加收入、控制成本和提高相应利润率,是提高自身盈利能力,获得融资银行充分认可的根本途径。

4. 贷款协议中的控制措施

在贷款协议中,融资银行为了控制企业的相关财务比率,往往会对一些财务指标进行规定。此时,企业可以根据自身财务情况,与融资银行谈判,争取融资银行监控对企业较为有利的财务指标。贷款协议中常用的控制财务指标如表6.3所示。

表 6.3 贷款协议中常用的控制财务指标

名称	计算公式	贷款协议中使用的目标
债务与权益的比率	所有者权益÷总负债×100%	控制企业偿债能力
流动比率	流动资产÷流动负债×100%	控制企业流动性/偿债能力
速动比率	（流动资产－存货等）÷流动负债×100%	控制企业流动性/偿债能力
利息保障倍数	（息税前利润＋财务费用）÷利息费用	控制企业偿债能力
股利支付率	每股股利÷每股净收益×100%	控制企业流动性
现金流量与一年内到期的长期负债的比率	现金流量÷一年内到期的长期负债×100%	控制企业偿债能力
固定费用偿付情况	根据财务报表上数据	控制企业偿债能力
财务杠杆比率——产权比率	总负债÷所有者权益×100%	控制企业偿债能力
财务杠杆比率——资产负债率	总负债÷总资产×100%	控制企业偿债能力
财务杠杆比率——长期负债与长期资本的比率	长期负债÷（长期负债+所有者权益）×100%	控制企业偿债能力
现金流量与负债的比率	现金流量÷负债×100%	控制企业偿债能力

注：在贷款协议中运用财务指标主要是为了对企业的财务情况进行控制，既要反映企业真实的财务情况，也要便于融资银行进行监控。比如债务与权益的比率，在财务分析中其计算公式"总负债÷所有者权益×100%"和"所有者权益÷总负债×100%"均有出现；但当其在贷款协议中用于监控企业的财务情况时，一般采用"所有者权益÷总负债×100%"，以方便融资银行工作人员进行对比。

6.4 贷款成本管理

贷款成本主要包括费用和利息两部分，我们已经对债务融资的成本管理进行了初步说明，对如何进行实际利率的计算和综合成本的比较也做了介绍。本节重点对企业贷款成本管理的一些实际工作做进一步的讲解。

由于贷款成本与贷款期限息息相关，因此在确定贷款期限后，实际就对成本进行了初步锁定，企业之后可以在各银行之间进行成本对比。

如果相应融资期限对应的成本过高，超出了企业的承受能力，那么企业应对融资安排进行重新考虑。对贷款成本的管理，对决定贷款总额、确定最优资本结构、选择贷款来源和确定融资方式都有重要作用。

贷款成本与融资银行的利率直接相关。贷款成本的核算在前文已有说明，在现实中需要考虑的是，银行贷款利息是计入税前成本费用的，可以抵免企业所得税。因此，贷款成本应该考虑所得税因素。

如果企业使用的贷款是 1 年内多次结息，贷款的实际利率会高于名义利率，从而导致贷款的实际成本高于名义成本。

实际利率（税前）=（1+名义利率÷一年内计息周期次数）^（一年内计息周期次数-1）

实际利率（税后）=（1+名义利率÷一年内计息周期次数）^（一年内计息周期次数-1）×（1-所得税税率）

我们继续用本书5.4.1节的例子来说明。在不存在储备金或担保的情况下，如果利息按季度支付，则一年要支付4次利息，实际贷款成本，也就是实际贷款利率（税后）的计算如下。

实际贷款利率（税后）=[（1+10%÷4）$^{(4-1)}$]×（1-33%）≈72.15%

可以看出，实际贷款利率非常高。在计算出成本后，企业可以根据能否承担该利率进行具体的融资安排。

为了节约成本，企业会与融资银行进行谈判，以获得较低的利率。企业也可以根据对融资成本的计算，综合选择融资成本较低的融资方式。在与融资银行进行利率谈判时，企业还需要注意以下几点。

第一，企业可以对经济形势进行预判，从而对固定利率或浮动利率进行选择，以避免后续贷款成本超过预期。一般情况下，融资银行由于资金成本的原因，只能提供浮动利率，尤其是对贷款期限超过3年的贷款，融资银行基本难以提供固定利率。但同时，有些融资银行有一些利率互换的产品可供企业选择，即通过金融操作，进行利率互换。利率互换是同一货币债务间的利率调换，它允许企业将浮动利率贷款转换为固定利率贷款，避免未来因利率上涨带来的额外利息支出。当市场的利率水平处于历史低位时，企业可以选择用利率互换的方式将利率锁定。

此外，有时融资银行本身可以提供固定利率的选择，但固定利率往往高于现阶段的浮动利率。企业若判断市场利率后续会升高，则可以选择固定利率。这样融资成本的支出就是可预测的，不会因为利率市场环境、大的经济局势及国家政策的调整变化，而导致融资成本支出的增加。同样，如果预期未来资金市场环境比较宽松，市场利率有进一步降低的空间，那么选择浮动利率是比较经济的做法。

第二，企业可以通过再融资的方式替换利率高的贷款，转而使用利率低的贷款。要进行贷款替换，首先必须对要被替代的贷款进行提前还款的操作，而提前还款应遵守贷款协议的规定。一般的贷款协议会允许进行提前还款，但可能要支付一定的手续费或者规定在提前还款的情况下，利率会重新计算。企业对提前偿还的本金，不用再支付后续对应的利息。企业可以自行筹措资金，将原贷款偿还，新贷款按照当时的利率执行，从而实现降低利率的目的。

6.5 提款、还款与贷后管理

6.5.1 提款管理

企业在签订贷款协议后，必须根据协议的规定进行提款。当企业符合贷款协议的规定，相应的文件已经满足要求，提款条件都达到时，融资银行才会进行放款的操作，企业才能真正获得资金。因此，对融资银行来说，提款的前提条件的设置是其风险防范的第一道防线。

贷款协议中的提款相关条款会对提款期进行规定，企业只有在贷款协议规定的提款期内才能进行提款。一般在提款期内，融资银行对企业计息并要求企业支付利息，或者在提款期结束后一次性支付提款期的利息，不要求对本金进行归还，也就是说，往往提款期和宽限期是一致的。

一般提款会规定最小提款金额，如果低于相应金额，融资银行会向企业收取相应费用。

提款条件一般与企业的资金用途相匹配，比如企业贷款用于采购一批原材料，那么融资银行设定的提款要求可能是企业与供应商签订合同，供应商提前提供发票，企业将合同与发票提供给融资银行，融资银行审核后进行放款。在第一次提款前，一般企业会被要求提供自身相关情况的材料，如公司章程、营业执照、借款批文、签字授权书、财务报表、注资证明、纳税证明等。如有担保人，则也必须提供担保人的相关情况，同时必须完成相应的担保手续，如出具担保函、抵质押登记证明；或者需要满足与贷款相关的特殊条件，如监管账户的设立，股本金的到位，法律意见书的出具，声明、陈述与保证的完成等。

融资银行也会在提款前审查企业的财务情况，确保企业不会由于提款而增加相应的负债等，造成违反贷款协议中的财务约束条件等。

在放款时，融资银行会向企业出具放款通知书，并且其一般不可撤销。对于放款路径，融资银行可能会安排将融资款直接打进供应商的账户，以保证专款专用。在提款后，企业作为借款人，融资银行开始对发放的贷款进行计息。

6.5.2 还款管理

企业必须按照贷款协议规定的还款方式、金额和时间来进行还款。在还款时，企业要先向融资银行缴纳贷款协议执行过程中产生的费用，如律师费、差旅费和举办签约仪式的费用等，以及贷款协议规定的管理费、承担费等。承担费一般按照期限在提款期内多次支付，管理费一般一次性支付。

如果企业还款出现了逾期，企业向融资银行缴纳的款项的顺序为首先支付逾期利息，然后支付应付利息，最后支付应付本金。

如果企业自愿提前还款，那么可以根据贷款协议的规定进行。一般融资银行需要按照贷款协议规定的天数提前通知企业，企业再按照规定的最低金额进行提前还款，并且企业只有在没有逾期或未付款项的情况下才能提前还款。

贷款协议一般会规定，当企业出现违约的情况时应提前还款。

6.5.3 贷后管理

融资银行在向企业放款后，会建立台账，对相应资金的提取和使用进行跟踪，同时对企业的还本付息情况进行记录。融资银行会在当地中国人民银行的信贷登记咨询系统中更新数据。一般而言，融资银行会负责对贷款和企业情况进行贷后管理。实际上，为了贷款运作正常，保持与融资银行的合作关系，企业自身也要做好贷后管理。

下面就从企业应对融资银行贷后管理的角度来说明。企业应将贷款协议中对企业的要求做成表格，并制订贷款期限内的详细计划。

第一，融资银行会对发放的贷款进行跟踪，监管资金的使用情况，防止发放的贷款资金被企业挪用或被企业的关联方占用。企业需要严格按照贷款合同的规定使用贷款，同时保留好相应收据凭证，以备融资银行查验。

第二，融资银行会密切关注企业的股东、高管人员的变动情况。企业应在出现相关情况时及时与融资银行沟通，说明原因及可能对企业经营造成的潜在影响。如果会造成不良影响，还应说明应对措施。

第三，融资银行会对企业的运作经营、生产销售的变动情况，尤其是盈利能力、资产负债情况、流动性等主要财务指标进行跟踪，并判断企业的生产经营情况。企业应关注自身财务情况，并重点对融资银行在贷款合同中对财务指标的规定进行跟踪管理，确保不会出现问题。如果预测可能出现问题，应及时解决，并尽可能储备相应偿还贷款的资金，或者积极寻求外部资金的支持，避免发生贷款违约、逾期还款等情况。融资银行一般会通过约束事项促使企业稳健经营，确保企业有足够的偿还能力。相关措施一般包括充分披露企业信息、维持企业资产质量、确保企业有足够的现金流、控制企业过快的扩张速度、保持企业管理层及组织结构相对稳定、保持抵押物的市场价值等。融资银行通常会通过在贷款协议中规定财务比率的范围来对企业进行约束，一般包括财务比率指标和财务数量指标。财务比率指标主要体现企业的效率、财务监控程度和风险程度，如利润率、资产回报率、资产收益率、息税前利润、资产周转率、偿债备付率、流动比率等。财务数量指标则主要体现企业规模和财务实力，如企业需要保持的最低营运资金、最高借款金额、最低净值、最低息税前利润等。

第四，一旦企业出现逾期还款、经营指标明显恶化、担保物或支持的资产贬值或减损的情况，或者在贸易融资中出现对应交易货物无法正常交付等问题，融资银行会加强监控，并分析原因。如果融资银行认为继续合作的风险较高，会按照贷款协议中的条款采取有效措施，一般会采取要求企业停止提款、提前还款等措施，以化解相应风险。

如果贷款协议中有交叉违约的条款，融资银行也会按照该条款的规定，对企业的其他贷款宣布进行加速还款或提前还款。当企业出现违约相关事件的时候，融资银行一般采取的措施包括停止企业进一步提款、行使抵销权等，但融资银行只有在非常极端的情况下才会动用违约事件条款。融资银行一般会区分违约是由于临时的、技术性的原因还是深层次的、无法补救的原因。大多数情况下，宣布违约事件并不是融资银行的最佳选择。

风险信号和实际违约表现的对比如表 6.4 所示。

表 6.4　风险信号和实际违约表现的对比

风险信号	实际违约表现
未直接违反贷款协议，但所出现的事件足以使贷款风险增大（外汇管制、国有化、政府部门对外债的信贷要求发生变化……）	未能按时偿还本息、履行还款义务
出现实际违约迫在眉睫，如不采取措施，融资银行的权益将会受到损害	声明、陈述与保证不真实
交叉违约、企业卷入重大法律诉讼、企业所在国家实行外汇管制或国有化、抵押品价值急剧下跌……	违反约定事项

此时，企业应把握融资银行的想法，积极与银行沟通，如果出现的风险或问题符合银行将贷款展期的条件，可以积极增加信用支持或担保方式，寻求将贷款展期。

6.6　贷款风险

6.6.1　贷款风险管理

一般所说的贷款风险，是指融资银行面临的风险。其实，对企业来说，贷款风险同样存在。如果贷款出现违约或者逾期，会对企业的后续融资产生影响，企业同样会承担不利后果。尤其是初创企业，本身进行债务融资就存在一定的难度，如果贷款方面出现问题，对后续的融资会产生十分不利的影响。因此，企业要重视贷款风险管理。

企业面临的贷款风险主要包括以下几点。

第一，经营风险。若企业经营出现问题，其就难以拥有足够支付贷款的现金流。这是根本性的风险，企业应做好自身经营，保证贷款还款的最终来源不会出现问题。

第二，资金投向的项目超出预算。如果企业贷款是为了建设项目或者购买原材料，一旦超出预算，或者原预算不足以达到企业预想的效果，都可能造成企业的偿付能力出现问题，如项目投资的成本超支、工期延长、中途停建等。

第三，国家政策变动风险。例如，利率变化及融资银行后续的放款受到国家政策影响无法持续等都可能导致企业原先计划的贷款出现问题，或者成本超出预算，从而导致遭受损失。

第四，贷款还款来源需要依靠后续的融资，可能由于后续的融资出现问题而无法偿还贷款。

第五，操作风险。企业由于监控资金不当而错误提款，未及时还本付息，或者未及时履行贷款协议中规定的义务，这可能导致触发违约事件，从而被迫出现提前还款或加速还款的情况。这是企业在贷款风险管理中必须重视的风险，只有加强管理，才能杜绝由于操作失误使企业出现损失。

第六，贷款的规模、利率和期限等不适合企业的实际情况。这会造成企业的负担过重，无法承担贷款的还本付息，或者使企业的现金流面临重大压力，影响企业的日常经营。

第七，利率风险。由于企业的贷款期限较长，而往往贷款使用浮动利率，由资金市场的供需决定相应利率水平，因此企业贷款的实际利率会随资金市场的供需变化等而变化。这会导致利息支出出现波动，从而使企业的成本支出增加。利率风险的根本来源是货币供给变化，以及国家的宏观经济环境发生变化。当国家采取宽松的货币政策时，资金市场上供给充足，融资渠道畅通，融资银行往往会加大融资资金的投放力度，此时市场利率大概率呈下降趋势。而如果经济处于高速增长的阶段，投资机会增加，此时政府为了给经济"降温"，可能采取紧缩的货币政策，此时资金市场上需求大增，而供给可能不足，融资渠道减少，融资银行也往往会收紧融资资金的投放，市场利率受供给关系和国家政策的影响开始上升。利率风险会导致企业的现金流不稳定，以及融资成本增加，总体收益下降，甚至出现亏损的情况。

第八，汇率风险。若使用外币贷款，或者贷款的还款来源是外币现金流，就会出现企业必须在人民币与外币之间进行兑换的情况。外币所在国的宏观经济变化，以及系统性金融风险的变化，会导致出现汇率波动的情况，汇率的波动容易引发汇率风险。假如使用外币贷款，企业在还款时，如果外币现金流不足，就必须用人民币兑换外币，再进行还款。另外，如果企业的现金流是外币，就需要将获得的外币兑换成人民币，以偿还贷款。由于贷款存在一定的期限，当汇率出现波动的时候，企业面临支出的不确定性。而企业在财务报表上相应的以外币计价的各种科目，也会因账面价值不确定而发生变动，如以外币计价的资产价值可能暴跌。

第九，内部管理不善带来的内控风险。比如，融资方案的策划出现问题，融资结构安排不合理导致融资成本过高，企业无法到期还本付息；企业在贷款过程中出现重大失误或遭遇诈骗，导致企业出现损失；企业资金管理不当，造成资金流失；贷款活动违反国家法律法规相关规定，造成企业被罚款或被追究责任。

对贷款风险的管理，企业应当让专门人员负责，编制相应的现金流量表和资金周转表，建立贷款台账，拟定风险管理策略，制定相应规避风险的措施。

6.6.2 贷款内控与风险管理策略

贷款的各种风险最终可能给企业造成不利的影响，究其原因，还是企业的内部管理存在问题。企业对贷款工作，要在融资方案策划、审批、计划制订，以及具体贷款工作的开展、贷款相关工作结束后进行评价与责任追究等方面加强管理。在具体工作中，企业应仔细核对贷款相关方案，考察其是否与企业战略相符、是否具备可行性，如成本是否合适、融资结构是否恰当等，以及方案的风险是否可控。在企业内部的贷款相关工作中，应实行分级授权的审批制度，按照内部正常程序完成贷款计划和相关方案的审批。通过内部控制工作，保证贷款具体实施工作按照计划执行，并做好相应的记录。对资金调拨、利息支付进行监督，保证不出错，工作完成后对贷款工作进行评估，并对违规人员进行追责。

在确定合适的债务融资与股权融资比例的前提下，企业需要进行相应债务融资的风险管理，尤其对其中最重要的贷款风险进行有策略的管理。

首先，合理安排长期贷款与短期贷款，并灵活安排相应融资结构，保障企业资金链的正常运作。过多使用短期贷款，会导致企业面临巨大的资金到期压力，偿付贷款的频率较高，需要更多的资金注入，以支持企业的正常运转；过多使用长期贷款意味着过高的利息支付，而用贸易融资产品替代流动资金贷款，可以促进自身的现金流的周转，保障企业的正常经营。

企业应尽可能避免资金错配，短期资产的投入主要通过短期贷款来解决；而固定资产等长期投入，则主要通过长期贷款和股权融资来解决。这也被称为稳健型融资策略。

为了快速获得资金、启动相应的投资项目，有时企业会在部分时点使用短期贷款来解决一些长期投资或固定资产的投入，主要目的是不错过经营时机，尽快筹集资金并开始投资。比如，采用过桥贷款的方式。这被称为激进型融资策略。激进型融资策略一般不宜长久使用。如果企业大量的资金是错配的情况，一旦企业的一笔资金出现问题，就会引发整体资金链的震荡，从而影响企业的整体经营。因此，在贷款安排上，应做好相应的风险管理，尤其注意激进型融资策略不能使用过长的时间，避免总体贷款出现问题，导致企业经营出现困难。

其次，综合考虑各种贷款成本，进行风险管理。如果贷款成本高于经营的利润，或者由于贷款导致现金流的流出多于现金流的流入，而企业又难以进一步获取贷款，就应采取相应控制措施，缩小贷款的规模。

6.6.3　贷款风险评估

由于贷款在企业的资金链中占据的比例往往较大，一旦贷款出现问题，就会给企业的资金链安全带来巨大的影响。在做好贷款风险管理的同时，对贷款风险进行评估是必不可少的工作。一般来说，对贷款风险进行评估主要是为了估算风险事件发生的可能性，以及其可能造成的损失。

1）对贷款出现风险的估算

企业可以通过资金利润率的期望值、标准差，计算出资金利润率的偏离程度，从而判断相应风险的大小。标准差能反映相应数据集的离散程度，也就是计算自有资金利润率偏离预先期望值的程度。

标准差越大，表明资金利润率偏离期望值的程度越高，说明相应的风险越大；标准差越小，表明资金利润率偏离期望值的程度越低，说明相应的风险越小。

根据企业预期的利润、利润率及相应的概率等，计算企业自有资金利润率（也就是期望的息税前利润率）的期望值。

$$期望资金利润率 = \sum（各项期望的息税前利润率 \times 发生概率）$$

$$实际资金利润率 = \sum（各项实际息税前利润率 \times 发生概率）$$

$$方差 = \sum[（实际资金利润率 - 期望资金利润率）^2 \times 发生概率]$$

将方差开方就是相应的标准差，标准差可以表明风险的高低。但实际上，相应风险的发生概率并不明确，所以只能估算，从而判断可能的风险情况。

2）通过跟踪重要财务指标判断贷款风险

比较有效的判断风险的方法是跟踪企业的重要财务指标，如流动比率、速动比率、资产负债率、利息保障倍数等。企业应将这些财务指标与自身以往的情况进行对比，同时与行业平均情况进行对比。如果财务指标出现较大的偏差，就说明企业的流动性、偿债能力存在问题，后续企业的贷款还本付息都可能面临问题。企业可以跟踪的主要财务指标及参考值如表 6.5 所示。

表 6.5 企业可以跟踪的主要财务指标及参考值

财务指标	参考值
流动比率	大于 200%
速动比率	大于 100%
利息保障倍数	大于 1

3）采用杜邦分析法判断财务杠杆情况

企业可以通过对相应财务杠杆及长期融资的测算，判断对权益收益率或每股收益的影响，从而评估相应贷款的风险。

息税前每股收益 =［（息税前利润 - 利息支出）（1 - 所得税税率）- 股息 ］÷流通股股数

同时，企业应计算自身以往相应情况及企业所在行业的平均情况，再对比结果，以评估总体的风险和偿债能力。

4）通过预测利率和汇率的变化判断贷款风险

期限较长或者使用外币的贷款存在利率、汇率波动导致企业的贷款实际成本上升，支出增多，影响企业的对外偿付能力的情况。因此，企业应适度地对利率、汇率的波动进行监控。

事实上，这里所介绍的各种方法只是对企业的各种指标和相应情况进行跟踪，以判断贷款风险，主要起到预警的作用。

6.6.4 贷款风险的化解与规避

从根本上说，企业应审慎经营，提高资金的使用效率，提升自身的盈利能力。只要还本付息的能力足够，企业就能更好地进行贷款的安排。

总体来看，企业在进行整体融资和贷款安排时，应采用最优资本结构，使相应融资成本降到最低，实现企业价值最大化。同时，在具体工作安排中，企业应及时进行贷款风险的监控和调整，控制贷款的规模、成本和期限。这些是控制贷款风险的基础工作，也是前提工作。

面对贷款风险，企业应积极采取行动。

第一，做好贷款监控，并做好资金储备，以应对可能出现的风险，必要时进行贷款展期。如前所述，企业应对资金和贷款进行监控，注意现金流情况。在可能的情况下，应当为贷款的偿还进行相应的资金储备，以保证企业在出现现金流问题时，能支持对贷款本息的偿付，不至于由于资金链的暂时问题而导致贷款无法按期还本付息，最终出现违约的问题。

第二，在贷款的风险规避上，企业可以充分使用一些进行风险管理的衍生品工具，进行套期保值。通过套期保值的操作，来管理汇率、利率等变动引发的风险。对于期限较长的贷款，尤其是外币贷款，要充分使用风险管理工具，进行对冲风险的安排。套期保值是指通过买入或卖出操作，转移相应风险。但在行动时，企业也可能面临新的风险。虽然大部分初创企业规模不大，但有些初创企业主要从事的是出口业务，只要涉及外币收款，就可能存在由于汇率、利率等变动造成企业遭受损失的情况。一旦出现重大损失，就很可能导致企业在贷款项下的还本付息出现问题。因此，初创企业应对相关的风险管理有所了解。

远期外汇合约（Forward Exchange Contracts）是十分常见的远期合约。企业承诺在未来一个特定的时间，以一个特定的汇率，购买特定金额的外汇。通过这样的安排，企业就锁定了相应金额的外汇汇率，根据贷款的还款情况进行远期外汇合约的安排，从而可以有效地规避未来外汇风险。但这种操作的前提是企业应判断汇率的变化并进行相应操作，如果判断失误，汇率出现与企业的判断相反的变化，那么企业的损失就会增大。

远期利率协议（Forward Rate Agreements）是指企业将一笔资金清算日之后一段时间的利率进行锁定。这是基于企业对未来利率走势的判断进行的操作，目的是规避利率变动引发的风险，以防给企业造成损失。

货币期权（Currency Options）是指自支付期权费开始，企业持有该期权，就可以在特定的时间以特定的汇率买入或卖出一定量的特定货币，从而使企业规避汇率风险。

利率互换（Interest Rate Swap）是指企业将自身贷款的利率，与交易对手的另一笔同等金额和期限的资金的利率进行互换。这里所说的互换既可以是浮动利率与浮动利率之间的互换，也可以是固定利率与浮动利率之间的互换。一般企业通过利率互换来将浮动利率互换成固定利率。需要注意的是，双方在互换过程中并无本金的互换，只是把利率进行了互换。

当企业与交易银行进行利率互换时，应先考虑自身的融资利率与交易银行的融资利率。下面用一个具体的例子来说明。

A 公司与交易银行 B 的融资情况如表 6.6 所示。

表 6.6　A 公司与交易银行 B 的融资情况

	信用等级	固定利率	浮动利率	相对优势
A 公司	低	15%	3 个月 LIBOR + 300BP	浮动利率
交易银行 B	高	8%	3 个月 LIBOR + 10BP	固定利率
利率差		7%（700BP）	290BP	

交易银行 B 由于信用等级较高，其资金筹措成本无论是在固定利率方面还是在浮动利率方面，都有较大的优势。但考察相应的利率差，可以看出交易银行 B 在固定利率方面的利率差大于浮动利率方面。相对而言，交易银行 B 在固定利率方面有优势。而 A 公司在浮动利率方面劣势更小，可以被认为具有"相对优势"。

A 公司为了使用固定利率进行融资，在交易银行 B 以 8% 的固定利率进行融资后，A 公司进行 3 个月 LIBOR + 300BP 的浮动利率融资，同时与交易银行 B 进行固定利率为 8% 以上（如 10%）的固定利率融资。这样 A 公司获得了比自身进行融资成本更低的固定利率。利率互换的过程就完成了——通过比较各自的相对优势利率，来进行交易，从而获得合适的利率。

货币互换（Currency Swap）是指在两笔金额和期限相同但不同货币的两种资金之间进行互换，同时也互换利率。实质上，利率互换是相同货币之间的两笔资金进行互换，而货币互换是不同货币之间的两笔资金进行互换。企业可以通过货币互换来防范汇率风险。

第三，积极争取外部的支持。企业可以通过股权融资和其他贷款，获得发展所需要的资金。贷款风险之所以出现，是因为企业的资金状况不佳，难以对企业的贷款进行偿付。如果企业自身的现金流情况不佳，难以筹集相应的资金，应当积极争取外部的支持，如通过进行股权融资筹集资金，以渡过难关。企业也可以通过其他贷款获取资金，从而缓解资金压力。

第四，资产重组。其是指对企业现有的有价值的资产进行重组，通过收购、分拆等方式，整合有价值的资产，出售或丢弃有问题的资产，以降低企业成本，提升企业价值，最终实现企业的现金流流入增加，重新具备偿债能力。

第五，债务重组。我国《企业会计准则第 12 号——债务重组》（财会〔2019〕9 号）第二条规定："债务重组，是指在不改变交易对手方的情况下，经债权人和债务人协定或法院裁定，就清偿债务的时间、金额或方式等重新达成协议的交易。"

该文件第三条规定:"债务重组一般包括下列方式,或下列一种以上方式的组合:

"(一)债务人以资产清偿债务;

"(二)债务人将债务转为权益工具;

"(三)除本条第一项和第二项以外,采用调整债务本金、改变债务利息、变更还款期限等方式修改债权和债务的其他条款,形成重组债权和重组债务。"

实质上,就是债权人经和债务人协定或法院裁定,同意债务人修改债务条件。债务重组方式包括对贷款进行打折(对应上述第三项中"调整债务本金""改变债务利息")、债转股(对应上述第二项中"将债务转为权益工具")、以资产抵债(对应上述第一项中"以资产清偿债务")等。通过债务重组,企业可以获得喘息的时间,减轻一定时期的资金压力,并且有时间改进经营或者争取到外部的支持,最终成功化解风险。

6.6.5 贷款风险化解案例

1. 原贷款结构

CC 公司是新成立的从事专业的智能通信系统和安全城市系统研发的企业。由于经营需要,CC 公司向融资银行申请了 5 000 万元的特定资产的融资支持贷款,用于投资建设专业的通信网络,为一些专业的企业客户提供服务。贷款期限为 5 年,贷款主要用于购买相应设备。

与 CC 公司相关联公司的股权关系如图 6.3 所示。

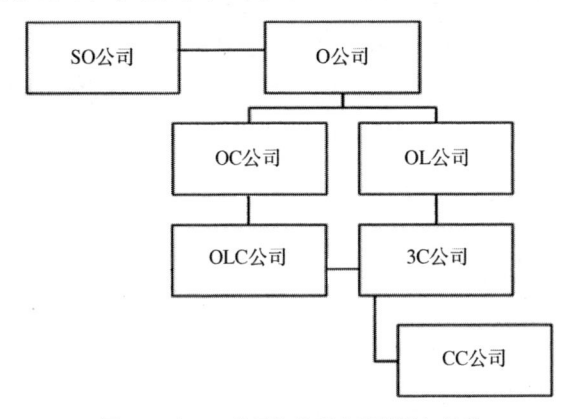

图 6.3 与 CC 公司相关联公司的股权关系

由于 CC 公司成立不久,融资银行设置了众多担保条件,具体如下。

（1）母公司担保：由借款人CC公司的股东O公司为该笔贷款提供2 500万元的第三方不可撤销的无条件担保。

（2）其他信用结构：第一，O公司持有的100%的OC公司和OL公司股权质押；第二，OC公司持有的100%的OLC公司股权质押；第三，OLC公司持有的60%的3C公司股权质押；第四，OL公司持有的15%的3C公司股权质押；第五，3C公司持有的100%的CC公司股权质押；第六，CC公司的固定资产抵押；第七，CC公司拥有的牌照质押。这些信用结构将按照贷款比例享受同等受偿权益，与CC公司原有的其他贷款的融资银行进行分享。

（3）其他担保措施：第一，O公司出具股东支持协议，并承诺在CC公司本息偿付出现困难时提供流动性支持；第二，与其关联的SO公司给融资银行出具有法律效力的支持函，承诺尽最大努力帮助O公司履行担保责任和提供流动性支持。

2. 贷款放款后的风险信号

CC公司在项目实施过程中出现了问题，由于设备采购出现延迟，安装工程建设出现技术问题，最终导致该贷款的提款期延长。其在建设的系统平台不得不延迟上线，同时在运作过程中有时也会出现故障。因此，CC公司向融资银行申请了贷款提款期展期。融资银行在了解相应情况后，通过了贷款提款期展期的申请。

一年后，由于CC公司成本较高，企业客户的增长数量不如预期，相应财务指标有所变动。经CC公司向融资银行申请及协商，融资银行同意对部分财务指标的约束条件进行了豁免。

又过了一段时间，CC公司资金周转困难，预计在年底最近的一期还本付息日，无法按时足额支付融资银行的贷款本息。同时，O公司由于经营出现问题，也无力为CC公司提供流动性支持。O公司在考虑总体情况后，预备将CC公司相关股权转让给有意愿为CC公司增资的新投资人。若进行股权融资，引入新投资人，原有的贷款必然需要先进行妥善安排。因此，在与一些潜在的投资人协商之后，O公司及CC公司现有管理层决定与融资银行协商进行债务重组。

3. 第一次债务重组

融资银行与借款人CC公司、股东O公司及相关潜在的投资人进行了密集的重组谈判，融资银行不同意CC公司因违约而进入破产重整或保护程序，CC公司、O公司与相关债权人及拟投资的新股东B公司、N公司进行了多轮债务重组谈判。最终，各方就重组条件初步达成一致意见。

贷款期限进行延展；CC公司股东变更，B公司与N公司成为新股东；CC公司对部分贷款金额进行提前还款；股东O公司按其新股权比例继续为CC公司提供流动性支持；部分债务进行剥离，即 CC 公司在融资银行项下 50% 的债务剥离至一家特殊目的的公司（SPV）C1，并且 C1 公司持有 CC 公司 15% 的股权，这部分股权向融资银行进行质押。同时，将原有的部分股权通过成立 C2 公司和 C3 公司，让它们分别持有，并抵押给其他融资银行。按照债务重组条件，O 公司及 CC 公司债务重组方案下的股权关系如图 6.4 所示。

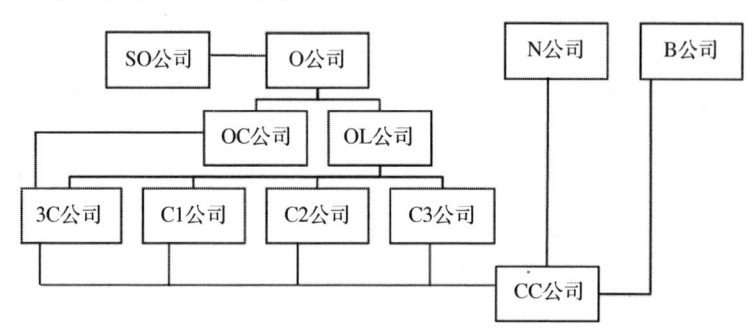

图 6.4　O 公司及 CC 公司债务重组方案下的股权关系

在新的股权结构项下，B 公司与 N 公司均拥有 CC 公司部分股权，同时 C1 公司、C2 公司、C3 公司也拥有 CC 公司部分股权，以及对应不同融资银行的债权。实质上，此次债务重组是将部分债务剥离，并将股权抵押给融资银行的做法，进行了债转股的安排。

同时，CC 公司按照债务重组方案，对贷款的约 30% 本金进行了提前还款，并且对后续的还款，CC 公司提供了重新还款的时间表。还款时间根据债务重组方案延长 3 年，总体债务还款时间为 8 年。

此次债务重组让 CC 公司得以持续经营，为后续还款提供了可能性，CC 公司努力节约开支，并且发展新的客户。

4. 债务重组后的豁免

在债务重组的第二年末，CC 公司经历了较为困难的发展期，虽然重组后 CC 公司的债务情况得以好转，但 CC 公司受各融资银行的限制，且融资成本过高。CC 公司的营业收入持续增加，盈利能力有所改善，但仍然未摆脱现金流紧张的状态。针对这种情况，CC 公司考虑进一步寻求股权融资，以增加外部资金支持，摆脱困境。

于是，CC 公司与潜在的投资人接触洽谈。此时，CC 公司由于暂时还未能落实本年度的还款，审计师无法针对公司可持续经营出具正面审计意见。CC 公司希望潜在的投资人进入后再进行完成审计的财务报表（审计财报）的出具，预计新投资人的投资方案将在 5 个月内落实。

根据重组时的贷款协议约定，CC 公司需要在财年结束后规定的天数内，提供审计财报；在提供审计财报的同时签署确认函，声明其根据财务数据测算已满足贷款协议项下财务约束指标。如果借款人 CC 公司未满足此条件，在 30 天内完成补救，则不触发违约事件；而如果 CC 公司无法提供审计财报或没能获得融资银行的相关豁免，其将触发违约事件。因此，CC 公司向融资银行申请进行豁免。

5. 融资银行的考虑与分析

融资银行主要从 CC 公司的偿债能力、偿债意愿两个方面进行考虑，主要考虑不进行豁免的后果，以及同意豁免后，是否有利于对贷款安全的保障。

第一，在前期的债务重组后，CC 公司维持正常运营。债务重组阶段进行的股权融资也全部到位。此外，在股东承诺的流动性支持方面，股东依照承诺，向 CC 公司提供了支持其还本付息的相应金额。在企业的用户方面，CC 公司的用户持续增加。

第二，CC 公司及 O 公司支持下的总体财务情况有所好转。在资产负债方面，近三年 CC 公司总资产持续增加；而在负债方面，按照债务重组方案，CC 公司剥离了部分债务，负债率大为降低。净资产也转正，资不抵债的情况不再延续。

在盈利能力方面，CC 公司近三年营业收入持续增加，EBITDA 也大幅度增加，主要在其他收入中增加了重组收益。在债务重组后，三个 SPV C1、C2、C3 承接了 CC 公司大量的债务，同时获得重组后 CC 公司的部分股权，该债务减去对应股权的公允价值及其他重组费用后，就构成了 CC 公司的重组收益，该收益算在其他收入中。这直接造成 CC 公司当年的总收入、EBITDA 和净利润都大幅增长。CC 公司的净利润也转正。

在现金流方面，CC 公司近三年经营性现金流均为正，但总净现金流依然为负。整体而言，CC 公司的资产规模在不断扩大，完成重组后净资产转为正，资产负债率得以降低。营业收入稳定增加，但盈利能力仍有待提高。

第三，豁免事项的实质风险及后果。CC 公司的现金流无法支持新一年到期的还款，导致审计师无法出具企业可持续经营的意见。新的投资人可向 CC 公司注资，对 CC 公司的未来持续经营将有重要作用，因原贷款项下的未偿还本金尚未到期，融资银行判断 CC 公司的持续经营对偿还未到期贷款至关重要。根据未审计的财务数据，CC 公司相关指标符合贷款协议中约定的财务约束指标。

基于上述考虑，以及 CC 公司申请的豁免事项不涉及贷款条件的变更或贷款协议的变化，所申请的豁免期符合 CC 公司相关融资计划的时限，豁免期限也较短，同时 CC 公司所申请的豁免事项本身风险可控，该豁免可为 CC 公司引进新的投资人，落实创造空间，对维持经营至关重要，因此融资银行决定同意 CC 公司申请的豁免。但造成该事项的原因为 CC 公司实质的经营问题，融资银行认为需要进行持续关注，CC 公司计划引进新的投资人，将有极大可能产生其他实质的变更需求。融资银行将对 CC 公司的经营情况和新投资人引进方案进行持续跟踪，严格把控可能产生的风险。

6.7 贷款协议的结构

银行与企业的贷款协议，是指银行接受企业的贷款申请，向企业提供贷款，而企业按照规定的用途、利率等，提取贷款并还本付息的协议。

一般来说，贷款协议的结构如表 6.7 所示。

表 6.7 贷款协议的结构

贷款协议的结构	主要内容
签约方情况	签约方名称、地址等基本情况
定义与解释	对贷款协议中一些重要概念的定义与解释
贷款目的	贷款的目的、资金的用途等
贷款使用	贷款使用的申请格式、金额、比重、贷款发放的要求、额度及取消等
还款安排	包括利率、还款方式、还款日期、提前还款要求、强制还款要求等
贷款取消	违反贷款协议规定的情形及银行取消贷款的权利等
利差补足及其他补偿	对补足利息差额的约定，以及汇兑等出现问题时企业对银行的补偿。贷款外部条件的变更（如政策修改）导致贷款成本增加，企业需要给予银行相应的补偿
声明与保证	企业对自身情况及有关条件通过声明、陈述与保证等方式予以确认，包括法律保证，如借款人的法律地位、借款权利、充分授权、各种批准文件、贷款协议对借款人具有法律约束力、债务平等；以及企业相关保证，借款人没有卷入法律诉讼；财务信息完整、准确，无违约事件；财产无其他担保权益，企业对抵押品具有完好的权利；企业财务状况无"实质性"不利变化的保证；贷款使用符合环保法律
约束事项	一般是对企业的财务约束事项等，其作用是在融资银行与企业之间架起一座桥梁，以便融资银行对企业的经营管理及决策施加影响，使得企业在日常管理及经营决策过程中，不但能听到股东的声音，而且能听到债权人的声音，考虑融资银行的利息诉求
承诺与担保	贷款的担保等相关条件
违约事项	对违约条件的定义，同时对违约的后果进行规定
贷款转让的相关规定	允许贷款如其他一般资产一样转让，通常只在原框架内进行，不转让原贷款人的义务，也不能增加借款人的义务和资金成本，通过具体谈判解决。如果原融资银行的权利和义务同时转移，必须得到企业的同意
适用法律与管辖	对争议的解决方式进行安排，并确定适用的法律和管辖地相关情况

如果是有多家银行参与的银团贷款，还会有代理行的指定、更换及代理行的职责、银团各个成员之间的关系等相应规定。组建银团或以俱乐部的形式进行贷款，主要是为了分散信贷风险，为中小银行建立与大客户之间的信贷业务创造条件，促进融资银行之间的沟通、交流，从而改善银行的收入结构，增加费用类收入。银团中的安排行的主要工作是准备信息备忘录；发出邀请，组建银团；负责谈判与签约等。另外还有代理行，其基本职责包括支付代理；处理相关技术问题（确定利率、计算金额等）；审核提款前提；监控借款人的经营、财务状况；信息沟通，及时通知、处理违约事件。对金额巨大、结构复杂的融资，代理行也可能分解为不同的角色，如担保代理行、账户代理行等。

贷款协议会对贷款的重要情况进行规定。相关内容已在本章前面各节进行了讲解，在此不再赘述。

对于贷款协议，企业需要重点关注涉及自身的条款，如还款安排、担保及财务约束条件等，尤其是相应条件在贷款协议中的体现。另外，对涉及企业获得资金并使用资金的条款也应重点关注，如贷款定义部分、提款前提、贷款承诺、约定事项、账户监管安排等。

6.8　本章小结

融资银行主要贷款产品对比如表 6.8 所示。

表 6.8　融资银行主要贷款产品对比

主要贷款产品		最长融资期限	还款来源	融资比例	贷款用途	优点	缺点
流动资金贷款		3 年	企业未来资金	无	用于日常经营开支，不得用于固定资产、股权等投资	方便申请和使用	增加负债
贸易融资产品	保理	3 年	企业应收账款	一般不超过 90%	无	加速贸易周转获得资金，优化财务报表	需要基础贸易符合相应条件，银行对单据审查严格
	发票融资	9 个月	企业应收账款	一般不超过 80%	无	相对于保理，在条件和单据方面较简单	需要基础贸易符合相应条件，银行对单据审查严格

续表

主要贷款产品		最长融资期限	还款来源	融资比例	贷款用途	优点	缺点
贸易融资产品	打包贷款	1年	预期销售货款	一般不超过70%(出口项下为80%)	与订单相关经营支出	相对于保理,在条件和单据方面较简单	需要基础贸易符合相应条件,银行对单据审查严格
	订单融资	1年	预期销售货款	一般不超过70%	与订单相关经营支出	相对于保理,在条件和单据方面较简单	需要基础贸易符合相应条件,银行对单据审查严格
	预付款融资	1年	企业未来资金	无	采购货款	相对于保理,在条件和单据方面较简单	需要基础贸易符合相应条件,银行对单据审查严格
票据融资	银行承兑汇票	纸质6个月;电子1年	出票人	无	无	快速便捷,信用条件好	围绕票据进行操作,受贸易实际情况约束
	商业承兑汇票贴现	纸质6个月;电子1年	出票人	无	无	快速便捷,出具成本低	围绕票据进行操作,受贸易实际情况约束,较少企业能被银行接受
固定资产支持及特定担保项下融资	经营性物业支持贷款	15年	经营性物业现金流	根据实际测算	企业日常生产经营周转及相关固定资产投资	担保措施灵活	较少企业能被银行接受
	待定资产收费权支持贷款	15年	收费权收入的现金流	收费权估算价值的70%	企业日常生产经营周转及相关固定资产投资	担保措施灵活	较少企业能被银行接受
权益担保支持贷款	单位定期存单质押贷款	存单期限内	企业自有资金	存单价值以内	企业合法用途	方便申请	成本较高
	国债质押贷款	国债期限内	企业自有资金	国债金额的90%	企业合法用途	方便申请	成本较高
短期出口信用保险项下贸易融资		720天	与保理相同	与中国出口信用保险公司承保金额相同	与保理相同	方便申请,成本低	不仅要满足银行的要求,还要满足中国出口信用保险公司的要求

对初创企业来说,重点是了解主要贷款产品各自的用途与优缺点,从而在安排债务融资时根据实际情况进行选择。

确定贷款期限的要点如下。

第一，与企业总体的资金计划和利率承受能力相匹配。

第二，将资金投资收益、融资成本及对企业经营利润的影响进行统筹考虑。

第三，匹配资金用途。

企业可以对经济形式进行预判，从而对固定利率或浮动利率进行选择，以避免后续贷款成本超过预期。企业也可以通过再融资的方式替换利率高的贷款，转而使用利率低的贷款。

在企业申请贷款时，融资银行首先要对企业的信用进行评估。在企业信用评估方面，核心的工作就是对企业的偿债意愿和偿债能力进行评估。

融资银行对企业偿债意愿的评估，主要通过了解其以往贷款偿还记录、声誉和日常沟通交流情况进行。这些评估除以往贷款偿还记录之外，其他的都是印象式的、定性的评估。

融资银行对企业偿债能力的评估，主要分为短期偿债能力评估、长期偿债能力评估和盈利能力评估三种，同时融资银行也会对企业的流动性、资产管理水平等进行相应的评估。

其中，短期偿债能力评估的指标主要包括营运资本、应收账款周转率、存货周转率、流动比率、速动比率、现金比率等。企业可以采取的应对措施包括增加自身的现金流来源，保持一定量的现金储备；还可以从优化短期偿债能力的财务指标入手，优化财务报表。

企业的长期偿债能力主要受长期资产影响。长期偿债能力评估的指标主要包括资产负债率、债务与权益的比率、利息保障倍数和固定费用偿付情况、长期债务比率、权益负债率、经营性现金流与总负债的比率、经营性现金流与资本支出的比率等。企业需要注重长期资产的充实程度，合理安排长期负债的金额，避免出现过高的负债，确保资产对长期负债的保障。处于重资产行业的企业，应注重长期资产能够便利地变现，同时保持现金流健康，不断有现金流流入，这样才能保证企业具备一定的长期偿债能力。

盈利能力评估的指标主要包括净利润率、资产报酬率、净资产收益率、权益乘数、全部资产周转率等。融资银行对企业盈利能力的评估可以通过杜邦分析法进行。对企业而言，增加收入、控制成本和提高相应利润率，是提高自身盈利能力，获得融资银行充分认可的根本途径。

此外，在贷款协议中融资银行也会设置一定的指标，以对企业的财务情况进行控制。这些指标一般包括债务与权益的比率、流动比率、速动比率、利息保障倍数、股利支付率、现金流量与一年内到期的长期负债的比率、固定费用偿付情况、财务杠杆比率——产权比率、财务杠杆比率——资产负债率、财务杠杆比率——长期负债与长期资本的比率、现金流量与负债的比率。

企业贷款管理相关工作如表 6.9 所示。

表6.9 企业贷款管理相关工作

银行侧工作	企业侧应对
审查提款条件	按照提款条件提交相关文件,进行相应申请操作
银行出具放款通知书,正式放款并开始计息	做好贷款管理,还本付息
建立台账,对相应资金的提取和使用进行追踪	严格按照贷款合同的规定使用资金,保留好相应收据凭证,以备银行查验
密切关注企业的股东、高管人员的变动情况	在出现相关情况时及时与银行沟通,说明原因及可能对企业经营造成的潜在影响
对企业的运作经营、生产销售的变动情况,尤其是盈利能力、资产负债情况、流动性等主要财务指标进行跟踪,并判断企业的生产经营情况	关注自身财务情况,并重点对银行在贷款合同中对财务指标的规定进行跟踪管理,确保不会出现问题;如果预测可能出现问题,应及时解决,并尽可能储备相应偿还贷款的资金
一旦出现问题,银行会加强监控,并分析原因,如果认为继续合作的风险较高,会按照贷款协议中的条款采取有效措施,一般会采取要求企业停止提款、提高还款等措施,以化解相应风险	企业应积极与银行沟通,如果出现的风险或问题符合银行将贷款展期的条件,可以积极增加信用支持或担保方式,寻求将贷款展期
	进行套期保值,以对冲风险
	积极争取外部的支持,可以通过股权融资和其他贷款,获得发展所需要的资金
	进行资产重组
	向银行申请债务重组

企业面临的贷款风险主要包括以下几点。

第一,经营风险。

第二,资金投向的项目超出预算。

第三,国家政策变动风险。

第四,贷款还款来源需要依靠后续的融资,可能由于后续的融资出现问题而无法偿还贷款。

第五,操作风险。

第六,贷款的规模、利率和期限等不适合企业的实际情况。

第七,利率风险。

第八,汇率风险。

第九,内部管理不善带来的内控风险。

风险管理的策略如下。

首先,合理安排长期贷款与短期贷款,并灵活安排相应融资结构,保障企业资金链的正常运作。

其次，综合考虑各种贷款成本，进行风险管理。

面对贷款风险，企业应积极采取行动。

第一，做好贷款监控，并做好资金储备，以应对可能出现的风险，必要时进行贷款展期。

第二，在贷款风险的规避上，企业可以充分使用一些进行风险管理的衍生品工具，进行套期保值。

第三，积极争取外部的支持。

第四，资产重组。

第五，债务重组。

对于贷款协议，企业需要重点关注涉及自身的条款，如还款安排、担保及财务约束条件等，尤其是相应条件在贷款协议中的体现。另外，对涉及企业获得资金并使用资金的条款也应重点关注，如贷款定义部分、提款前提、贷款承诺、约定事项、账户监管安排等。

第7章
其他可使用的债务融资方式

银行是债务融资最常见的提供者,但企业并不能完全依赖融资银行的贷款来获得可用的资金。企业在经营过程中,还可以通过一些灵活的方式放宽资金的使用条件,从而实际获得融资。这些灵活的方式,相对融资银行的融资产品来说,条件更为宽松,获取也更为容易,可以作为银行贷款的补充,适当减轻企业资金链的压力。初创企业在融资时应当善于采用这些灵活的融资方式,以稳固自身的资金链。

7.1 延期付款

企业在采购原材料或获得服务的过程中,不可避免地要进行对外支付。此时,企业需要资金,以支付相应款项。但如果支付条件变更为延期付款,企业在一定账期后才进行付款,实质上就如同获取了融资。企业可以直接依靠自身信用,延期或分期付款;也可以开具银行承兑票据或商业承兑票据,延长付款期限。

延期付款和银行贷款相比,优势在于:

第一,延期付款由企业的合作伙伴提供,比银行贷款的审核宽松,更容易获得;

第二,企业利用延期付款,相当于节省了银行贷款,"节省的资金"可以用在其他需要资金的地方,从而等同于扩充了原来企业在融资银行的额度。

7.1.1 直接依靠信用的延期或分期付款

企业能依靠自身信用直接获得交易对手的延期或分期付款,主要需要通过交易对手的信用评估,需要符合交易对手的信用管理政策。一般来说,交易对手的信用评估比银行宽松。其不仅会考虑企业的偿债能力，还会考虑双方的交易历史和合作前景。当企业需要更长账期的时候，交易对手也可以选择信用保险等支持措施，或者要求企业给予相应的担保，通过风险保障措施来支持给予企业需要的更长的账期。

企业虽然获得账期，但可能需要比即期付款支付更多的货款，这就是延期付款所要支付的资金使用成本。但一般来说，多支付的货款比在融资银行贷款的利息低。企业要获得延期付款的账期，其交易对手一般会对应要求企业采购更多的货物。

企业的采购通过账期延缓了支付时间，此时可以将向银行贷款获得的资金投入扩大再生产或收益更高的投资项目中，从而增强企业的盈利能力。另外，在企业采购后，后续销售获得现金流，可以衔接向上游供应商的付款，这样企业可以有充足的现金流匹配需要支付的货款，这种模式使企业的上下游资金得到匹配，让资金的周转更为有效，企业的资金周转效率也得到了提高。

7.1.2 开具票据到期后支付

单纯依靠企业自身信用的延期付款或分期付款，有时并不能让交易对手接受。此时，企业可以在银行支付相应的保证金，以开具银行承兑汇票，并将其提供给交易对手。如果企业的信用状况良好，那么也可以直接开具商业承兑汇票，并将其提供给交易对手。交易对手得到的相应汇票在融资银行可以获得贴现，在汇票到期后企业向银行进行还款。

在开具商业承兑汇票时，企业要向银行申请相应额度，并缴纳保证金，审批通过后在银行办理开票相关工作。

7.1.3 延期付款的成本计算

当企业获得交易对手提供的延期付款时，企业可以进行相应的成本计算，以明确是接受延期付款，还是自行通过在融资银行贷款获得资金，并支付给交易对手。一般企业的交易对手在提供延期付款时会表明，如果不进行延期付款会给予一定的折扣。

企业在延期付款中，延期付款应支付的金额比不延期付款多支付的金额就是相应的延期付款的成本。当延期付款用于比较时，一般用比率表示其成本，计算公式如下：

延期付款成本率 = 折扣百分比 ÷（1 - 折扣百分比）× [360 ÷
（最长付款期限 - 给予折扣的最短付款期限）]

举个例子，如果 A 公司获得的延期支付条件是 10 天付款给予 5%折扣，最长付款期限为 60 天（相应条件可以写作 "5/10, n/60"），那么延期付款成本率为：

$$5\% ÷ (1 - 5\%) × [360 ÷ (60 - 10)] ≈ 37.89\%$$

也就是说，如果 A 公司使用延期付款，则延期付款成本率约为 37.89%。

7.2 融资租赁

融资租赁是 20 世纪 60 年代世界经济发展与金融行业创新潮流的产物，当时融资租赁业从欧美主要国家诞生并逐步国际化。到 20 世纪 70 年代中期，发展中国家也开始发展融资租赁业，融资租赁业在世界范围内得到了迅猛的发展。融资租赁在国际资本市场中占有非常重要的地位，在某些经济发达国家已经成为设备投资中仅次于银行贷款的第二大融资方式。从区域和国家分布来看，发达国家融资租赁业的规模和市场占有率占据绝对优势。

1981 年，中国东方租赁有限公司成立，我国现代融资租赁业由此进入了新的阶段。此后一段时间，融资租赁在我国得到快速发展。2007 年后，国内融资租赁业更加快速发展。法律、会计准则、监管和税收等方面的制度逐步完善，使得我国融资租赁业务日臻成熟，各融资租赁公司的经营活动有了依据，经营管理逐步规范和有序。另外，融资租赁的理论与实践经验的积累及对国外先进经验的借鉴，使得我国的融资租赁业不断成熟，总体融资租赁业开始逐步走向规范。创新租赁业务不断涌现，呈现良好的发展态势。

我国目前的融资租赁公司包括原银行监督管理部门批准设立的金融租赁公司、商务部和国家税务总局联合确认的内资融资租赁公司，以及商务部参与审批设立的外商投资融资租赁公司三类主体。

金融租赁公司是以经营融资租赁业务为主的非银行金融机构，由原银行监督管理部门批准设立及监管，公司名称中应当标明"金融租赁"字样。金融租赁公司因其不同的股东构成，可分为银行系金融租赁公司、资产管理类金融租赁公司和其他金融租赁公司。其中，其他金融租赁公司股东以大型国企为主，部分为大型民营集团公司。2007 年，中国银行业监督管理委员会（简称中国银监会，2018 年 3 月，该单位被撤销）修订《金融租赁公司管理办法》，开始允许符合资质的商业银行设立或参股金融租赁公司，工银租赁、建信租赁、交银租赁、民生租赁、招银租赁成为第一批银行系租赁公司。银行系租赁公司可以与银行在资本、渠道、客户、资金、风险管理方面实现协同和联动，具有明显优势。此后，伴随中国经济持续快速增长，金融租赁业步入黄金发展期。根据2014年新修订的《金融租赁公司管理办法》第二十六，经银监会批准，金融租赁公司可以经营下列部分或全部本外币业务：（1）融资租赁业务；（2）转让和受让融资租赁资产；（3）固定收益类证券投资业务；（4）接受承租人的租赁保证金；（5）吸收非银行股东3个月（含）以上定期存款；（6）同业拆借；（7）向金融机构借款；（8）境外借款；（9）租赁物变卖及处理业务；（10）经济咨询。此外，经营状况良好、符合条件的金融租赁公司可以开办下列部分或全部本外币业务：（1）发行债券；（2）在境内保税地区设立项目公司开展融资租赁业务；（3）资产证券化；（4）为控股子公司、项目公司对外融资提供担保；（5）银监会批准的其他业务。

根据商务部有关规定，从事融资租赁业务的内资企业，由商务部批准设立及监管。商务部2013年印发《融资租赁企业监督管理办法》。该文件提出，融资租赁企业应当以融资租赁等租赁业务为主营业务，开展与融资租赁和租赁业务相关的租赁财产购买、租赁财产残值处理与维修、租赁交易咨询和担保、向第三方机构转让应收账款、接受租赁保证金及经审批部门批准的其他业务。融资租赁企业不得从事吸收存款、发放贷款、受托发放贷款等金融业务。未经相关部门批准，融资租赁企业不得从事同业拆借等业务。严禁融资租赁企业借融资租赁的名义开展非法集资活动。

商务部参与审批设立的外商投资融资租赁公司，指外国公司、企业和其他经济组织（以下简称外国投资者）在中华人民共和国境内以中外合资、中外合作以及外商独资的形式设立从事租赁业务、融资租赁业务的外商投资企业，由商务部监管。针对外商投资融资租赁公司的主要监管法规为商务部2013年印发的《融资租赁企业监督管理办法》和2005年颁布的《外商投资租赁业管理办法》。该类企业可以经营融资租赁业务、租赁财产购买、租赁财产残值处理与维修、租赁交易咨询和担保，以及经审批部门批准的其他业务。

7.2.1 什么是融资租赁与经营租赁

融资租赁主要用于为企业获得大金额的固定资产（如大型设备），提供灵活的融资方式。租赁仅涉及资产的使用权转移，而所有权并不转移。企业作为承租人向作为出租人的融资租赁公司租赁相应资产，获得资产的使用权，而且支付租金作为对价，在租赁期结束后，企业可以免费或以相对较小的代价获得资产的所有权，这种操作被称为融资租赁。而如果租赁期结束后企业不获得资产的所有权,同时资产的余值还较高,就被称为经营租赁。

我国《企业会计准则第 21 号——租赁》(财会〔2018〕35 号)第三十五条规定:"出租人应当在租赁开始日将租赁分为融资租赁和经营租赁。""融资租赁,是指实质上转移了与租赁资产所有权有关的几乎全部风险和报酬的租赁。其所有权最终可能转移,也可能不转移。经营租赁,是指除融资租赁以外的其他租赁。"

该文件第三十六条规定:"一项租赁属于融资租赁还是经营租赁取决于交易的实质,而不是合同的形式。如果一项租赁实质上转移了与租赁资产所有权有关的几乎全部风险和报酬,出租人应当将该项租赁分类为融资租赁。

"一项租赁存在下列一种或多种情形的,通常分类为融资租赁:

"(一)在租赁期届满时,租赁资产的所有权转移给承租人。

"(二)承租人有购买租赁资产的选择权,所订立的购买价款与预计行使选择权时租赁资产的公允价值相比足够低,因而在租赁开始日就可以合理确定承租人将行使该选择权。

"(三)资产的所有权虽然不转移,但租赁期占租赁资产使用寿命的大部分。

"(四)在租赁开始日,租赁收款额的现值几乎相当于租赁资产的公允价值。

"(五)租赁资产性质特殊,如果不作较大改造,只有承租人才能使用。

"一项租赁存在下列一项或多项迹象的,也可能分类为融资租赁:

"(一)若承租人撤销租赁,撤销租赁对出租人造成的损失由承租人承担。

"(二)资产余值的公允价值波动所产生的利得或损失归属于承租人。

"(三)承租人有能力以远低于市场水平的租金继续租赁至下一期间。"

在经营租赁中,企业主要获取资产的使用权,出租人并不提供相应融资服务。这种租赁方式对企业节省成本、轻资产运营很有意义。有高应税额的企业采用或有租金或符合会计准则的经营租赁业务,按税务部门的规定,租金可以税前列支。每期租金高于正常折旧,可以获取税前加大扣除的收益。税前盈利较少的企业,可对实际使用年限长的设备,每期租金低于正常折旧,降低税前费用,适当增加税后利润。避免设备技术更新给企业带来的风险也是企业采用经营租赁的重要原因,一方面,在经营租赁中可以避免余值风险,特别适合服务运营企业保持企业资产的有效性;另一方面,采用经营租赁或先租后买,有利于企业选择合适的新设备或及时更新设备,如 IT 设备,这种方式特别适合将设备先进性作为核心竞争力的企业。

融资租赁往往是长期租赁,作为承租人的企业承担资产的风险,无论如何都应对租金进行支付,而出租人只承担无法按期收回租金的信用风险。租赁物由承租人自行选定，出租人只负责按承租人的要求给予融资便利，购买作为租赁物的设备，对设备维修、延迟交货等不负责；承租人不得以此为由拖欠和拒付租金。出租人和承租人都无权撤销合同。融资租赁具有所有权与使用权分离、融资与融物相结合、以租金形式分期归还本息等特征。

7.2.2　企业选择融资租赁的原因及其对报表的影响

融资租赁使企业获得了资产的使用权，而不需要为获得资产所有权一次性支付高额的货款，能帮助企业改善融资结构、节约成本及占有并使用相应资产。

融资租赁是由出租人提供资金，为承租企业提供所需设备，不同于一般融资借钱还钱或者借物还物的信用形式，而是通过借物达到借钱的目的。其本质上是借物还钱，融资与融物相结合。租赁公司具有金融机构（融通资金）和贸易机构（提供设备）的双重职能。融资租赁具有很强的约束力。

融资租赁与传统企业信贷的对比如表 7.1 所示。

表 7.1　融资租赁与传统企业信贷的对比

不同方面	融资租赁	传统企业信贷	按揭抵押贷款
标的物选择	企业	可以无标的物	企业
购买方	融资租赁公司	企业	企业
债权人	融资租赁公司	融资银行	融资银行
物权所有人	融资租赁公司	企业	企业
保险受益人	融资租赁公司	企业	融资银行
担保方式	回购	企业信用或其他抵押担保	标的物抵押
保全方式	不参与承租企业的破产清算	参与企业的破产清算	参与企业的破产清算
标的物处置权	融资租赁公司	按照担保方式进行	按照担保方式进行
留置权	租金付清后，承租企业有优先购买权	无	贷款还本付息后解除抵押
融资成本	租赁所占用资金及租赁利息，以及相关费用；要求一定比例（一般为 10%~30%）的保证金；服务费和名义租赁物的费用	利息与融资费用	利息与融资费用
税收收益	企业可以通过融资租赁方式，在三年以内将原有设备加速折旧，在较短期限内相应增加企业的经营成本，造成利润额下降，从而减少当年上缴的所得税金额	除利息部分可以列入财务费用外，其贷款本金一律不能列入成本，只能在缴纳所得税以后，用企业留用利润或其他自有资金来归还	除利息部分可以列入财务费用外，其贷款本金一律不能列入成本，只能在缴纳所得税以后，用企业留用利润或其他自有资金来归还

续表

不同方面	融资租赁	传统企业信贷	按揭抵押贷款
还款安排	可提供灵活的分期付款方案，根据企业现金流情况可按月、季度、半年偿还租金，资金偿付压力相对较小	流动资金贷款一般为到期一次性还本	中长期贷款多按半年或年分期偿付，一般每次资金偿付金额较大
融资期限	一般可以达到3~5年	1年以下（短期贷款）	长期限
融资用途	采购特定标的物	无	有使用范围

融资租赁的优势体现在以下五个方面。

第一，可以让企业快速获取相应资产的使用权，融资与资产的使用直接挂钩，避免了融资和购买资产两套流程。当市场上出现更适合企业的设备时，企业可以通过融资租赁的方式快速获取需要的设备，以及时加强自身实力。承租企业不能以退还租赁物为条件终止合同；因租赁物为已购进商品，出租人不能以市场涨价为由在租期内提高租金。总之，一般情况下，租期内租赁双方无权终止或改变合同。这使得企业能够集中精力运作资产，做好经营工作。

第二，通过租赁减税降低成本。企业在税务方面如果处于较低税率级别，其自身购买资产从折旧和利息费用方面获得的抵税较少。而出租人如果处于较高的税率级别，可以获得更多的抵税，从而可以收取较低的租金。企业与出租人共同享有相应抵税的效果，使得总体租赁的成本较低。此外，融资租赁的费率不受央行等货币政策当局控制。如预计租期内市场利率将走低，就采用浮动费率；反之，则可以采用固定费率。当设备售价处于上升趋势时，企业及时采用融资租赁负债购置，并选择固定费率，可以有效地规避通货膨胀、物价上涨的风险。

企业的盈利每年受市场波动的影响，不同业务经营范围内的折旧资产拥有量和税前利润也是不断变化的。匹配应税资产和扣税项目，均衡企业税负也是企业资金管理的重要需求。制造、加工和生产型企业采用融资租赁，按税务部门的规定，企业可以缩短折旧期限，实现加速折旧提取，获取延迟纳税的收益。

第三，改善盈利水平。租赁下的租金支付是灵活的，可以根据企业预计的税前利润进行安排——保持租金支付与企业经营收益相匹配，最大限度地获取税收扣除的收益，保持企业收益的均衡增长。

第四，便利融资，提高资金使用效益。租赁业务的评估原则与信贷有一定的区别。租赁资产可以在一定程度上锁定信用风险，更有利于融资租赁公司评估风险，其尺度可能有别于融资银行，有利于企业进行融资。实力强的专业的融资租赁公司对初创企业或便于变现、余值风险小的租赁资产，往往也可以不要担保。专业的融资租赁公司，因为控制风险的手段很多，可以设计更为灵活、方便的租赁方案。融资租赁与银行贷款相比，手续相对简便，对企业的不同租赁需求反应速度快，高效率，可能会降低总的融资费用。企业的流动资金需求可以通过银行信贷资金获得，而设备的资金使用需求可以通过融资租赁得到满足。不同的资金来源用于不同的投向，有利于提高企业资金使用的综合效益。

第五，有利于企业优化现金流管理。保持良好的经营现金流，在资金的筹集和使用方面实现时间的匹配，是企业生存和可持续发展的关键。最大限度地提高企业投资现金流的使用效率，全力抓好经营现金流与融资现金流的匹配，是优化企业现金流管理的有效措施。但企业在新建项目、技术改造和进行相应投资并购时很难做到经营现金流、投资现金流和融资现金流的有效匹配。融资租赁业务实际上是一种现金流管理模式的创新。在这种现金流管理模式中，投资现金流实质上被外包给了融资租赁公司，由融资租赁公司为企业提供投资现金流的投入服务，企业融资现金流主要支持正常经营。企业设备的投资采取融资租赁，或采取经营租赁实现表外融资，用未来新增的收益支付租金，无疑是实现现金流科学管理，保持现金流匹配，支持企业可持续发展的有效措施。

需要注意的是，融资租赁本质上依然是融资活动，因此针对被认定为融资租赁的安排，未来的租金在企业财务报表上依然会形成负债，并不能像经营租赁一样，当期租金作为费用支出。因此，融资租赁体现在企业资产负债表方面，与长期融资差别不大，但实现减税的可能及更方便的安排，使得融资租赁在实践中被广大企业所接受。融资租赁作为一种融资方式，对实力较弱的初创企业更为合适。专业的融资租赁公司和出租服务公司可以发挥自身优势，为初创企业量身定制融资租赁或租赁服务。初创企业可以在融资租赁业务中顺利获得需要的设备等资产，并将其投入扩大生产中，逐步积累和提高自身的信用。

经营租赁、融资租赁和购买对财务比率的影响如表 7.2 所示。

表 7.2　经营租赁、融资租赁和购买对财务比率的影响

财务比率	融资租赁	经营租赁	购买
资产负债率	上升	无影响	无影响
净资产负债率	大幅下降	小幅度下降	下降
资产报酬率	大幅下降	小幅度下降	下降
产权比率	上升	无影响	无影响
流动比率	无影响	无影响	下降

经改善的财务比率可以优化企业的财务报表结构，有利于企业融资能力的维持。

7.2.3 融资租赁成本管理

融资租赁的租金与融资费用类似，也包括利息和费用，同时融资租赁的租金金额会覆盖租赁资产本身的成本。

由于在融资租赁中，出租人往往根据作为承租人的企业的要求购买资产，相应的成本费用（包括资产的购买成本、运费、保险费和税费等）就成为租金的重要组成部分。从金额来说，这也是租金的主体部分。

融资租赁的出租人往往自身还需要向金融机构拆借资金，因此出租人也会将资金成本转移到相应的利息和费用中。出租人会综合计算利息，将其作为融资租赁成本的一部分。

融资租赁往往是长期租赁，因此租金通常采用现值来进行计算，一般使用年金方式测算成本。将租赁的资产未来各期租金以一定的折现率进行折现，按照年金公式来计算即可。出租人会向企业详细介绍租金的计算方法，在此不再详述。

1. 融资租赁租金成本的核算

在融资租赁租金成本的核算中，需要企业决策的是，在预备投资购买某项资产时，应当选择融资租赁，还是通过借款获取相应的资金。与一般的投资决策方法相同，企业可以通过对租赁操作净现值的比较来决定是否选择融资租赁。如果净现值为正，则借款购买的成本高于融资租赁的成本，应当选择融资租赁；如果净现值为负，则不应当选择融资租赁。

由于租金等同于年金形式的付款，因此租赁期现金流量现值的计算方法如下：

租赁期现金流量现值 = 各租赁期税后现金流量 ÷（1 + 负债税后成本率）^ 期数

期末资产现值 = 期末税后现金流量 ÷（1 + 项目必要报酬率）^ 期数

企业可以通过年金现值系数求出相应现值。

需要注意的是，资产成本应包括资产的购买成本、运输费、安装维护费和保险费等。

租赁期税后现金流量包括租金、租金抵税金额和失去的折旧抵税。租金能否抵税，主要还是看税法相关规定，是直接抵税，还是根据折旧、利息等分别进行抵税。根据折旧和利息进行抵税是分散在后续的年限的，与直接抵税的时点不同。当使用租赁方案而租金可以直接抵税时，就不能再通过折旧进行抵税。

一般来说，融资租赁的租赁期现金流量的折现率可以采用有担保债券的税后成本。因为融资租赁的租金偿付原则上都是进行刚性支付的现金流量，而不同于经营现金流。另外，在融资担保模式下，租赁物的所有权依然属于融资租赁公司，如果企业无法继续支付租金，则融资租赁公司可以对租赁物强制执行。

期末资产现金流量是需要扣除的。根据我国税法，如果是融资租赁，租金不能在税前扣除。而融资租赁涉及租赁期满后资产的所有权是否转移问题，因此在融资租赁中，期末资产现金流量必须在净现值计算中进行折现后扣除。

期末资产的折现率采用项目的必要报酬率来进行考虑。

下面用一个例子来说明企业是如何通过成本核算来进行是融资租赁还是购置资产的决策的。A公司所得税税率为40%，税前借款（存在担保）利率为10%。它预备使用某一设备，预计使用5年，预计总体成本为2 520万元，该设备的税法折旧年限为7年，余值的法定数值为购置成本的5%，预计5年后变现价值为700万元。项目要求必要报酬率达到12%。

如果使用融资租赁方案，融资租赁公司要求每年租金为550.111 4万元，租赁期为5年，每年年底支付租金，租赁期内不得退租，租赁期满设备所有权不转让。由题目可知，租金抵税为每年租金乘以所得税税率。

租金抵税 = 每年租金 × 所得税税率 = 550.111 4 × 40% ≈ 220.044 6（万元）

5年后账面余值 = 2 520 -（2 520 × 95%）÷ 7 × 5 = 810（万元）

由于使用融资租赁方案，不能进行折旧抵税。

折旧抵税 =（购置成本 - 账面余值）÷ 年限 × 所得税税率 =（2 520 - 810）÷ 5 × 40% = 136.8（万元）

每年租赁期现金流量 = 租金 - 租金抵税 + 折旧抵税 = 550.111 4 - 220.044 6 + 136.8 = 466.866 8（万元）

折现率 = 税前借款利率 ×（1 - 所得税税率）= 10% ×（1 - 40%）= 6%

租赁期现金流量现值 = 租赁期现金流量 × 年金现值系数 = 466.866 8 ×（P/A，6%，5）= 466.866 8 × 4.2124 ≈ 1 966.629 7（万元）

资产余值变现损失减税 =（810 - 700）× 40% = 44（万元）

期末余值的税后现金流量 = 700 + 44 = 744（万元）

期末资产现值 = 744 ×（P/S，12%，5）= 744 × 0.567 4 ≈ 422.145 6（万元）

融资租赁的净现值 = 资产成本 - 租赁期现金流量现值 - 期末资产现值 = 2 520 - 1 966.629 7 - 422.145 6 = 131.224 7（万元）

由于融资租赁的净现值为正，因此A公司应选择融资租赁方案。

2. 通过损益平衡租金把握租金金额

当融资租赁的净现值为0时，相应租金金额就是损益平衡租金。对企业来说，损益平衡租金就是其能接受的最高租金。就上述例子的情况而言，采用融资租赁的方案不如贷款购买设备。

其推算就是通过融资租赁的净现值为 0 的情况，计算租金金额。

损益平衡租金 = [（资产成本 − 期末资产现值）÷ 年金现值系数 − 折旧抵税] ÷（1 − 所得税税率）

根据上面的例子，损益平衡租金 = [（2 520 − 422.145 6）÷ 4.212 4 − 136.8] ÷（1 − 40%）≈ 602.0313（万元）。

也就是说，当租金金额低于 602.0313 万元时，企业可以选择融资租赁方案。

损益平衡租金可以直观地用列表的方式记录，如表 7.3 所示。

表 7.3 损益平衡租金的计算表

年份（年末）	0	1	2	3	4	5	6	……	期末
租金支付									
租金抵税									
减：									
资产成本									
失去折旧抵税									
失去余值变现									
（账面余值）									
（余值变现损益）									
余值变现损失减税									
租赁期现金流量									
折现率									
租赁期现金流量现值									
期末资产现值									
净现值									

企业在选择融资租赁方案时，可以对租金的情况自行进行计算，以明确相应资金成本，并根据计算结果与融资租赁公司进行谈判。

3. 融资租赁的其他费用成本

由于融资租赁公司不仅为企业提供融资和购买资产的服务，还提供一系列咨询及和贸易相关的服务，因此融资租赁公司除租金之外，还会向企业收取一定的费用。

租赁服务手续费是所有融资租赁公司都会收取的服务费，主要是针对合同管理服务进行的收费。根据项目金额的大小、难易程度、项目初期投入的多少、风险的高低及不同公司运作模式的差异，手续费收取的标准也不相同，手续费率一般为 0.5% ~ 3%。

融资租赁公司在一些项目或设备融资中，会按照企业的需求，提供全面的融资解决方案。在这种背景下，融资租赁公司会按融资金额收取一定比例的财务咨询费或项目中介费。根据项目金额的大小，收取比例、收取方法会有所不同，一般相关费率为 0.25%~5%。

融资租赁公司收取销售的佣金，或者通过规模采购获取设备厂家提供的折扣，又或者保险、运输服务的佣金。融资租赁公司购买和投资相关设备，使设备生产厂家和相关中间商扩大了市场规模，获取了销售回款。收取贸易环节中各种类型的佣金往往是专业的融资租赁公司，或者与厂商签订融资租赁外包服务的融资租赁公司主要的盈利模式。

厂商背景的融资租赁公司在融资租赁合同中会提供配件和一定的耗材供应、专业培训等服务。对这些服务，融资租赁公司要么单独收费，要么将服务费用算在设备成本之内。组合服务收费是专业的融资租赁公司主要的盈利模式之一。

7.2.4　融资租赁的申请和操作

1. 直接租赁

直接租赁涉及供应商、出租人（融资租赁公司）和承租企业三方，三方之间需签订并且履行租赁合同与购货合同。融资租赁公司根据承租企业的要求与供应商签订购货合同，购买相关产品，并且承担支付货款的责任和义务；承租企业则根据租赁合同获得相关产品的使用权，并且承担按合同规定的条款支付租金的责任和义务。直接租赁结构图如图 7.1 所示。

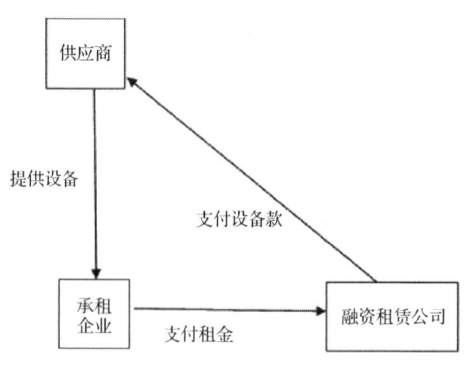

图 7.1　直接租赁结构图

企业的融资租赁操作如下。

第一，向融资租赁公司提出委托，确定要引进的资产，提供规格、厂商、型号、性能等信息。

第二，融资租赁公司提供租金的估价明细单。融资租赁公司根据企业确定要引进的资产，详细测算成本，提供租金的估价明细单。

第三，企业研究后向融资租赁公司提出预约租赁。融资租赁公司接受预约后，对企业的资信情况（包括财务报表、经营情况、要采购的设备预备使用情况、股东和高级管理人员情况等）进行审核，并研究项目的可行性，进行履约保函等相关操作（融资租赁公司对企业资信情况的审查与银行类似）。

第四，融资租赁公司审核通过后，与企业签订融资租赁合同。

第五，融资租赁公司采购作为租赁标的物的资产，与企业进行交付、验收。

第六，企业使用相应资产，并按期支付租金，期间根据租赁合同规定进行资产的保养、维修等。

第七，融资租赁期满后，企业可以续租或购买。

以上是典型的融资租赁操作。通过预约租赁，企业自己选择相应资产，使融资租赁公司避免了重资产运营的风险，不会形成大量的库存，减少了对融资租赁公司的资金占用，企业也能使用自己需要的设备。

2. 杠杆租赁

如果相应资产价格较高，融资租赁公司难以完全通过自有资金采购，也会采用杠杆租赁的方式进行。杠杆租赁的做法与银团贷款类似，是一种有抵税收益的融资租赁。

融资租赁公司在购买企业指定的设备时，有时并不完全采用自有资金，而是自身仅支付20%～40%的货款，再通过从银行进行融资获得资金。融资租赁公司将租赁项下权益，如租赁标的物所有权、融资租赁合同的收益权、租赁标的物商业保险的相关权益及企业的其他相关担保权益转让或抵押给融资银行。这种做法类似于项目融资操作。杠杆租赁结构图如图7.2所示。

为了实现相应的结构安排，有时融资租赁公司会专门成立一个特殊目的公司，让其作为杠杆租赁的出租人。这样通过仅提供项目总金额的部分资金，就可以通过杠杆撬动更大的项目，同时在租赁结构下照常享有抵税的收益。这种租赁方式主要用于一些大型设备的采购。

在操作杠杆租赁的过程中，融资租赁公司除对企业资质和项目进行审核外，还会对融资银行进行审核，并介入融资架构的安排。此外，在签订租赁合同同时，融资银行会进行各种抵押操作，之后再进行放款。

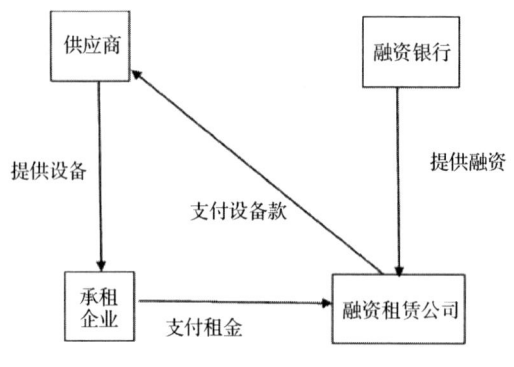

图 7.2　杠杆租赁结构图

3. 售后回租

售后回租也是较为重要的一种融资方式，类似于抵押融资。企业将自有资产先出售给融资租赁公司，再由融资租赁公司出租给企业。承租企业将原有的固定资产改记为融资租入固定资产。售后回租结构图如图 7.3 所示。

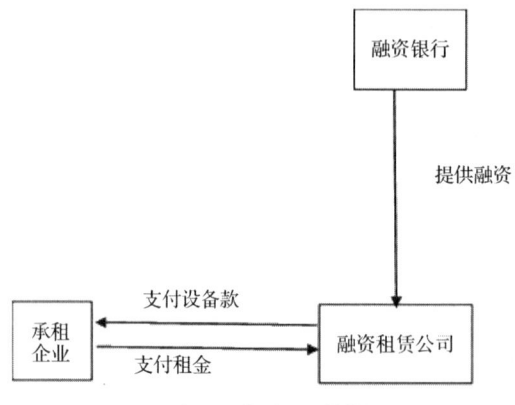

图 7.3　售后回租结构图

这样企业依然拥有该资产的使用权，同时可以调整财务结构，享受抵税政策，并获得相应的资金。这些资金可以继续投入生产经营，进一步扩大生产。这样企业就盘活了相应资产。

当然，融资租赁公司收回的租金会高于企业将资产出售给融资租赁公司的价格，这其中的差额就是进行融资租赁操作的成本。

实务要点：

一般作为出租人的融资租赁公司应当保证作为承租人的企业对租赁物的占有和使用。但由于租赁物为企业指定购买，租赁物的维修与保养由生产厂家负责，一般由企业向生产厂家行使相应权利，融资租赁公司不承担相应责任。

当企业破产时，租赁物不属于破产财产。租赁物造成第三人损害的，由企业承担相应责任。如果采用的是到期后转移所有权的方式，企业在支付了大部分租金后，无力支付剩余租金，融资租赁公司可以收回租赁物，但已经支付的租金超过租赁物余值的部分，需要退回企业。

7.2.5 融资租赁案例

下面介绍一个通过融资租赁实现采购及融资，同时做到财务结构优化的案例。某船运业的 C 公司，预备采购一批集装箱。由于集装箱是消耗品，又是船运业公司最重要的资产之一，因此 C 公司每年都要采购金额巨大的集装箱。C 公司前期按照与融资银行的约定，不能增加新的负债，因此其难以通过向银行贷款采购集装箱。同时，C 公司的财务数据表现不佳，C 公司既需要资金采购集装箱，保证业务稳定运营，又需要优化自身财务报表，不能增加自身的负债水平，以免影响与原融资银行的合作。为了实现相应的目的，C 公司基于集装箱和船运业公司在世界各地进行注册，在合适的法律、税务环境进行节税操作。

C 公司与集装箱厂商 M 公司下属的 ML 融资租赁公司进行总体的融资租赁安排，租赁带制冷功能的集装箱。租金总额为 5 000 万美元，租约均适用英国法，承租人均为 C 公司，租约项下已收取租赁物价值 10%的预付款，租期均为 8 年，确定了日租金，期满后 C 公司按 5 000 美元每集装箱取得相应集装箱的所有权（Balloon Payment，剩余资金在租期末随最后一笔租金一起支付），租约中剩余金额在总租金中占比为 30%。租赁物集装箱的价值为 4 250 万美元。C 公司集装箱租赁交易结构图如图 7.4 所示。

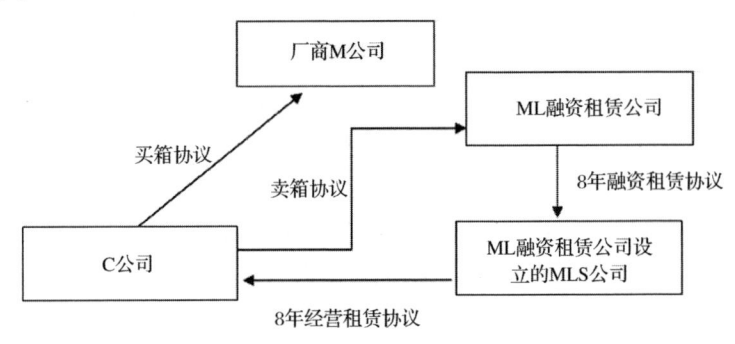

图 7.4 C 公司集装箱租赁交易结构图

在此交易结构下，C 公司先与 M 公司旗下的集装箱制造厂签署集装箱采购合同并购买集装箱，此后 C 公司再与 ML 融资租赁公司开展售后回租交易，并由 ML

融资租赁公司将集装箱以融资租赁的方式租给 MLS 公司，MLS 公司作为出租人与 C 公司签订经营租赁协议。双方约定起租，C 公司分 8 年按季度向 MLS 公司支付租金。C 公司与 MLS 公司签订的租赁协议中涉及的相关权益均转让给 ML 融资租赁公司。

C 公司向 M 公司旗下的集装箱制造厂采购带制冷功能的集装箱时，C 公司出于降低采购成本的考虑，自身从冷机制造厂采购本项目冷机，此后将冷机发送给 M 公司旗下的集装箱制造厂，M 公司旗下的集装箱制造厂完成冷机组装并将完整冷箱销售给 C 公司，整体贸易流程类似来料加工。由于冷机并非由 M 公司采购，而由 C 公司采购，C 公司与 M 公司旗下的集装箱制造厂签署的集装箱采购合同中的价格扣除了冷机价格。由于 C 公司议价能力强，由 C 公司确保其冷机采购价低于市场平均水平。在该项目的售后回租交易中，M 公司对集装箱的采购价实际以 C 公司从 M 公司及冷机厂采购集装箱及冷机的价格为基准，故本项目 3 000 个集装箱售后回租采购总价实际低于同类型集装箱的市场价格。

根据本项目两个租约约定，在承租人 C 公司完全履行义务前，本项目租赁物所有权始终归出租人 ML 融资租赁公司所有，无论租赁物在何地。同时，出租人 MLS 公司在不影响承租人 C 公司日常正常使用并提前通知承租人的前提下，可随时查验租赁物，以保证其租约项下权利履行。因此，出租人 ML 融资租赁公司始终拥有租赁物所有权，有权处置租赁物，租赁物本身可视为担保措施。

项目采取售后回租纯粹是为了融资结构搭建，原因仅在于 C 公司与本项目供货商（M 公司旗下的集装箱制造厂）采购合同签署进度较快，集装箱发货较快，故先行采购了集装箱。而由于融资洽谈进展较慢，最终需要采取售后回租的方式进行融资。本项目中如无法提供融资支持（通过 MLS 公司提供融资租赁服务），则 C 公司将难以采购 M 公司的集装箱。

租约分为两个，融资租赁协议出租人为 ML 公司，承租人为 MLS 公司。承租人 MLS 公司根据日租金支付租金，并且在租赁期末有权以约定价格处置租赁物所有权。项目租金总额为预付款、各期应付租金和租赁期末受让集装箱所有权的最终剩余资金支付的总和。经营租赁出租人为 MLS 公司，承租人为 C 公司。该经营租赁协议与前述融资租赁协议背靠背，但租期满后承租人对集装箱的采购是可选项，且以出租人在融资租赁协议项下购买租赁物为前提。若承租人在租赁期满后选择不采购租赁物，其还可选择是否延长两年的租赁期，且在该延长租赁期满时，有权再次选择是否采购租赁物（采购条件与第一次选择权相同）。

此外，租赁协议约定，本经营租赁协议不得提前终止，除非在特定情形下（包括但不限于承租人违约），出租人有权依据协议条款提前终止本协议，且承租人仍有义务支付后续各期租金。承租人仅可在以下两种情形下提前终止本经营租赁协议：(1) 出租人破产，导致承租人无法正常使用租赁设备，且超过 120 天无补救措施；(2) 出租人无法履行租赁协议项下义务，导致承租人无法正常使用租赁设备，且超过 14 天无补救措施。承租人在终止协议的同时，还应选择以前述相同条件采购租赁物，或者在出租人承担相关费用和支出的前提下，将空的集装箱以双方同意的方式运送至双方同意的地点，最后一台租赁设备交还时协议自动终止。

ML 融资租赁公司分析，近年来，C 公司资产规模总体呈增长趋势，最近 3 年以来逐步稳定；近年净资产伴随盈利持续增长；资产负债率近年持续走低，至当年末已降至 60%。这说明 C 公司的资产结构在逐步改善。当年 C 公司长短期负债持续小幅下降，长期负债相对稳定，反映在其自身融资银行的贷款协议约束下，C 公司近期负债履约正常。当年公司总资产、总负债规模保持稳定，净资产略有下降，但整体资产负债率得到了控制，财务结构相对稳健。此外，当年 C 公司流动比率整体稳定，短期偿债能力稳定。

C 公司当年短期负债攀升背景如下。截至上一年 12 月 31 日，C 公司的财务指标突破了原融资银行的约束，因此在获得融资银行同意豁免之前，C 公司需要将此部分的债务记为短期负债，导致金融负债中有部分金额需要从长期记为短期，从而导致短期负债有较大幅度的增长。而 C 公司已于当年上半年与融资银行达成了债务重组协议，其中包含在考虑了行业波动性后对部分约束条件的调整，并将现有债务延长为一项新的有抵押债务，C 公司也获得了对突破条件的全部豁免，因此目前相应金额的债务已重新从原先的短期负债记在了长期负债项下，短期负债已明显降低，有效地减轻了 C 公司的短期偿债压力，也表明融资银行对 C 公司的未来发展充满信心。

近年来，C 公司大量的现金储备使得其整体偿债能力有保障；而从其整体实力来看，C 公司规模较大的净资产及每年可实现的现金流及利润也将成为其未来还款来源的保障。

从经营方面来看，C 公司主营业务包括集装箱航运、航运相关道路运输等，近年来 C 公司的主营业务收入整体稳定，上一年收入水平有所下降，主要原因是单 TEU（标准箱）运费下降，但相较市场运价平均下调水平，C 公司对整体运费控制良好，同时上一年 C 公司运量同比增长，市场竞争力进一步得到体现，综合而言其收入相对稳定。

C 公司严格控制成本，具体举措包括航线、货代、码头的优化布局及油品供应的成本控制。得益于燃油费用、管理费用等的有效控制，C 公司同期实现 EBITDA 保持稳定，同时有效地控制了财务费用，C 公司最终实现净利润较之前 3 年大幅度增长，盈利能力表现良好。

当年C公司整体营收大幅度下降，进而导致净利润出现亏损，但得益于C公司对当季航运市场形势及竞争正确预判，严格控制成本，最终实现核心息税前利润为正，体现了C公司在恶劣行业背景下控制成本及保持主营业务盈利的能力。C公司当季营收及盈利下降的核心原因在于全球航运市场低迷，同时行业内运力过剩问题仍然存在，最终导致当季TEU运价下浮，而C公司运价下跌幅度仍小于该比例。另外，C公司在当季实现运量增长，超过行业平均增长水平。严酷的市场条件对全球集运市场各公司均造成不利影响，相比其他公司，C公司整体表现优于大部分公司，体现了其竞争能力。

在现金流方面，上一年C公司现金流整体控制良好，其中经营性现金流同比大幅增长，公司主营业务生成现金能力不断增强。在投资性现金流方面，C公司船舶购置成本增加现金支出。在融资性现金流方面，C公司偿还了部分融资银行借款，同期又进行了借款，但当期融资性现金流支出下降了20%。综合上述现金流影响，C公司主营业务经营产生经营性现金流能力强劲；同时为了在集运市场上保持强势地位、强化重要航线实力，其投资支出增加，融资支出同期增加，最终当期形成净现金流出。C公司上一年年末现金结余金额仍然较高，充足的现金将对C公司未来偿付债务形成良好的支撑。当年一季度，由于营收下降带来经营性现金流大幅度下降，但当期投资现金支出同时下降，最终净现金流出可控。

从结构来看，项目的第一还款来源是C公司经营集装箱运输的收入，虽然为了优化C公司的财务报表，进行了两端租赁的安排，不过下游C公司对MLS公司租约权益转让的设置保证C公司的租金支付直接偿还ML融资租赁公司的租赁款。通过签署租约权益转让协议（以下简称转让协议），将下游MLS公司与C公司的经营租赁协议项下的所有权益转让给ML融资租赁公司，用于担保转让人MLS公司在融资租赁协议项下应承担的按时支付租金的义务。转让人承诺在该转让协议存续期间，在收到经营租赁协议项下的任何或全部租金后，即向受让人支付融资租赁协议项下的到期应付款项。只有在转让人MLS公司违反融资租赁协议项下的租金支付等支付义务，且未能按照融资租赁协议约定进行补救时，受让人ML公司才有权收取经营租赁协议项下的所有应付款项，并有权索赔或者采取任何受让人ML公司认为合理的行为，以实现本转让协议下的相关权益。受让人ML公司根据该转让协议所享有的、不可撤销的权利应在转让人MLS公司结清融资租赁协议项下所有的债务后解除。此外，MLS公司保证经营租赁协议不得部分或全部终止，除非受融资租赁协议影响，或者已得到受让人ML公司提前书面同意。

在租赁物本身的安全方面，根据租约条款和下游租约权益的转让，集装箱的所有权实际控制在 ML 公司手中，如发生风险，C 公司必须保证集装箱完全不损坏，且在指定地点偿还全部集装箱。由于集装箱的使用年限可达 15 年，明显长于此项目的租赁期限，拿到集装箱后对集装箱的再处置是重要的风险控制措施。集装箱本身并未安装定位系统，但集装箱拥有唯一的编号，在港口装卸、海上运输、通关及货物仓储等各个环节均会记录箱号信息，可根据集装箱箱号进行跟踪。具体可通过集装箱航运公司官网、船讯网等网站进行实时跟踪查询。根据租约，如果在交箱时，集装箱出现灭失或毁坏，C 公司具有全额偿还箱款的责任，而且财产保险可以补偿。

通过融资租赁的安排，C 公司成功购买了需要的集装箱，并且逐步还款的安排大幅度减轻了其偿债压力，保障了集装箱购买支持业务发展。同时，通过两个租约的安排，成功使 C 公司进行经营租赁，既能实现节税收益，也可以成功把相应金额从负债结构中剔除，实现了优化财务结构，获取融资，成功完成需要的资产采购的目的。

7.3　企业间拆借

企业的资金需求除可以从融资银行得到满足外，还可以通过向其他企业拆借其闲置资金得到满足。从本质上来说，企业间拆借是企业之间的互助形式，作为借款人的企业需要向提供资金的企业支付利息和相关费用。

7.3.1　企业间拆借的法律问题

1990 年发布的《最高人民法院关于审理联营合同纠纷案件若干问题的解答》规定，"企业法人、事业法人作为联营一方向联营体投资，但不参加共同经营，也不承担联营的风险责任，不论盈亏均按期收回本息，或者按期收取固定利润的，是明为联营，实为借贷，违反了有关金融法规，应当确认合同无效。除本金可以返还外，对出资方已经取得或者约定取得的利息应予收缴，对另一方则应处以相当于银行利息的罚款"；1996 年发布的《最高人民法院关于对企业借贷合同借款方逾期不归还借款的应如何处理问题的批复》规定，"企业借贷合同违反有关金融法规，属无效合同"；1998 年发布的《中国人民银行关于对企业间借贷问题的答复》规定，"根据《中华人民共和国银行管理暂行条例》第四条的规定，禁止非金融机构经营金融业务。借贷属于金融业务，因此非金融机构的企业之间不得相互借贷。企业间的借贷活动，不仅不能繁荣我国的市场经济，相反会扰乱正常的金融秩序，干扰国家信贷政策、计划的贯彻执行，削弱国家对投资规模的监控，造成经济秩序的紊乱。因此，企业间订立的所谓借贷合同（或借款合同）是违反国家法律和政策的，应认定无效"。

但后来法律逐步放松，2015年发布的《最高人民法院关于审理民间借贷案件适用法律若干问题的规定》第十一条规定，"法人之间、其他组织之间以及它们相互之间为生产、经营需要订立的民间借贷合同，除存在合同法[①]第五十二条、本规定第十四条规定的情形外，当事人主张民间借贷合同有效的，人民法院应予支持"。该规定在2020年修订为："法人之间、非法人组织之间以及它们相互之间为生产、经营需要订立的民间借贷合同，除存在《中华人民共和国合同法》第五十二条以及本规定第十四条规定的情形外，当事人主张民间借贷合同有效的，人民法院应予支持。"

2020年修订的文件中第三十二条提出："本规定施行后，人民法院新受理的一审民间借贷纠纷案件，适用本规定。

"借贷行为发生在2019年8月20日之前的，可参照原告起诉时一年期贷款市场报价利率四倍确定受保护的利率上限。

"本规定施行后，最高人民法院以前作出的相关司法解释与本解释不一致的，以本解释为准。"

2020年修订的文件中第十四条提出："具有下列情形之一的，人民法院应当认定民间借贷合同无效：

"（一）套取金融机构贷款转贷的；

"（二）以向其他营利法人借贷、向本单位职工集资，或者以向公众非法吸收存款等方式取得的资金转贷的；

"（三）未依法取得放贷资格的出借人，以营利为目的向社会不特定对象提供借款的；

"（四）出借人事先知道或者应当知道借款人借款用于违法犯罪活动仍然提供借款的；

"（五）违反法律、行政法规强制性规定的；

"（六）违背公序良俗的。"

由于受到法律法规限制，企业间拆借往往在集团公司内部进行，实际上是集团

[①]《中华人民共和国合同法》现已废止。

公司内部资金调配的手段。

企业间拆借目前合法可行的做法是通过银行进行委托贷款或通过信托贷款来实现。

7.3.2 委托贷款

中国人民银行2000年颁发的《关于商业银行开办委托贷款业务有关问题的通知》规定："委托贷款是指由政府部门、企事业单位及个人等委托人提供资金，由商业银行（受托人）根据委托人确定的贷款对象、用途、金额、期限、利率等代为发放、监督使用并协助收回的贷款。商业银行开办委托贷款业务，只收取手续费，不得承担任何形式的贷款风险，允许企业或个人提供资金，由商业银行代为发放贷款。贷款对象由委托人自行确定。"按照此规定，企业间可以通过银行委托贷款进行资金拆借。

委托贷款业务属于银行的中间业务，银行不垫支资金，不为委托人介绍借款人，也不接受借款用途不明确和没有指定借款人的委托贷款。因此，委托贷款的前期工作必须企业自行完成。

在银行方面进行委托贷款的操作一般分为两种，即一般委托贷款和现金管理项下委托贷款，现金管理项下委托贷款又称委托贷款资金池。现金管理项下委托贷款基于现金管理服务，是帮助集团公司实现内部资金归集和划拨管理而办理的委托贷款。除此之外的委托贷款都是一般委托贷款。一般而言，委托贷款的委托人和借款人不能是金融机构。

委托贷款由委托人自行确定借款人、资金用途、利率、贷款金额和贷款期限等，同时自行承担贷款风险。委托人向作为受托人的银行提供资金，借款人由于破产等原因无法收回委托贷款的，银行可以与委托人终止相应协议，停止收取手续费。委托贷款的委托人一般可以是政府、企业、事业法人、个人。委托贷款的利率一般最高不会超过人民银行规定的相同档次贷款利率浮动上限，原则上按季度结息，期限在1年以内的，也可以按月结息。银行向委托人按照贷款金额和期限收取手续费，最低按照3个月收取，不足3个月的按3个月计费。银行只有在收到委托人的款项后才会进行放款。

委托贷款由委托人发起办理，委托人向银行提出申请且提供委托贷款业务委托书，并与借款企业一道按银行要求提供营业执照、税务登记证和年检证明，借款企业出具财务报表。银行接受后，委托人与银行签订委托代理协议，签订委托代理协议时必须明确代理期限。借款过程中及进行担保的相应费用都由委托人承担。如果委托人要求银行进行监督贷款使用事项，委托贷款合同中应当明确具体监督事项和监督措施，银行会加收手续费。贷款要进行展期的，也由委托人书面通知融资银行，展期协议必须由委托人、借款企业和融资银行三方共同签署。

7.3.3 信托贷款

按照《中华人民共和国信托法》《信托投资公司管理办法》的规定，信托贷款是指受托人接受委托人的委托，将委托人存入的资金，按其（或信托计划中）指定的对象、用途、期限、利率与金额等发放贷款，并负责到期收回贷款本息的一项金融业务。企业之间可以通过信托公司进行资金拆借。

信托贷款一般要制订相应的信托发行计划，将募集的资金指定向借款企业放款。相应的资金可以从其他企业处募集。除信托公司制订信托发行计划外，后续的贷款操作与银行融资操作类似。

在实际情况中，为了提升信托贷款的吸引力，更好地募集资金，往往会采用夹层资金的形式，以获得收益。

7.4 本章小结

本章主要对除银行贷款之外的其他常见债务融资方式进行介绍。债务融资除常见的银行贷款之外，还有延期付款、融资租赁和企业间拆借。

延期付款主要在贸易过程中产生，由企业的交易对手提供，相对来说条件更宽松，同时能为企业扩充可使用的资金额度。企业可以直接依靠信用从交易对手处获得延期支付的安排，同时可以提供一定的担保，让交易对手延长付款期限。企业也可以通过开具票据来直接获得延期支付。

融资租赁主要用于为企业获得大金额的固定资产（如大型设备），提供灵活的融资方式。由于其本质上依然是融资活动，因此在资产负债表方面与长期融资差别不大，但实现减税的可能及更方便的安排，使得融资租赁在实践中被广大企业所接受。

一项租赁存在下列一种或多种情形的，通常分类为融资租赁：

（1）在租赁期届满时，租赁资产的所有权转移给承租人。

（2）承租人有购买租赁资产的选择权，所订立的购买价款与预计行使选择权时租赁资产的公允价值相比足够低，因而在租赁开始日就可以合理确定承租人将行使该选择权。

（3）资产的所有权虽然不转移，但租赁期占租赁资产使用寿命的大部分。

（4）在租赁开始日，租赁收款额的现值几乎相当于租赁资产的公允价值。

（5）租赁资产性质特殊，如果不作较大改造，只有承租人才能使用。

一项租赁存在下列一项或多项迹象的，也可能分类为融资租赁：

（1）若承租人撤销租赁，撤销租赁对出租人造成的损失由承租人承担。

（2）资产余值的公允价值波动所产生的利得或损失归属于承租人。

（3）承租人有能力以远低于市场水平的租金继续租赁至下一期间。

在进行融资租赁决策时，主要对方案的净现值进行计算。

净现值＝资产成本－租赁期现金流量现值－期末资产现值

当净现值为正的时候，企业可以选择融资租赁方案，否则就应选择通过贷款等方式购买相应资产。

在租金成本管理方面，可以通过设置净现值为 0，来计算损益平衡租金，在低于损益平衡租金的范畴，企业选择融资租赁方案，保证该方案净现值为正。融资租赁可以采用直接租赁的方式，也可以通过杠杆租赁的方式来实现。

二者的区别在于融资租赁公司是否引入融资银行提供资金。杠杆租赁中融资银行提供了 60%～80%的资金。以下是总体的流程，括号内的内容为杠杆租赁所有。

第一，向融资租赁公司提出委托，确定要引进的资产，提供规格、厂商、型号、性能等信息。

第二，融资租赁公司提供租金的估价明细单。

第三，企业研究后向融资租赁公司提出预约租赁。融资租赁公司接受预约后，对企业的资信情况进行审核，并研究项目的可行性，进行履约保函等相关操作（银行开始相应审查）。

第四，融资租赁公司审核通过后，与企业签订融资租赁合同（签订融资协议）。

第五，融资租赁公司采购作为租赁标的物的资产，与企业进行交付、验收。

第六，企业使用相应资产，并按期支付租金（对银行还本付息）。

第七，融资租赁期满后，企业可以续租或购买。

企业可以通过售后回租的方式来进行融资。例如，企业将自有资产先出售给融资租赁公司，再租赁该资产，这样企业既拥有资产的使用权，又获得了相应的资金。

租赁物的维修与保养由生产厂家负责。当企业破产时，租赁物不属于破产财产。

如果企业无力偿付租金，那么融资租赁公司可以收回租赁物。

企业间拆借是企业之间进行资金出借与偿还的活动。由于受到法律法规限制，企业间借贷往往在集团公司内部进行。真正由于资金需求而要通过企业间拆借来获得资金的，一般通过银行进行委托贷款或通过信托贷款来实现。

第 8 章
典型案例：某通信企业的贸易融资安排

8.1 融资环境剧烈变动的背景

W 公司在国内从事通信设备的制造，经过多年发展，其已经建立较为成熟的融资管理体系和融资运作模式。但由于融资环境的剧烈变动，资金市场供给几乎处于冻结状态，原先 W 公司的融资运作模式面临严峻挑战，难以为继。

从外部环境来看，整体金融形势严峻，国际拆借资金成本高涨，国内外各银行信贷收紧，对企业业务拓展的影响逐步显现。W 公司的融资渠道主要是国内外各银行，因此 W 公司受影响较大，因银行对 W 公司业务发展的支持作用被削弱：对有些融资银行提出对 W 公司需要进行融资的项目必须重新报价，导致融资成本提高，这使 W 公司资金压力增大；还有些融资银行表示由于缺少资金头寸，无法继续对 W 公司的项目提供融资。W 公司的部分买方因金融形势严峻控制投资，将原先计划的采购规模缩小甚至取消采购计划，导致 W 公司的销售量降低。

在融资环境剧烈变动前，W 公司在初期和某国买家洽谈销售合同时，当时的融资银行提供的融资成本报价在 W 公司可承受的范围内。但在融资环境剧烈变动后，部分国内的银行外汇资金头寸短缺，W 公司通常合作的国内银行由于缺乏外汇资金，难以提供融资；而部分国内银行有资金头寸，但融资成本增长 20% 以上，使得该业务的成本大涨，若继续操作，该业务将给 W 公司带来严重亏损，这给 W 公司运作项目带来了较大的困难。

在欧洲某国，W 公司面临海外竞争对手的融资成本比 W 公司通过国内融资渠道进行融资低 60% 的情况。为了保住业务，W 公司被迫在商务条件上做出比较大的让步。

在原有融资运作模式出现问题的情况下，进行股权融资对 W 公司而言也不现实。当时，全球股市低迷，导致上市公司市值缩水严重，W 公司难以获得新的股权融资。

当时，受国内原材料价格上涨及人民币升值两大因素影响，W 公司在收和支两个方面均对利润造成负面影响：对原材料需求较大的 W 公司，由于国内原材料价格上涨，利润水平有所下降；W 公司外币收款较多，由于人民币升值，导致人民币实际收入减少，这在一定程度上影响了 W 公司的利润。W 公司在海外面临的激烈价格竞争，成为其利润缩水的导火索，销售利润降低使得 W 公司的抗风险能力有所削弱。在此过程中，基于严峻的国际金融形势，W 公司的风险控制及管理意识有所增强，不再轻易给买家赊销、放账。W 公司意图在操作融资的同时，确保自身风险被有效分散，并能通过融资促进业务发展，加快回款的节奏，保持现金流的净流入状态。在此背景下，W 公司的海外销售面临较大的风险与资金回笼压力，迫切需要转变融资方式，在降低风险的同时增加经营性现金流。

以往，众多银行对 W 公司的融资采取直接提供贷款的方式，但此时这种方式已经无法继续采用。于是，W 公司大范围采用应收账款融资的方式，充分利用这种模式盘活了既有资产的优势，成功稳固了企业的资金链。

8.2 有针对性的贸易融资安排

在全球资金成本高低有别的大背景下，尤其是国外融资成本较低，国内融资成本较高的情况下，W 公司尽力在国际范围内选择在资金成本和处理效率上有优势的国家或地区的银行进行融资操作。具体来说，W 公司对融资机构的选择积极转向，采用两种方式：第一种，在海外成立子公司，与当地银行操作保理业务，当地银行包括本地区域性银行、跨国银行当地分行及中资银行的海外分支机构；第二种，W 公司的海外子公司跨境在全球范围内寻找合适资源，进行融资或保理卖断业务，主要包括跨国银行在全球范围内的各地区分行及中资银行海外分行。在这两种方式下，W 公司签订合同之后，通过对全球金融资源的价格和效率的比较，最终选择通过融资成本较低的地区银行操作保理业务进行提前回款。同时，在融资操作的具体方式上，随着其国际化程度的不断提升，W 公司已逐步形成通过在全球范围内寻找合作银行进行应收账款转让的保理卖断操作模式。

在充分调动银行资源，并且通过应收账款转让优化自身现金流的同时，W 公司也积极采用"以融资促销售，以融资保订单"的方针，采用租赁的模式向一些重要的战略客户提供包括融资在内的综合服务。W 公司利用租赁方案满足了客户的融资需求（为客户提供融资安排，帮助客户筹集支付货款的资金），在实现销售的同时进一步稳固了自身和客户的关系。

W 公司通过执行租赁方案等一系列金融操作开展与客户的合作，相比以往单独销售产品的模式，为自身带来了更高的利润。W 公司成立了融资租赁公司，将产品以融资租赁的形式提供给客户。客户要向 W 公司支付融资租赁费用和相应利息，而不仅仅是产品的价格。W 公司向客户收取的不再仅是产品的销售价款，而是包含资金成本和金融利润，这样就大大提高了 W 公司的利润水平。

在西欧某国，W 公司为其客户 J 公司提供通信相关设备，W 公司改变以往仅向客户提供设备及安装服务的方式，转为提供包含设备安装在内的局域网络服务解决方案，并将相应设备以融资租赁的形式出租给 J 公司。J 公司向 W 公司支付的费用包括设备的租金、相应利息及综合解决方案的服务费用。同时，J 公司的付款期限得到了延长，整个设备的租赁期和相应服务期限长达 7 年，减轻了 J 公司的支付压力。

W 公司以其成立的租赁公司为主体，在融资银行进行无追索权应收租金转让的保理操作，将后续多年的应收租金通过保理直接转变为经营性现金流，在财务上一次性实现了收入。由于 W 公司为 J 公司提供设备租赁，在租金之外还要收取相应金额的利息，总体从 J 公司收取的费用比销售单一产品高，而对 J 公司而言，由于付款期限延长，因此资金压力较小。

通过为客户提供融资租赁促进对客户销售的操作，W 公司和 J 公司的合作更加紧密。W 公司可以增加利润，而 J 公司的付款期限得到延长。这使得 W 公司及其客户依然可以就项目进行合作，W 公司通过融资租赁有力地促进了销售。

同时，W 公司进一步通过调动各地融资银行资源获得的低廉资金成本，与客户签订供应商融资协议或将相应利息和税费计入合同价格，收取延付期限对应利息。比如，与客户签订即期的销售合同，规定客户必须到期支付货款。同时，W 公司与客户签订供应商融资协议，给客户提供一定期限的融资，要求客户在期限内还本付息。由于 W 公司在融资银行进行应收账款转让的保理融资资金成本较低，因此其向客户收取的融资利息和费用比客户在当地融资银行融资的成本低，但比 W 公司自身承担的成本高。实质上，W 公司赚取了息差，提高了自身利润。

下面介绍 W 公司在东南亚某国的销售案例。W 公司在当地销售产品给客户，客户还款的资金来源往往是其在当地融资银行贷款获得的资金。客户在当地融资银行贷款的利率水平当时大约为 10%，客户的诉求是在一定期限后付款。而 W 公司如果给予客户一定的账期，形成应收账款，W 公司再将该笔应收账款转让给合作的银行，那么 W 公司的成本率大约为 4%。

于是，W 公司与客户 B 就一批设备签订了两份销售合同：一份是即期的销售合同，规定到货后客户 B 即期付款；另一份是供应商融资协议，针对即期的销售合同，由 W 公司为客户 B 提供融资，融资金额为合同价款的 80%（也就是说，客户应当支付 20% 的首期款），融资期限为 3 年，融资成本率为 7%。

对客户 B 而言，W 公司提供的供应商融资协议比客户 B 在当地融资银行 10% 左右的利率水平低了 3%，节约了大量资金成本。而客户 B 在一定期限后还款，与其在融资银行相同期限后还款，获得的效果是一样的。

对 W 公司而言，由于其与合作银行将供应商融资协议视为商务合同的组成部分，客户 B 在未来 3 年中的还款实际为对 W 公司的应付账款，也就是 W 公司的应收账款。与 W 公司合作的融资银行购买这笔应收账款，W 公司实际承担的融资成本率约为 4%。客户 B 向 W 公司支付的融资费用与 W 公司实际承担的融资成本之间有 7% - 4% = 3% 的息差，这就成了 W 公司的新利润。在这种融资模式下，W 公司既能盘活应收账款资产，又能进一步提高利润，同时也为其客户降低了成本，使双方的合作更加紧密。

8.3　管理与决策模式

在 W 公司的融资决策体系中，将各地的一线营业机构作为利润中心，它们承担着融资考核指标，W 公司总部融资部门为一线营业机构的项目融资提供支持服务。因此，一线营业机构在 W 公司的业务融资决策体系中占有非常重要的地位，其既是 W 公司业务来源的信息中心，又是自身开展业务的决策中心。

具体来说，一线营业机构在项目初期首先向当地银行（外资跨国银行、本地商业银行及中资银行海外分行或工作组）征询融资方案，如就相关条件达成一致且属一线营业机构权限内的项目，则在当地直接操作融资，仅向总部进行报备；如属总部权限，则将详细情况上报总部，总部一般会同意一线营业机构的融资方案。

如在当地无法找到合适的合作银行，总部将为一线营业机构提供全球范围内的各种资源及方案，供一线营业机构对比，一线营业机构在总部的建议下权衡成本和操作时间，并最终做出决定。

在与中资银行的合作中，W 公司采用的是充分发挥不同类型银行资源优势的策略。通过多年的合作，W 公司与多家不同类型的中资银行的高层从整体合作方向到具体操作方式形成了一整套的机制。

如果与实力比较强、项目经验丰富的中资政策性银行合作，W 公司会充分利用相关银行的沟通便利优势，推动银行在项目初期就以第三方的身份帮助 W 公司与客户进行谈判，争取有利条件并形成相应融资方案。W 公司也非常认可中资政策性银行在销售融资方面为其市场拓展带来的帮助。

W 公司将中资商业银行作为自身长期以来的战略合作伙伴，从最初传统信贷业务合作，拓展到贸易融资业务合作。W 公司主要在贸易融资方面不断加强与银行之间的合作，将银行的优势与自身的需求相匹配。

在境外融资成本较低廉的情况下，出于成本和操作便利性的考虑，W 公司也将一些对效率要求较高的贸易融资业务（主要是应收账款转让的保理业务）优选在当地的境外银行开展。因为当地的银行对 W 公司的客户更熟悉，能更快地对这些应收账款进行融资安排。

对金额较大或没有交易历史的项目，W 公司倾向于利用银团贷款共担风险和共享收益，或者通过出口信用保险机构承保来寻求风险退出机制。

8.4 贸易融资决策评述

W 公司面对外部环境的剧烈变化，及时调整了融资策略，更加主动积极地采用贸易融资模式，维持资金链稳固，支持业务有序拓展。这对国内广大的初创企业有较好的指导和示范意义。初创企业不仅要看与自身类似的初创企业怎么做，还要看成熟企业怎么做，以促进自身经营管理的规范。

实质上，W 公司灵活运用了三种融资方式，包括贸易融资（主要是与应收账款相关的保理操作）、融资租赁、为下游买家提供融资安排（主要是延期付款）。在这种安排下，W 公司不仅通过融资支持了销售，更重要的是使自身为客户提供的不再仅是单一的产品，而是增加了为客户提供融资安排，实现了从提供产品向既提供产品又提供金融服务的转变。因此，W 公司也会获得相应的利息和金融利润，有力地提高了自身的营收能力和盈利水平。

这样的操作离不开 W 公司对融资银行资源的强化管理和对息差水平的把握。W 公司通过整合融资条线，快速了解各地金融市场情况并迅速调配相应资源，保证自身能充分利用合作的融资银行提供的支持。因此，其他企业在融资安排方面，需要对各个合作银行和相关金融机构的资源进行统一管理，区分不同的优势，并有针对性地应用。

第 3 篇
项目投融资篇

第9章
企业的项目可行性分析

本章我们开始进入项目投融资的学习。股权融资主要针对初创企业成长过程中的融资需求。一般的债务融资主要解决企业在生产运作中的资金问题,对初创企业来说是融资工作的重要部分。但某些行业的企业,由于自身业务需要,还会进行项目的操作,比如采矿业,电力、热力、燃气及水的生产及供应业,建筑业等行业中的企业。在这些行业里,初创企业一般经营一个单独的项目,如单独的小型电站、小型矿等。这时一些企业会就投资的项目进行融资操作。

在进行项目可行性分析时,企业一般先对投资机会进行分析,在收集材料后进行初步可行性分析。初步可行性分析会针对项目提出多种开发、管理、运营和融资方案,企业在深入研究后,才进行正式的可行性分析,并挑选合适的方案,最终进行决策。项目的可行性分析是项目融资的重要前提,可行性分析报告也是融资银行审查企业的项目融资申请时最重视的材料之一。做好项目的可行性分析,不仅可以顺利推动项目融资,还能确保企业对项目投资的合理决策。

9.1 初步可行性分析

企业在决定投资一个项目并为之进行融资安排时,首先要做的是对项目自身进行可行性分析,以做出是否对这个项目进行投融资的决策。在筹划阶段,企业应当指定专门人员进行筹划和负责相关事宜,并要求其制订计划。之后,企业应按照计划分别进行调查研究,重点进行市场调查,研究多个不同的方案,并确定最优方案。最终,相关人员应汇总研究成果,并编制成可行性分析报告。

9.1.1 可行性分析的总体内容

可行性分析的目的是确定项目投融资的可行性，决定是否对该项目进行投融资。可行性分析报告形成后，企业要把它提交给融资银行，让融资银行通过项目的可行性分析报告了解项目的具体情况，并最终同意给项目提供贷款。可行性分析报告对项目的投融资决策起着非常重要的作用。在进行可行性分析之前，企业应先明确可行性分析一般包括的内容。在确定相应的内容后，企业就可以在开展可行性分析之前进行有针对性的尽职调查了。

可行性分析的内容一般包括技术可行性分析，经济可行性与融资分析，运营可行性分析，政策、法律和税收分析，风险评估等。可行性分析的总体内容如表 9.1 所示。

表 9.1 可行性分析的总体内容

技术可行性分析	经济可行性与融资分析	运营可行性分析	政策、法律和税收分析	风险评估
技术的成熟程度；技术竞争力；技术提供方的经验和能力	项目的成本、收入和盈利情况；市场需求和发展趋势，竞争对手的情况；资金要求、来源和相应成本；投资金额；原材料和必要材料的可得性；战略目标的实现；融资结构；融资规模；超支情况下的融资安排	项目运营方的经验和能力；运营计划和流程设计；设备维护和维修；运营必要的基础设施	相关政策，法律要求；各类税收和优惠条件	风险保障机制；应收款情况；股东和债务人的义务

原银监会发布的《项目融资业务指引》第七条对可行性分析的内容进行了规定：贷款人从事项目融资业务，应当以偿债能力分析为核心，重点从项目技术可行性、财务可行性和还款来源可靠性等方面评估项目风险，充分考虑政策变化、市场波动等不确定因素对项目的影响，审慎预测项目的未来收益和现金流。

企业在进行可行性分析之前，应该根据可行性分析的相应内容进行尽职调查。一般而言，可行性分析分为两个阶段。第一阶段由企业内部进行分析，形成初步的可行性分析材料。项目资金的主要提供者——融资银行，一般会要求提供第三方出具的可行性分析材料，目的是形成一份准确、客观的可行性分析报告，作为融资决策的参考。因此，在第二阶段，一般由企业聘请第三方进行调查，出具可行性分析材料。在第二阶段第三方进行的尽职调查中，可以将第一阶段企业内部尽职调查获取的数据资料直接提供给第三方，以避免重复劳动，提高效率。

在尽职调查方面，企业也可以通过第三方渠道获取需要的数据。在技术可行性分析等方面，最好依靠行业中拥有丰富经验和一定实力的技术专家。

可行性分析报告的提纲如下。

第一，概述。简要叙述通篇报告的核心内容，包括项目背景、可行性分析的结果等，提出面临的问题，并给出解决方案及相关建议。

第二，市场需求的调查和分析。这部分主要包括对市场销售量的预测，以及项目所在地的政治、经济、法律、交通等情况；目标市场构成和消费者的购买能力、消费结构；产品当前及未来的供应量和需求量；项目的运营情况；技术可行性；产品价格的变动、竞争对手的情况。

第三，对投资金额的估算和融资可能性分析。

第四，项目的合同、股权结构等。

第五，项目的财务分析。

第六，项目的风险分析。

第七，可行性分析的结论。这部分主要包括必要性结论、技术可行性结论、经济可行性结论三个方面。

此外，可行性分析报告还应该包括一些重要的资料，如相关合同或协议、政府审批文件、第三方提供的报告等，这些可以作为附录备查。

9.1.2 技术可行性分析

在技术可行性分析方面，企业一般具有丰富的经验，其自身需要对项目进行评估，以便更好地做出决策。企业若聘请第三方专家进行技术可行性分析，最好聘请融资银行较为青睐的第三方专家，要求第三方专家具有丰富的经验、良好的声誉和较强的实力。

在建设项目中，需要进行技术可行性分析的内容包括项目的施工建设情况、试运行程序和竣工标准等。可行性分析既要包括项目涉及的技术、工艺，也要包括需要的设备和器具等。在技术分析中，需要对技术的选择、获得的方式、相关费用等进行详细分析，说明相关技术的适用性、可靠性和经济性。

技术可行性分析最终要归结到项目按计划完工的可能性，项目进入运营阶段后能否正常运作。相应的建设工程承包商和供应商都应当具有相应的经验和实力，同时要分析相应的设备能否保证项目的顺利实施。

9.1.3 经济可行性与融资分析

项目的经济可行性一般是指企业在此项目中能否实现盈利。也就是说，项目产生的现金流应该足够满足所有的成本和支出，也足以应对任何其他需要支出的情况，同时能实现预设的投资收益。经济可行性决定了该项目是否具备融资的可能性，即"可融资性"。

项目的经济可行性分析包括对项目的市场和需求的评估，这在一定程度上也是对项目实施的必要性的评估。只有在符合市场需求的前提下，项目才可能实现盈利，才有进行投融资的必要性。

经济可行性分析还包括对资金要求、来源和相应成本的分析，如根据项目建设和运营所需要的投资金额和成本，预测项目总体的收支情况、项目现金流的相应情况，预测项目所需的原材料和必要材料的成本、可得性等，预测相应的融资结构安排和规模。融资分析和财务相关的部分一般由项目融资的财务顾问负责完成，成稿需要提交给融资银行，融资银行会按照项目融资相关产品的要求进行审核。

9.1.4 运营可行性分析

项目只有运营才能产生现金流。项目在运营期顺利运营，产生充足的现金流，是项目最终实施成功的关键。

一般项目在运营方面都有相应的运营方，现实中往往是项目发起方直接进行项目运营。一般来说，运营的起点是项目完工。运营可行性分析包括对项目运营方的经验和能力，运营计划和流程设计，设备的维护和维修，运营必要的基础设施等方面进行分析。项目的运营需要运营方有足够的经验和管理能力，足以胜任相应的维护和维修工作，对各种潜在的问题和风险有完整的应对及解决方案。

9.1.5 政策、法律和税收分析

项目所在地的相应政策、法律和税收问题，影响着项目的存续及能否长期正常运营，决定着项目最终能否盈利。某些类型的项目存在的根本原因是相应政策带来的特许权或补贴，如果政策不能持续，那么项目也难以实现盈利。

具体相关政策和法律包括劳动法、政府相应补贴、环境相关法律、市政相关法律及税法等。在这方面，企业应当安排税务顾问和律师进行相应的评估。

9.1.6 风险评估

在对企业的项目进行可行性分析时，对其进行风险评估非常重要，应重点分析应收款情况、股东和债务人的义务等。

9.1.7 尽职调查相关工作

尽职调查是指企业在进行项目可行性分析，尤其是在进行市场和需求分析时所做的基础工作。只有从尽职调查获得的客观数据出发，相应的分析及结论才有意义。

企业在进行尽职调查时应当确定主题和目标，并且应当确定调查的范围，同时根据研究目标，拟定所需要的资料清单。企业应针对所需要的资料确定收集资料的方式，如实地调研、问卷调查、请第三方协助调查、拜访相关机构等。在收集好所需要的资料后，企业应当进行分析，并综合考虑项目的可行性。

9.2 必要性分析

在进行项目可行性分析时，企业首先要解决的是必要性问题，需要进行市场需求调研，考察财务盈利情况和可融资性。财务可盈利对企业来说非常重要，如果项目无法实现财务盈利是没有投资的必要的。而要想知道财务盈利情况，企业应进行市场需求调研，并且考虑可融资性，评估项目能否帮助企业实现财务盈利。

项目产品的市场需求情况是项目得以存在和执行的前提。针对存在的市场需求，企业应该让项目定位的可行性与之相匹配。项目定位准确，符合市场需求，这样项目后续的设计、营销、融资、财务分析和风险控制等工作才有足够坚实的基础。项目定位先要明确产品的目标客户，在明确产品的目标客户之后，才能围绕目标客户进行产品设计、服务安排等具体工作。

企业所投资的项目，可以以自身能力进行从无到有的开发，这种一般被称为绿地项目；企业也可以直接收购成熟的项目，项目所产生的现金流就是企业的收益。项目一般有核心盈利模式，也就是现金流的来源。必要性分析的主要目的是对项目的核心盈利模式进行考察，这也是可融资性分析的重要环节。比如，许多资源类项目产出的资源由采购方包销，也就是说，这类项目只要能产出资源，就有采购方全额购买。因此，项目的现金流来源依赖两点：首先，该项目可以产出足够的资源；

其次，采购方按照包销协议，全额以照付不议的方式进行采购。包销协议的执行及包销协议的基础——特许经营权，对项目的盈利至关重要，其是项目的核心盈利模式的重要基础。

9.3 项目成本和基础条件

项目基础条件需要投入成本才能达到。项目投资要在成本和达到相应基础条件之间找到平衡。如果成本过高，就应当适当降低相应的基础条件，避免最终项目无法盈利，没有实现投资目的，也就是导致项目失败。而如果项目基础条件不足，即使项目的成本很有优势，也可能产出的资源达不到预期，后续项目产品的销售可能会出现巨大的问题，这样也无法实现投资目的。

9.3.1 项目成本

项目成本包括前期开发成本和各类相关费用，具体内容如下。

第一，土地或物业费用，包括购入、改建等相应费用。

第二，前期开发费用，包括规划、设计、可行性分析、勘探、"三通一平"（通水、通电、通路、平整土地）等相关支出。

第三，建设费用，包括项目的施工建设、设备采购费用，以及各项基础设施的建设费用等。

第四，管理费用，包括组织、管理开发项目所需要的各项支出，如工作人员的工资、维护和维修费用、水电费等。

相关成本费用大体可以分为资本支出和运营支出两类。读者可以参考前文介绍融资预算时提到的成本部分的内容。

9.3.2 项目基础条件

项目基础条件能否达到关系着项目能否成功，其也是可行性分析的重要内容。首先是项目的选址，包括对购买或租赁土地的选择，代表项目选择在哪个地理区域实施。对于地产或能源项目，选址在一定程度上决定了项目能否成功。企业应当选择类似的几个项目地点，进行详细比较，给出可供选择的拟建地址。企业对项目的选址应当慎之又慎，需要进行详细的现场调查，包括调查土地的归属、法律地位、是否存在争议、选址所在地的自然资源、周边的人文环境、施工条件等。如果是资源矿产项目，企业还应对资源储量进行考察，并且对项目所在地及周边的基础设施进行调查。

其次是项目开发的基础条件，包括开发方案等，企业应根据实际情况，设计出符合成本控制和最终结果要求的开发方案。有时基于现实条件，企业可能需要准备多种开发方案，以便和相关审批部门进行沟通，顺利推动项目的开发。

9.4 财务分析：盈利能力

对项目的可行性分析，财务分析是重点，而财务分析的核心是展示项目的盈利模式和盈利能力。企业应当依据项目所在地的法律法规、税收要求、相应市场价格，在产出预测和预备采用的工艺流程及设备基础上，计算产出和收入，以预测项目的收益和费用成本。企业还应通过财务会计报表对重要财务指标（如利润率、资产负债率等）做出预测，计算项目能否达到、用多长时间达到预期的收益。

在进行财务分析时，企业应注意以下几点。

第一，依据预测的情况，编制正常的财务会计报表，主要把项目在建设期、运营期内产生的各项支出、收入，按时间顺序，一一列出。在编制报表的过程中要注意，日常财务会计报表主要采用权责发生制（以本会计期间发生的费用和收入是否应计入本期损益为标准，处理有关经济业务的一种制度。凡是在本会计期间已经收到和已经发生或应当负担的费用，不论其款项是否收到或支付，都作为本期的收入和费用处理；反之，凡是不属于本会计期间的收入和费用，即使款项在本期收到或支付，也不应作为本期的收入和费用处理）。但在财务分析的预测中，有的报表使用权责发生制，如成本核算表、盈利分析表；有的使用收付实现制（以款项是否已经收到或支付作为计算标准，来确定本期收益和费用的一种制度。在现金收付的基础上，凡是在本会计期间实际以现款付出的费用，不论其应否在本期收入中获得补偿，均应作为本期应计费用处理；凡是在本期实际收到的现款收入，不论其是否属于本期，均应作为本期应计收入处理。反之，凡是本会计期间还没有以现款收到的收入和没有用现款支付的费用，即使它属于本期，也不作为本期的收入和费用处理），如现金流量表。

第二，编制的财务会计报表应预测较长时间的财务数据，至少要覆盖投资回收期。

一个大型项目往往要运作较长的时间才能完成投资回收，同时其存续期间可能较长，因此编制的财务会计报表应预测较长时间的财务数据，至少要覆盖投资回收期，以使项目的可行性分析有明确的投资回报结果。项目不但要能盈利，而且用多长时间达到预期的盈利目标也非常重要。

第三，财务分析中应把收入和费用成本的计算口径相对应。由于预测的时间较长，在同一时期，收入和费用成本所选择的计算口径要对应，比如生产成本和销售收入，在对市场价格的使用上，同一时期应当使用相同的价格。

第四，在进行财务分析时，企业应编制现金流量相关报表，这些报表将用于投资方案的分析和评价。另外，企业还应编制损益表（收入、成本费用和利润）、资产负债表，以反映项目在各年的盈利情况和总体财务情况。需要注意的是，在项目的投资中，税收、折旧、资产回收及可能的政府补贴等，都是项目重要的指标，关系到项目最终能否盈利，有没有真实的现金流实现盈利。在财务会计报表中应将税收作为费用，而折旧、资产回收和补贴应当作为收入。

在具体操作上，企业可以先确定基准收益率，再综合利用静态和动态分析评价方法，研究投资回收期的相关情况及投资收益率。

基准收益率是企业在投资项目时期望的投资回报率。对基准收益率的确定，企业可以使用以下三种办法。

第一，用无风险报酬率加风险报酬率得出。无风险报酬率可以使用长期国债收益率，风险报酬率可以考虑使用企业自身的或者投资项目的报酬率。

第二，使用加权平均资本成本，即将每种资本的成本乘以其占总资本的比重，然后加总。

第三，用资本资产定价模型来确定。这在前面章节介绍融资成本和融资结构时有涉及，由于其中的参数难以确定，因此使用较少。

在现实中，企业主要还是依靠对比自身或投资项目的报酬率，以及盈利预期，通过企业人员较丰富的投资经验和较强的判断力来确定基准收益率。

静态投资回报分析如下。

$$全部投资项目利润率 = 税后利润 \div 全部投资 \times 100\%$$

如果利润划分为以年为单位，企业就应计算全部投资的年利润率。

$$销售利润率 = 营业利润 \div 销售收入 \times 100\%$$

相应的利润率可以和企业的其他利润率及投资利润率进行比较，如果相应比率较高，则说明投资的项目是可盈利的。

静态投资回收期是以项目的净收益（含税及相应折旧）抵偿全部投资所需要的

时间，它反映了项目在财务上的投资回报情况。投资回收期一般从项目建设的第一年开始计算。加总每年的现金流入量和流出量之间的差额，当加总为 0 时，即项目的累计现金流入量等于累计现金流出量，此时项目进入静态投资回收期。

动态投资回报分析，主要是通过项目的净现值和财务内部收益率对项目的投资回报进行分析评估。

项目的净现值就是将项目各期的净现金流量贴现到投资起点的现值之和。一般贴现率根据预设的基准收益率确定。当项目的净现值大于 0 时，项目是可以接受的。财务内部收益率是项目在存续期间内各期净现金流量的现值之和为 0 时的贴现率，项目从投资开始到贴现现值之和为 0 所需的时间就是动态投资回收期。

项目的盈利是项目的产品销售额减去开发的成本和各类费用、支出等，同时缴纳相应税费之后的利润。项目的核心盈利模式应当在可行性分析中清晰地表示出来，也就是项目的收入和利润来源于哪种经营活动，从而让人可以确定企业的核心资产与投入是什么，而且应体现出项目的收益率情况，方便企业自身及后续融资银行判断该项目的可行性。

9.5　收购可行性分析

收购往往也是企业进行项目投资的必要手段，绿地项目投资不仅需要投入大量的资金，还需要投入大量的精力进行项目的开发和管理，而收购成熟的项目可以直接拥有现金流回报。此外，收购的项目不仅可以选择长期持有，以待后续的投资回报，还可以在持有一定时间后将其卖给其他投资者，这样同样可以实现预期的项目投资回报。

对项目的收购主要有资产收购和股权收购两种方式。

资产收购是指投资企业直接以资金购买标的项目的资产，如整体项目的所有资产，或者直接收购土地使用权或在建项目。

股权收购是指投资企业用资金购买拥有标的项目的公司的股权。投资企业根据持股比例拥有对该项目公司的权利并承担相应比例的义务。

9.5.1　收购机会与策略分析

投资企业按照自身的发展需要和战略规划，主动寻找适合收购的项目，或者通过投资银行等中介机构提供的信息，发现适合收购的项目。在寻找收购机会的过程中，企业应关注目标行业和相应企业的发展状况，了解项目所在地的经济发展情况及收购的政策法规，并对潜在目标项目的情况（包括资产、负债、所有者权益、利润、管理情况）进行相应了解，同时需要对项目的发展前景、相关法律事务及潜在诉讼、税务安排等进行重点了解。

企业应对想收购的项目进行充分分析，如分析其投资回报率等，评估对项目的收购是否可行。企业可对相应项目及其资产进行评估，分析相应的投入产出情况，编制预测的损益表、资产负债表和现金流量表，计算投资回报期与投资回报率，最后对可行的项目进行收购。

企业对收购还可以进行以收益和风险分析为核心的策略安排。企业收购项目无非是为了提高收益，控制风险。企业可以将项目的各种要素转换为货币进行衡量，以净现值法挑选合适的项目，模拟进行收购的财务结果。开辟新的项目可以使企业的经营更为稳健。同时，企业要关注整体的偿债能力，可以考虑将资产负债率作为一个重要指标，如果在收购项目后，总体资产负债率大幅度攀升，企业偿债能力有所下降，则该收购可能带来较大的风险。

从收购的策略来说，由于项目原先的管理人员，尤其是从绿地项目开始进行开发的管理人员对项目非常了解，因此企业应当重视他们。

9.5.2 收购估值

收购的基础，在于对收购项目的价值评估，只有正确进行价值评估，才能准确反映项目的价值，让企业可以以合适的价格收购该项目。而相应的价值评估只有在收购企业和卖出企业双方都认可的情况下，项目的收购才有可能成功。

一般对项目的估值包括以下几种方法。

（1）绝对估值法。对项目未来各年度净现金流进行贴现，所有自由现金流的现值之和就是企业的价值。自由现金流是项目产生的，在满足再投资需求，不影响项目持续运营的前提下，可供项目所有者或债权人分配的现金流。但这种方法意味着项目自身产生的现金流已经全部实现，没有更多的利润空间。也就是说，估值有相应的上限。同时，对现金流贴现，也可以转为对项目公司分配的股息，以及出售股权的现值进行加总。

（2）使用净资产重新估值。对项目公司的净资产进行评估，用其账面价值加上净资产溢价，就可以得出项目的价值。溢价的来源，可以是净资产在市场交易中的公允价值，这样得出的溢价可能会比较高。采用这种估值方法得出的结果比采用绝对估值法得出的结果对项目原业主有利。

（3）相对估值法。这种方法主要是找到基准，再乘以倍数，较为简便。例如，市盈率估值法等，可以参考前文股权融资中估值的相关内容。如前所述，用企业相关财务指标的倍数进行估值，比如将项目的 EBITDA 乘以相应的倍数，能够得出企业的价值。由于项目的 EBITDA 是客观的，因此买卖双方只对倍数进行谈判即可，而且相应倍数可以参考行业的平均水平或类似项目的数据。这样可以非常方便、直观地对项目进行估值。

对项目的估值与一般收购中对公司的估值类似，往往采用多种手段综合进行。比如，以成本法框定项目价值的下限，同时考虑综合收益的折现，以现金流的净现值为项目价值的上限。买卖双方要想对项目的估值达成一致，需要一定的接触和谈判过程。

9.6 本章小结

本章主要对企业的项目可行性进行分析。项目可行性分析报告如表 9.2 所示。

表 9.2 项目可行性分析报告

概述	投资项目背景	战略目标的实现
	概述结果	
	提出问题和对投资的建议	
市场调研	潜在市场与销量	必要性研究；市场需求和发展趋势
	价格分析	
	竞争对手分析	
	产品和项目自身运营研究	技术的成熟程度；技术竞争力；技术提供方的经验和能力；原材料和必要材料的可得性；项目运营方的经验和能力；运营计划和流程设计；设备维护和维修；运营必要的基础设施
投资估算与资金安排	投资金额	资金要求、来源和相应成本
	融资安排	融资结构；融资规模；超支情况下的融资安排
法律合同与股权结构	项目所在地法律环境	法律要求；各类税收和优惠条件
	项目卖方产权情况及经营权等条件	优惠条件，包括经营权和补贴等
	投资项目的债权债务情况	
	投资项目的资产抵押情况	

续表

财务分析	预测的损益表	项目的成本、收入和盈利情况
	预测的资产负债表	
	预测的现金流量表	
	投资回收期与投资收益率情况	经济可行性分析
风险分析	可能的风险	
	风险保障机制	应收款情况；股东和债务人的义务
结论	必要性结论	
	技术可行性结论	
	经济可行性结论	

在项目可行性分析中，应先明确项目的盈利模式，了解项目的现金流来源的基础，研究项目产品产出的市场需求情况。

项目的相关成本费用大体可以分为资本支出和运营支出两类，涉及的基础情况主要包括：

第一，项目选址；

第二，项目开发的基础条件。

企业可以通过投资回报率和投资回报期的计算，来判断项目的总体经济可行性。

通过项目的现金流进行贴现，求出净现值，是比较简便的投资回报分析方法。相应的现金流除以总投资金额就是相应的投资回报率。

企业除可以自身从无到有开发项目之外，还可以通过收购进行项目投资，主要有资产收购和股权收购两种方式。企业对收购也可以通过相关可行性分析进行预测，分析投资回报率等情况，评估对项目的收购是否可行，计算投资回报期与投资回报率，认为项目可行再展开收购。

在估值方面，可以对股息或现金流进行贴现，以确定项目的价值，但一般来说比较简便的方法是用项目的EBITDA乘以相应的倍数。

第10章
确定项目的投融资结构

企业在准备进行一个项目的投融资时,应先考虑以什么样的形式来推进才可以使项目的收益最大化,同时降低由于风险导致自身遭受损失的可能性。这包含三个要素。

第一,要做好投融资的主体结构设计,即由谁来实施该项目。

第二,确定投融资的比例分配,也就是应当安排多少资金作为股权投入,多少资金作为债权投入。

第三,股本金安排。

以上三个要素就是确定项目的投融资结构的关键。初创企业在通过项目可行性分析确定要对项目进行投资后,应进行投融资规划,确定项目的投融资结构,以为项目的顺利推动筹集资金。在资金方面,除了股本金,融资也是重要的环节。

10.1 主体结构设计

投融资结构的设计,就是要在项目所在地的法律法规、政策等客观条件的制约下,寻找能最大化实现投资目标的所有权结构。同时,如果项目中的企业涉及与其他企业的合作,在投融资结构的设计上,还应考虑如何对各方的利益进行协调和保障。项目的安排不仅要追求财务收益,还要顾及项目资产的所有权结构、后续融资的安排、相应财务控制等。

一般情况下,企业投资一个项目,总是希望自身能够掌控项目的方方面面。但无论是从资金筹集方面考虑,还是从一个项目总需要不同行业的专业人员来介入运作方面考虑,往往项目都不能由单一的企业完成。如今,单个项目越来越超出了一个公司的财务、管理、运营和风险承担能力。众多企业一道合作,有助于优势互补,完成既定的目标。同时,众多企业合力,也有助于在安排项目融资时获得有利的贷款条件。因此，本章重点对合伙企业共同运作项目来进行讲解，同时这些结构上的做法也适用于单一企业完全拥有项目所有权的情况。

在这些结构中，公司作为项目主体的结构与合伙企业作为项目主体的结构是两种最基本的结构，同时比较常见的还有联营与联合体模式，以及信托基金模式。事实上，并没有哪种结构是最优的，只能说不同的情况适合不同的结构。企业应根据项目的特点，以及各方的利益诉求、融资方式和相关的限制性条件来选择合适的结构。

10.1.1 公司

常见的项目主体是专门为项目设立的有限责任公司。这是最简单有效，也是使用最广泛的项目主体形式。同时，各国法律也有相对完善的保护措施，保证运作和后续出现纠纷时减少相应成本。公司作为项目主体的投融资结构如图10.1所示。

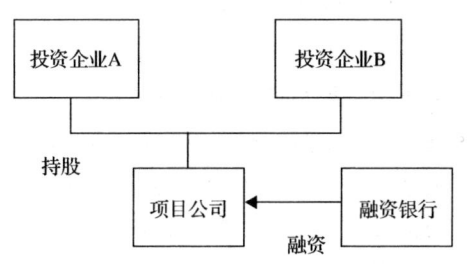

图 10.1 公司作为项目主体的投融资结构

项目公司与投资企业可以是完全不同的两个法人主体。多个投资企业可以签订合资协议或股东协议，通过持股的方式，成立项目公司，各股东之间关系清楚，不存在任何信托、担保或连带责任。

在项目资产的拥有形式方面，投资企业与合作者成立的项目公司是项目资产的合法拥有者，投资企业只拥有项目公司的股权，项目的资产并不归投资企业直接所有。项目公司拥有一切项目资产和处置相关资产的权利。这带来的好处就是项目公司可以方便地对项目资产进行分割，从而比较容易地进行融资安排。从银行的角度来说，股权担保和资产担保对风险的保障程度是完全不同的。股权拥有者仅从项目公司获取收益，并不意味着对资产的直接占有，在担保的执行上，二者的便利程度也完全不同。投资企业仅拥有部分股权，不足以对项目公司的业务活动和资金流向进行控制。

一般而言，项目产品的分配有两种情况：一种是投资者直接获得投资份额对应的项目产品，并按照自身的商业安排与规划进行处理；另一种是项目公司对产品进行处理，并将处理之后获取的净利润对股东进行分配。在项目公司的安排下，投资者很难按照比例分配产品并按照自身意愿进行处理。一般而言，项目产品由项目公司处理，企业作为投资者只能获得项目公司对股东分配的收益。

在项目的决策与管理方面，有效的项目决策和管理方式，既要尊重客观规律，保证项目运作顺利，同时应兼顾保护各方利益，避免出现损害股东利益的情况。一般情况下，需要一个主要投资人或者项目专门的运营方对项目进行决策与管理。投资企业会进入项目公司董事会设立的不同的委员会，从而参与项目的管理。各投资方应在确定合资、形成合资协议前将相应的决策程序明确规定下来。一般来说，影响全体投资企业及项目整体情况的重要事宜应在所有投资企业意见统一后才可以进行，一般性问题要求获得各投资企业绝大多数或简单多数同意。

通常以项目公司为借款主体进行的融资，由项目公司承担相应的债务责任。如果没有投资企业的担保，相应的债务责任不会传递到投资企业。投资企业仅以投入项目公司的股权及相应金额为限，承担有限的责任。

投资企业主要通过占有股权而在项目公司的董事会中拥有席位。投资企业应通过充分发挥董事会的决策作用，来实现对项目资金与现金流的控制。同时，这种控制必须符合相关法律法规的要求，作为股东的投资企业，不能侵占项目公司收益进而损害其他相关主体的利益。比如，在符合公司法及项目公司与项目融资贷款人签订的融资协议相关要求的情况下，才能对投资企业进行利润分配。因此，在采用公司作为项目主体的投融资结构时，投资企业难以对项目公司的现金流进行有效的控制。

合适的税务结构有助于降低项目的投资成本和融资成本，尤其在跨境项目的开发过程中，由于不同国家或地区的法律不同，相应的税务结构也不同。项目公司会将自身作为纳税主体，应纳税收入或亏损都按照自身所在地的会计准则和税务法律法规要求来进行计量。项目公司按照财务利润情况进行税收的缴纳。在一定的条件下，不同公司之间的税收可能可以合并缴纳，也就是统一纳税。有时，企业可以利用一个项目公司的税务亏损冲抵另一个项目公司的盈利，从而实现节税的目的，提高总体的综合效益。各国对合并纳税的规定不同，有的国家完全不允许，有的国家只有完全独资才允许合并纳税，还有的国家规定投资企业拥有简单多数的规范就可以合并纳税。单一的项目公司可以比较方便地拥有与项目投资相关的税务优惠和投资优惠条件，同时可以充分自主地决定合适的会计政策，如折旧安排等，以获取最大的收益。但各国对税务结构一般都有较为明确的规定，从投资企业的角度来说，税务安排的灵活性相对较差。

当公司作为项目主体时，在会计处理方面的特点主要是资产负债表和损益表的合并问题。同一个项目，如果采用不同的投资主体安排，或者不同的投资比例，那么投资企业自身报表的区别可能会比较大。当项目公司作为投资企业的子公司时，根据持股比例的不同，投资企业合并报表的情况也有所不同。当投资企业对项目公司的持股比例超过50%或者被判断具有完全的控制权时，可以全面进行报表合并；当投资企业对项目公司的持股比例为20%~50%，或者被判断没有控制权，但对项目公司的决策有重要影响作用时，投资企业会按权益比例将项目公司的情况在合并报表中体现；当投资企业对项目公司的持股比例小于20%时，由于投资企业对项目公司的影响较小，因此只要在其自身报表中体现其投资成本即可。如果投资企业想在自身报表中体现投资的情况，就要对持股比例做出相应的安排。

项目在退出时才会结算完整的相应收益，因此退出对项目是否可投资，以及后续的盈利至关重要。在以出售形式退出时，要考虑股权转让的程序、相应成本、相关融资银行贷款的约束条件等因素。由于项目公司的股权转让一般都有明确的程序，因此项目公司作为主体，从手续和程序上来说，退出更为方便。

项目结构对投融资的安排有重大影响。对于制造业企业，由于涉及复杂的管理工作和市场开发，投资企业主要关注投资利润。在这种情况下，使用项目公司的形式，能更好地对项目进行管理，同时以项目公司为主体进行融资也更容易为融资银行所接受。由于项目公司作为主体便于融资银行取得项目资产的抵押权，也便于银行对项目公司的现金流进行控制，而且其容易被资本市场接受，因此无论是股权融资还是债务融资都相对容易。

为了发挥项目公司作为主体形式的优势，避免项目公司作为主体形式的弊端，有时在操作项目的过程中，投资企业也会进行一些其他形式的安排。比如，部分投资企业采用可转债的方式对项目公司进行参股，另外一家投资企业进行全资控股，这样就可以进行合并报表计税，为投资企业节省税费。

以公司作为项目主体的项目比较常见，由于法律关系清晰，其在各个行业中都存在。

10.1.2 合伙企业

合伙企业作为项目主体一般指由两个或两个以上合伙人合伙推进项目，从而形成合伙的法律关系。合伙企业不是法人主体，合伙人可以是自然人，也可以是企业。合伙人包括普通合伙人和有限合伙人。合伙企业作为项目主体的投融资结构如

图 10.2 所示。

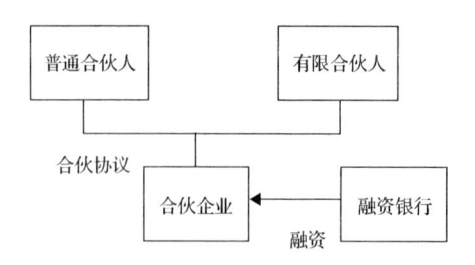

图 10.2 合伙企业作为项目主体的投融资结构

普通合伙中的合伙人被称为普通合伙人（General Partner，GP），合伙人对合伙企业承担无限责任。因此，其一般适合从事比较专业的工作，尤其是一些专业性特别强的小规模项目的开发，如石油、天然气的开发等，合伙人共同拥有资产并进行融资。

在有限合伙中，至少应包括一个普通合伙人和一个或多个有限合伙人（Limited Partner，LP）。普通合伙人负责合伙企业项目的组织、经营和管理等工作，对合伙企业承担无限责任；而有限合伙人不参与日常经营管理，对合伙企业承担有限责任。有限合伙人一般参与资本密集、回收期长但风险相对较低的项目，如道路、电站等，以及一些税务等政策优惠大，依赖勘探的资源类项目。

在项目资产的拥有形式方面，项目资产由投资企业共同拥有，不属于合伙企业所有。

在项目产品的分配方面，项目产品可以由投资企业拥有。

在项目的决策与管理方面，每个投资企业都可以以合伙人的名义享有合伙企业的权利，但这导致每个投资企业都可以制约项目的决策和管理流程。虽然在投资企业之间也可以通过协议限制各个合伙人的权利，但这种协议一般难以对第三方进行限制，第三方往往可以采用善意第三人制度来避免自身损失。也就是说，如果第三方不知道或不应当知道合伙人权利受限，则合伙人和第三方缔结的协议依然有效。

在对外承担债务的义务和责任方面，投资企业承担相应的义务和责任。由于投资企业承担无限责任，项目失败可能导致投资企业损失严重。

在项目资金和现金流的控制方面，投资企业可以以合伙人的名义对项目的资金和现金流进行控制。

在税务结构方面，合伙企业的收入由各个投资企业的共同收入来确定。因此，其应纳税总额应根据合伙企业的总收入确定。但合伙企业本身可能既不是纳税主体，也没有任何税务方面的亏损结转问题，所以具体的收入或亏损分配到每个投资企业（合伙人）名下，各投资企业分别进行纳税。投资企业可以与自身其他收入合并进行最终的税务安排，这样投资企业在税收上可以享有较大的灵活性。在基础设施类项目中，有限合伙人可以利用前期的大额投入和亏损冲抵投资企业的收入，提前回收一部分投资资金。在资源类项目中，普通合伙人承担前期建设开发和勘探等工作，有限合伙人与普通合伙人共同享受相应的税务减免等优惠。有限合伙人的前期投入可以全额抵税，这可以给有限合伙人带来较高的投资回报。而普通合伙人的资金用于后期投入，由于主要风险在前期，因此对普通合伙人而言，也降低了项目投资风险。

在会计处理方面，由于合伙企业并不是法人主体，主要由合伙人进行控制，因此在会计处理上也可以比较灵活地进行安排。

在退出安排方面，当项目资产由于从属于投资企业难以进行分割或设置担保时，融资银行可能会对相应资产进行一些约束性的安排，但在退出项目或转让合伙份额时，需要经过作为合伙人的其他投资企业的同意。

在项目融资安排方面，有些（如浮动担保）难以安排。融资银行的一些对财产的安排会制约合伙企业对资产的运用，这导致融资安排较为复杂。

为了解决投资企业对合伙企业债务承担无限责任的问题，出现了投资企业先成立项目公司，再由项目公司成立合伙企业的结构安排，这样既可以拥有合伙企业的优势，也可以避免其无限责任的弊端，同时可以在项目融资时，直接进行有限追索权的安排。有限合伙制在一定程度上可以规避普通合伙企业的无限责任问题，在税务和会计处理上可以更灵活，因此可以更好地吸引投资企业采取此模式。但合伙企业最大的弊端在于管理权的分散，应在合伙协议中对作为合伙人的各投资企业的权利和义务进行明确的规定。

将合伙企业作为项目主体，主要适用于资本密集、回收期长、对管理控制要求高、有一定税务优惠的基础设施类项目，如电站、高速公路、能源、矿产资源等项目。

10.1.3 其他模式

在项目的开发中，比较常见的还有联营与联合体模式，以及信托基金模式。

联营与联合体并不是法律实体，而是不同企业之间通过合同进行的联合，钢铁、能源和承包工程建设等项目大多采用这种模式。联合体作为项目主体的投融资结构如图 10.3 所示。

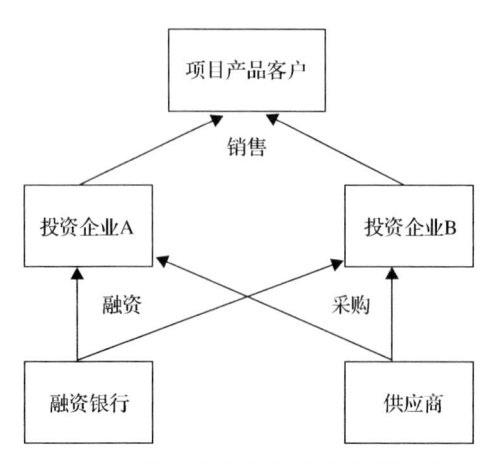

图 10.3　联合体作为项目主体的投融资结构

　　信托基金主要在一些房地产和其他不动产项目中使用，项目融资中通常会采用单位信托基金模式。信托基金可以划分为类似于公司股权的不同份额，并发行信托单位，投资企业购买相应信托单位来筹集资金。在信托基金模式下，是通过信托基金协议来连接各投资企业的。信托基金不是独立的法人，其投资结构相对复杂。

　　在项目资产的拥有形式方面，在联营与联合体模式下，项目资产由企业直接拥有。这种拥有可以是投资者按照各自的比例拥有项目的全部资产，也可以是不同的投资者拥有不同的项目资产。第二种做法在税务安排方面享有较大便利。投资企业在联营与联合体模式下承担有限责任，这相比合伙企业是一个比较大的优势。在信托基金模式下，项目资产与信托基金管理无法直接一一对应，但可以按比例拥有，这与项目公司的形式较为类似。

　　在项目产品的分配形式方面，在联营与联合体模式下，企业可以较为方便地直接获得项目产品。因为各个投资者分别承担项目中的投资费用和生产费用，企业可以决定是将获得的项目产品在市场上自主销售还是由联合体进行统一处理。在一些资源类项目中，由于项目产品往往是投资企业的重要战略原材料或储备物资，因此投资企业需要直接控制产品，以保证自身生产经营的连续稳定性，或者保持与特定重要客户的良好关系。这时选择联营与联合体模式能够直接控制项目产品，对企业来说比较合适。

　　在项目的决策与管理方面，在联营与联合体模式下，不同的企业进行不同的管理分工，决策权与投资的份额有更大的关联度，投资企业直接各自负责相应的工作，没有像合伙企业中代理其他合伙人的管理者。一般联营与联合体的各企业会组建项目管理委员会，由其进行管理，具体工作由项目管理委员会指定项目经理承担，相对来说管理工作比较复杂。投资企业作为信托单位的持有人，不参与项目的经营管理。信托基金的受托管理人保护投资企业的利益，但受托管理人不参与基金的管理。信托基金经理由受托管理人任命，负责信托基金（也就是投资项目）的日常经营管理。受托管理人和信托基金经理必须是两个完全独立的机构。

在对外承担债务的义务和责任方面，投资企业以直接拥有的项目资产安排融资，直接承担相应债务。因此，在操作融资时，应进行一定的处理才能让项目融资和相关债务的风险与投资企业相隔离。

在项目资金和现金流的控制方面，由于各投资企业在联营与联合体中有各自独立的工作、相应利益，因此它们各自进行项目资金和现金流控制，没有企业可以以一个整体控制项目资金和现金流。信托基金模式能较好地控制项目资金和现金流。法律规定信托基金中的项目净现金流扣除偿债准备金和生产准备金后，都应支付给信托单位所有人。

在税务结构方面，在联营与联合体模式下，项目主体与合伙企业一样本身没有直接收入，资产、产品及相应收入、成本都由投资企业所有，因此投资企业可以自行纳税，相对灵活。而在信托基金模式下，信托基金将基金本身作为整体来核算应纳税收入，因此信托基金的税务安排比较复杂，其税前利润会分配到信托基金的持有人，但任何税务亏损都不能分配，需要保留在项目主体中，但可以结转到以后使用，相应税务安排并不灵活。

在会计处理方面，联营与联合体模式较为不灵活，而信托基金模式可以较好地利用会计进行处理。

在退出安排方面，如果企业有上市的考虑，将信托基金作为项目主体，往往为股票市场所更容易接受，但仅转让资产或信托基金的份额，程序比较复杂，也要付出更多的成本。对联营与联合体来说，投资转让的程序较为复杂，交易成本高。

在项目融资安排方面，联营与联合体的各企业对项目中各自负责部分进行融资。投资企业各自也有很大的空间根据实际情况对联营与联合体协议进行规定，使得融资相对来说较为容易。信托基金模式与公司较为类似，因此融资也较为容易。

10.2 杠杆比例

项目融资中的资金总体上与企业融资相似，可以分为股本金和债务融资资金两类。但不同的是，项目融资中还广泛使用准股本金（也叫夹层资金、从属性债务）。相对来说，正常的债务融资资金比准股本金的债权等级要高，即债务融资资金可以在准股本金之前优先受偿。

这三部分资金（股本金、准股本金和债务融资资金）的比例受制于项目的投资结构、融资模式和风险控制措施。安排好这三部分资金的构成比例，即项目的杠杆比例，有助于项目的顺利实施。

由于准股本金中部分资金本质上偏向债务融资资金，因此将在第 11 章进行详细讲解。

与企业融资类似，在确定项目的杠杆比例的要遵循降低项目资金成本，以及价值最大化等原则。因此，企业要对成本收益进行综合考虑，确定合适的杠杆比例。确定项目杠杆比例的步骤如图 10.4 所示。

| 确定项目总资金需求 | 确定资金使用期限 | 确定资金成本和构成 | 考虑利息预提税的影响 |

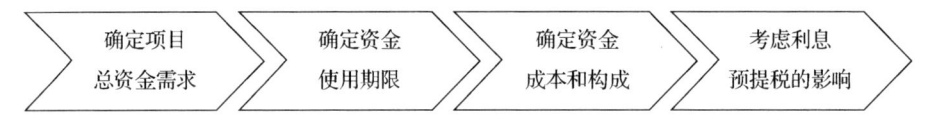

图 10.4　确定项目杠杆比例的步骤

第一，确定项目总资金需求。总资金需求通常包括项目的资本投资成本，如土地、物业、基础设施、设备、工程设计建设和运营费用等；投资费用超支和不可预见费用的准备金，一般为项目总投资的 10%～30%；项目流动资金。

第二，确定资金使用期限。适当安排项目的资金使用期限，根据项目的实施情况安排提款和还款节奏。项目融资的贷款期限一般为 5～20 年。

第三，确定资金成本和构成。详细计算项目的资金成本，寻找最低成本的安排。适当利用不同的利率结构，混合使用固定利率和浮动利率，确定有利于项目的资金成本和构成。

第四，考虑利息预提税的影响。跨境项目常有分红预提税和跨境预提税两种。利息预提税使用较为广泛，一般达到贷款的 10%～30%。其应纳税金额可以从境外支付的利息中扣除，在有避免双重征税协议的情况下，可以尽力做到减免利息预提税。此外，尽量使用境内融资而不是跨境融资，因为可以避免利息预提税的发生。

一般而言，在项目融资中，项目比一般企业能承受更高的杠杆比例。如果一个项目全部使用债务融资，其资金成本低，但相应风险较大，财务状况也会不尽如人意；而如果全部采用股本金，则项目有非常牢固的财务基础，但由于投资企业的资金被大量占用，会影响项目的投入，并提高资金使用的成本。在通常的项目融资中，银行面对的是一个能稳定产生现金流，同时自身运作较为纯粹，项目的最小现金流量和债务承受能力都能较好地计算出来的项目。同时，银行可以对整体融资结构进行合理安排，通过各种安全措施和增信手段控制风险。因此，项目融资可以使项目借款主体获得更高的杠杆比例。一般项目的股本金至少要达到 20%。一定的股本金比例说明项目拥有资金保障，可以起到保护融资银行贷款资金的作用；也保证项目的发起方有一定的意愿保证项目顺利完成，以避免股本金损失。

10.3 股本金安排

股本金是项目运行的基础，用于项目启动时相应的支出，同时还有许多需要快速使用资金推动项目进展的支出。股本金对银行进行项目融资具有重要意义。融资银行希望企业提高直接投资的比例，这样可以显示企业对该项目信心十足。股本金的来源主要是投资企业（项目发起方）、项目的其他投资企业（包括机构投资者、产业基金、其他愿意投资该项目的企业等）和项目的相关参与方的投资。

1. 直接投资

一般由企业的自有资金直接作为项目的股本金。直接投资的股本金是项目运行的基础，也是可以自由使用的资金。股本金承担了最后的项目风险（企业破产后剩余财产的分配权利）。由于在项目融资安排中，企业的投入和现金流流入相对固定，那么企业以直接投资形式而确定的股本金越多，意味着企业自由现金流就有越多的部分来偿还融资银行的贷款，这样融资银行的贷款会有更强的风险抵御能力。目前，直接投资的方式除企业自有资金筹集外，在海外也有进行公募筹集的，但相对来说要求比较高。

2. 准股本金投入

准股本金投入也是项目融资中常见的股本金来源。一般准股本金的偿还没有强制性的时间要求，同时其在债务的等级上也低于正常的贷款，也就是说，只有在正常的贷款清偿或大部分偿还后，才能偿还以债务形式投入的准股本金。同样，在项目公司破产时，其清算次序也在贷款之后。股东借款、可转换债券和零息债券都是准股本金的形式，其本质都是债权等级低于融资银行贷款。由于准股本金一般是企业（项目公司股东）对项目资金进行的安排，因此这类资金的使用往往比较灵活。但同时，采用这种形式在融资银行允许的情况下可以方便地进行资金返还，而正常股本金的偿还限制比较多。使用股东贷款的形式，有助于企业回收投资，而且作为债务进行安排，投资企业可以计提相应利息，这种利息有抵税的作用。各种形式准股本金的特点如表 10.1 所示。

表 10.1　各种形式准股本金的特点

准股本金形式	可投入的金额	利率	本金偿还	担保
股东借款	贷款协议规定	投资企业自行规定	按贷款协议规定，但一般被融资银行限制	无
可转换债券	债券面值	低于银行贷款的利率	到期日按面值支付，长期限	无
零息债券	债券贴现价格	无利息或极低的利息	到期日按面值支付，长期限	无

无论采用上述哪种形式，融资银行都会要求对上述的安排进行次级化，以避免股东抽取资金，影响项目公司的偿债能力。

3. 贷款担保形式的投入

在项目融资中，有时投资企业为了支持项目的快速融资和运作，会对项目的贷款提供担保，这实际是资本金的一种补充形式。但只有在项目本身具备很好的经济可行性，同时投资企业自身信用非常好，财务实力非常强的情况下才会为融资银行所接受。一般的做法是直接担保，或者开具备用信用证。在贷款解除后，担保才能被释放。同时，由于企业在银行的额度有限制，若在项目融资中使用了担保，其他方面的融资可用额度就会被缩减，相对来说成本较高。

对股本金的募集安排一般可以通过发行股票或者吸引产业基金投资的形式来实现。在发行股票方面，一般应通过私募，即股东配股的方式进行。在我国，不能用公募，即在公开证券交易市场上募集资金。

4. 吸引其他投资企业

另外，可以把项目推荐给可能对其感兴趣的产业股权投资基金，从而吸引投资。在国际上，保险资金的股权投资基金（尤其是大型的养老保险基金）为了追求长期稳定的回报，愿意对长期的项目进行投资。这些机构投资者倾向选择能产生长期稳定现金流的项目，如基础设施、公用事业等。在项目的相关方（如承包商、项目产品的下游买家等）方面，如果项目情况很好，项目的相关方也会愿意共同出资参与投资。

10.4　本章小结

企业在准备进行一个项目的投融资时，应先考虑以什么样的形式来推进才可以使项目的收益最大化，同时降低由于风险导致自身遭受损失的可能性。项目的主体形式及在不同方面的相应特点如表 10.2 所示。

表 10.2　项目的主体形式及在不同方面的相应特点

不同方面	项目公司	合伙企业	联营与联合体	信托基金
资产拥有形式	间接	直接	直接	直接
项目产品分配形式	不灵活	自行约定	灵活	不灵活
项目管理与决策	间接	直接	直接	直接
对外承担债务的义务和责任	有限	自行约定	有限	自行约定
项目资金和现金流控制	不灵活	有限制	灵活	有限制
税务结构	限制在主体内部	合并	合并	限制在主体内部
会计处理	灵活	灵活	不灵活	灵活
退出安排	简单	复杂	复杂	简单
项目投融资安排	简单	复杂	复杂	简单

事实上，并没有哪种结构是最优的，只能说不同的情况适合不同的结构。企业应根据项目的特点，以及各方的利益诉求、融资方式和相关的限制性条件来选择合适的结构。

项目融资中的资金总体上与企业融资相似，可以分为股本金和债务融资资金两类。但不同的是，项目融资中还广泛使用准股本金（也叫夹层资金、从属性债务）。相对来说，正常的债务融资资金比准股本金的债权等级要高，即债务融资资金在准股本金之前优先受偿。

一般而言，在项目融资中，项目比一般企业能承受更高的杠杆比例。一般项目的股本金至少要达到20%。确定项目杠杆比例的步骤如下。

第一，确定项目总资金需求。

第二，确定资金使用期限。

第三，确定资金成本和构成。

第四，考虑利息预提税的影响。

在股本金的安排方面，有直接投资、准股本金投入和贷款担保形式的投入。各股本金的特点如表 10.3 所示。

表 10.3　各股本金的特点

不同方面	直接投资	准股本金投入	贷款担保形式的投入
形式	以直接投资为主	股东借款，可转换债券，零息债券	担保，备用信用证
债权等级	低	中	高，在融资偿还后自然结束
融资银行偏好	中	低	高
资金使用便利程度	高	中	低
存续期限（相对贷款期限）	长	中	短
资金成本	低	中	高

第 11 章
项目投融资安排

初创企业在做好项目投融资规划后，就要进入具体的项目投融资安排阶段。项目融资的模式与一般的企业融资有较大的区别，其融资结构的设计与安排围绕项目的特点和相应风险点进行。尤其在风险承担方面，项目融资与一般的企业融资相比有鲜明的特色：项目融资在风险承担方面，会将风险分散给项目的各个参与方，由各参与方各自承担。因此，项目投融资安排一般先进行风险分担方式的确定，根据融资的可行性和可能筹集资金的情况，做后续的融资工作或由股东进行投资。

不同的项目在担保结构、期限安排等方面会有所不同。项目融资能够成功，结构设计是首要因素，在有较好的结构安排下，相应风险才能得到较好的分散和控制，不足的资金由企业或股东投资进行补充，从而让融资顺利进行，保证项目的执行。

11.1 项目融资的基本模式

11.1.1 项目融资的模式取向

各个项目融资模式的安排，主要为了实现以下四个目的。

第一，合适的项目风险分担。在一定程度上，项目的风险应和投资企业有所隔离，在项目自身能够产生现金流的情况下，对项目资金的运用和收入基本能进行较为明确的把控，此时应更多地让项目自身承担还款风险，而不能完全依赖投资企业的投入。同时，项目的风险在不同的阶段，表现形式有所不同。那么，不同的风险可以在模式上进行相应的安排，以使项目的运作和后续的融资都能较好地控制风险。

第二，使用合适的结构与模式来降低资金成本、提高项目收益。根据税法，项目的亏损可以向以后年度结转弥补，另外还有一系列优惠和鼓励政策。若是资本密集程度高、建设周期长、前期需要大额资金投入的项目，应对其投融资结构进行适当考虑，以充分利用税务亏损对所得税的冲抵作用，更方便地解决资金回收问题，这样可以显著降低资金成本，提高项目的最终收益。

第三，需要尽可能维持合适的杠杆率，保持一定的融资能力，避免资金链断裂。一般来说，项目融资更为灵活，投资企业可以给予更多样化的担保安排，以确保项目的持续融资能力，以及维持合适的杠杆率，保证项目资金需求都可以通过融资解决。

第四，在融资的同时，实现优化财务结构的目的。比如，有些项目可以通过表外融资的方式，实现优化企业财务结构的目的。

11.1.2　项目融资的模式分类

1. 投资企业作为借款人或提供担保的融资模式

由项目的投资企业直接进行融资安排，可以以投资企业自身作为借款人，将融资款项用于项目的开发与运营；也可以以项目公司作为借款人，投资企业提供担保，进行付款的兜底安排。

在投资企业作为借款人的融资模式下，往往是在前文所述非公司作为项目的主体时，如合伙企业或联营与联合体中，由于项目主体并不具备法律主体资格，因此必须由投资企业出面进行融资安排。融资获得的资金用于项目，后续还款责任由投资企业承担。有时这种安排是为了让项目公司更专注于项目的开发与运营，而融资事宜完全由投资企业进行承担，以加快项目的开发进度，并且依托投资企业自身的实力来获得较好的融资条件。

在收并购项目的过程中，也会采用这种模式。

2. 由项目公司承担责任的纯粹的项目融资模式

在这种模式下，项目公司作为借款人，投资企业不承担融资协议下的任何责任，但会进行必要的协作。融资的还款完全依赖项目产生的现金流。在这种情况下，项目的现金流来源必须为银行所接受，一般来说项目会存在下游的包销协议，以照付不议的方式购买所有的项目产品或者长期的租约，而且项目产品的买方实力强大（有时就是投资企业）。这样项目的现金流流入非常稳定，偿还贷款的现金流充足，就可以由项目公司来单独承担相应的还款责任。这类项目一般为资源类、矿产类及基础设施类项目，如管道、港口、铁路等项目。在这种融资模式下，银行会对项目的完工情况和运作风险进行评估，需要有合适的操作，保证后续风险可控。融资期限也会短于项目的总体周期,同时由于建设期风险较高,融资银行参与的金额比例会相对降低。项目融资模式在现实中多种多样,如黄金等高价值大宗商品,银行有时会同意以约定的产出的产品直接偿还贷款。

3. 以杠杆租赁的模式进行项目融资

如前文所述,对与大型设备相关的项目,会采用杠杆租赁的模式进行项目融资。这些项目主体通常作为出租人,将资产出租给承租人,以收取租金,用于支付相应债务、税收和其他管理费用。杠杆租赁的结构主要从税务方面进行考虑,在项目主体上往往采用合伙企业的模式,在美国有时也采用信托基金模式,专门为杠杆租赁进行安排。通过债务融资,享受税务扣减,主要是项目折旧和利息的税务扣减。一般杠杆率为60%~80%。

而项目资产的承租人,与前文所述的包销协议或长期租约不一样,有时投资企业是承租人。杠杆租赁模式的项目融资比一般的项目融资复杂,主要表现在以下三个方面。

第一,更多的协议和法律关系。杠杆租赁模式的项目融资和一般的项目融资一样,需要有建设协议、融资协议、和项目主体相关的合资协议等;还涉及租赁协议,以及设备厂商与相关各方的协议。

第二,更多的主体。除项目投资者、债务融资提供者之外,还有出租人、承租人等更多的主体。

第三,更多的项目阶段。正常的项目只有建设期和运营期,但租赁模式的项目还包括项目投资组建期、租赁阶段、建设期、运营期和租赁协议结束阶段。项目投资者先要通过大量工作进行结构的搭建安排,并准备各种协议;在出租主体成立后,开始进行各种工作的筹备和建设;建设完成后还涉及项目的移交、租赁;租赁期内同样要进行相应运营;最后还涉及项目的关闭、余值的处理等。

因此,杠杆租赁模式的项目融资是比较复杂的,运作这种模式需要更长的时间和更高的成本。其好处主要在于项目的税收抵免在一定程度上提高了投资企业的收益。利用税务抵免可以偿还项目融资总额的30%~50%。但杠杆租赁的安排一旦确定,后续就极少有调整的空间。

4. 以BOT、PPP为代表的项目融资模式

BOT(Build, Operate, Transfer)是建设、运营和转让的意思;PPP(Public-Private Partnership)则是公私合营模式。这类项目融资模式与前文所讲的几种有显著的区别,项目的真正所有人一般为政府等,以BOT、PPP为代表的项目融资模式,核心是解决项目建设和运作问题。投资企业进入后可以运作该项目,以项目的后续现金

流作为投资收益。同时，相应的贷款等由企业自行解决。但实际上，企业在进行融资时，主要基于前面三种模式。

同时，银行在相应项目的融资中会更注重投资企业对项目的掌控，包括政府授予企业的特许经营权等。

11.2　夹层资金

夹层资金是介于股本金与债务融资资金之间的资金。从大的范围来看，实际夹层资金属于准股本金的范畴。准股本金是投资企业为了特定的目的主动选择相应的安排。从实际效果来说，投资企业并不会主动要求项目公司还款，也不考虑通过准股本金的投入而获得收益。投资企业的收益主要来自项目的收益。而夹层资金主要为投资企业引入其他投资人而采用了准股本金的形式，如可转换债券、优先股等。夹层资金投资人的主要目的是通过收取利息的方式（可以以股息的形式）来获得收益，同时会在一定程度上使用一些有息的金融工具来参与项目价值增值部分的分配。最常见的就是以优先股的形式。夹层资金的提供者可以优先获得收益分配或股息，投资企业也会努力向贷款银行争取不设置相关限制，给予夹层资金一定的灵活空间。

在风险方面，夹层资金的提供者承担了高于债权贷款但低于股本金的风险。夹层资金同样劣后于传统的贷款，但可税前扣除，也可及时终止，合同条款比较灵活，当然夹层资金承担了一部分项目的自身风险。

11.3　债务资金的来源与安排

项目融资中债务资金主要来自融资银行提供的项目贷款，同时一些出口买方信贷等形式的贷款在项目融资中使用非常广泛。另外，还有一些使用商业票据、债券的情况，但相对比较复杂，它们都需要外部评级，并且依赖债券市场。

11.3.1　传统项目的贷款流程

一般商业银行的项目融资贷款主要用于建造大型生产装置、基础设施或类似的项目。借款人通常是专门成立的项目公司，项目公司为建设、运营及为该项目进行融资而成立。还款的资金来源主要依赖项目产生的现金流，包括销售、补贴或其他相关的收入。

项目融资要求符合国家有关投资管理规定，必须有相应的项目资本金，一般要求在20%以上。融资银行会审慎评估并对项目的现金流进行分析和监控。在风险安排上，会对项目建设期和运营期的风险进行分担。在贷款的发放上，会按照项目建设的进度来发放，还款会进行分期等额还款。

一般办理条件如下。

第一，项目公司作为借款人依法成立。

第二，借款人在融资银行开立账户。

第三，作为借款人的项目公司及其股东信用良好，在银行无不良记录。

第四，不违反国家规定的项目的投资主体资格或经营资质要求，以及资本金要求；项目依照国家规定办理相关审批、核准或备案手续。

第五，项目符合国家产业、环境保护、土地、城市规划、安全生产等方面的政策。

第六，借款用途及还款来源明确、合法，符合国家政策要求。

贷款的金额、期限和利率根据项目情况、资本金比例、现金流预期、股东的支持等因素综合确定。利率要反映项目融资结构的风险和各项风险缓释措施的有效性。项目公司在项目建设期结束后开始分期还款。还款计划要与项目预期的现金流情况相匹配，不得集中在项目融资到期前偿还，也就是不允许前低后高的气球式还款，也不允许一次性偿还本金的子弹式还款。银行会要求借款人委托具备资质的第三方中介机构为项目提供法律、税务、保险、技术、环保和监理等方面的专业意见。

银行在审查项目贷款时，主要审查以下内容。

第一，各项材料是否真实、完整。

第二，借款人、项目发起人或主要股东的基本情况，包括注册资本、成立时间、主营业务、高层管理人员；信用状况、生产经营情况、财务情况、行业地位等；项目管理的能力等。

第三，项目的基本情况，包括项目所属的行业、市场情况、供求状况、竞争对手情况、项目产品的优势及项目必备能源与原材料的可获得性；项目的可行性、建设条件和进展情况，各项核准审批的情况；项目预期的现金流情况；如果对能源和原材料稳定供应依赖性强，还会要求提供长期供应协议，并会审查协议内容，即供应方的履约能力和意愿。

第四，项目建成后即移交或转让的，应着重了解项目受让方的实力，以及项目受让方和借款人之间签订的协议。

第五，项目投资情况，包括资本金比例、投资模式、资金来源等。

第六，对担保的尽职调查。

同时，银行会做出一些相应的要求。

第一，针对项目的完工风险，银行会要求借款人或建设方落实完工担保或履约担保，或缴纳完工保证金，当项目建设延期，成本超支，或项目没能达到完工标准时承担相应的责任。

第二，项目资产和预期收益，以及项目公司的股权都必须进行抵押；不能设立抵押的，要进行账户监管。

第三，为项目建设期、运营期的相关资产办理商业保险，如建筑工程一切险、综合财产险等，受益人设为银行。

第四，放款的前提条件包括：项目已经按国家规定履行必备程序，并获得相应许可文件；资本金与贷款同比例足额到位；项目实际建设进度与已投资额相匹配；采用贷款人受托支付，提款要提供有监理、评估、质检等第三方机构参与签署的确认项目进度和质量的书面文件，如单据、项目进度报告等。

第五，对于发生下列情况的，银行会停止发放贷款：投资企业或项目公司信用水平下降；不按合同约定支付贷款资金；项目进度落后于资金使用进度；违反合同约定，规避受托支付；指定的放款账户被冻结或止付。

如果项目出现超支的情况，借款人申请追加贷款，银行会重新履行审查审批程序，涉及担保的，会要求追加担保。

融资银行的项目贷款还有固定资产贷款、项目前期贷款（包括设备购置贷款）、项目运营期贷款等。它们与常规的项目贷款比较类似，但固定资产贷款主要满足项目建设期的固定资产投资活动产生的资金需求，贷款期限一般为建设期加上10年；项目前期贷款主要满足借款人为购买前期设备、建设物资等产生的资金需求；项目运营期贷款主要满足在项目已经建成投产的情况下，再融资的需求，即用该贷款替换项目现有银行融资，以降低融资成本。运营期贷款仅针对特定行业，包括电力、铁路、城建、公路、石油、港口、煤炭、钢铁和电信行业。运营期贷款在贷款期内采用循环的方式，期限一般是1年或2年，最短不得短于半年，最长不得超过5年。

11.3.2　出口买方信贷融资及案例

出口买方信贷融资一般是有国家政策性出口信用保险机构支持的买方信贷融

资，主要用于海外的大型项目。在针对项目的融资中，其是比较常见的融资方式。在我国，中长期出口买方信贷一般是在中国出口信用保险公司代表财政部出具的中长期出口买方信贷保险保单保障下的出口买方信贷，是在买方信贷融资方式下，中国出口信用保险公司向金融机构提供的、用于保障其资金安全的保险产品。另外，中长期出口卖方信贷保险、中长期出口延付合同再融资保险和中长期海外融资租赁保险也能起到类似的作用。

中长期出口买方信贷保险的标的物是银行和海外借款人之间签订的出口信贷合同，被保险人是出口信贷提供银行，承保风险是海外借款人的还款风险（包括商业风险和政治风险）。出口信贷合同是专门针对出商与海外借款人签订的销售合同，提供长期的信贷支持，即海外借款人通过向出口信贷提供银行借款，购买出口商的出口产品。出口商在履行出口合同的相关义务后，直接向出口信贷提供银行提款，后续由海外借款人向银行还款。

中长期出口卖方信贷保险的标的物是出口商和海外买家签订的延期付款合同，被保险人是出口商，承保风险是海外买家的还款风险（包括商业风险和政治风险）。融资银行通过购买合同项下应收账款或抵押贷款的形式进行放款。

中长期出口延付合同再融资保险为金融机构、出口企业或融资租赁公司收回融资协议、商务合同或租赁协议项下应收款项提供风险保障，承保业务的保险期限一般为 2~15 年。

中长期海外融资租赁保险为出租人租赁项目所在国政治风险及承租人信用风险提供保障。融资银行可以成为中长期海外融资租赁保险的被保险人，该保单承保银行与融资租赁相关的贷款协议项下借款人还本付息的风险。中长期出口信用保险如表 11.1 所示。

表 11.1 中长期出口信用保险

承保风险	商业风险	债务人宣告破产、倒闭、解散或拖欠商务合同或贷款协议项下应付款项
	政治风险	债务人所在地政府或还款必经的第三国（或地区）政府禁止或限制债务人以约定货币或其他可自由兑换货币偿还债务
		债务人所在地政府或还款必经的第三国（或地区）政府颁布延期付款令，致使债务人无法还款
		债务人所在地政府发生战争、革命、暴乱或保险人认定的其他政治事件
损失赔偿比例		中长期出口买方信贷保险、中长期出口延付合同再融资保险最高赔偿比例为 95%
		中长期出口卖方信贷保险最高赔偿比例为 90%
		金融机构（含金融租赁公司）作为被保险人的承保融资租赁相关信用风险的中长期海外融资租赁保险最高赔偿比例为 95%，非金融机构作为被保险人的最高赔偿比例为 90%

在上述中长期出口信用保险项下的融资中，中长期出口买方信贷保险项下的出

口买方信贷融资是融资银行最青睐的融资方式，也是实践中使用最多的融资方式。

出口买方信贷在中国出口信用保险公司提供保险的前提下，出口信贷提供银行向国外买方、买方银行或政府提供中长期外汇贷款，用以购买中国出口货物或服务。

出口信贷提供银行受理所需的材料如下。

第一，中国出口信用保险公司对该项目的承保意向书。

第二，商务合同。

第三，出口企业以中英文出具的排他性的委托银行为贷款安排行的委托函。

第四，正式申请文件。

第五，项目的批准文件。

第六，出口企业对中国出口信用保险公司赔付比例之外部分的担保。

其余的审查和相关要求与一般项目贷款类似。

由于企业日常主要接触的是国内的贷款，对专门帮助中国企业出口，帮助海外买家融资以购买中国企业的产品的中长期出口信用保险项下的中长期贷款并不熟悉。就中长期出口信用保险项下的中长期出口买方信贷相关的申请和赔付举例如下。

南亚某国进行招标——3年持续采购货物。由于采购计划总投资金额高达23亿美元，进口方希望采购时，在保证预付款比例不低于15%的情况下，能够安排10年期限的融资。也就是说，在货物满足R公司需要的前提下，供应商能否协助解决融资问题是竞标的首要条件。当时，有多家中外供应商参与竞标，包括国内外的知名供应商等，它们都希望能够分得一部分份额。

为支持中国企业竞标，中国出口信用保险公司与其他政策性银行共同提供了项目融资方案，即由D银行牵头，E银行参与，与进口方R公司签订三份贷款协议，贷款总金额共计13.5亿美元，贷款期限为10年；由中国出口信用保险公司为R公司偿还贷款协议项下本金和利息共计15.3亿美元提供还款担保，解决融资银行的后顾之忧。由于中国出口信用保险公司为该项目提供了中长期出口买方信贷保险，最终帮助中国出口商赢得了商务合同。

此后，在3年的供货过程中，R公司陆续给中国出口商分多笔下发采购订单，中国出口商根据订单完成出口后，按照贷款协议的规定，通知融资银行将贷款直接支付给中国出口商，作为每笔出口完成后应支付给中国出口商的货款，直至该项目于2014年执行完毕。该项目最终实际下发订单15亿美元，共贷款10亿美元，中国出口信用保险公司为项目提供了中长期出口信用保险，即承保R公司因发生政治风险（包括战争、暴乱、汇兑限制等）不能偿还贷款，以及因发生商业风险（包括债务人破产、拖欠等）不能偿还贷款。由于中国出口信用保险公司为贷款提供了充分的还款保障，因此融资银行也给予了项目较优惠的贷款利率。

R 公司在采购完成后，一直按时分期偿还贷款。在贷款后第 6 年，R 公司由于经营不善，偿债压力加大，开始拖欠偿还贷款。在中国出口信用保险公司和融资银行的催促下，R 公司提出延期还款计划，R 公司起初还积极筹款偿还贷款，但随着经营状况进一步恶化，其最终因出售资产还款计划及债务重组失败而停止还贷，于第二年进入破产程序，宣告破产。

R 公司停止偿还贷款后，融资银行向中国出口信用保险公司提出索赔。当时，该采购项下尚未偿还的贷款及利息共计 3.95 亿美元，因其属于中国出口信用保险公司应承担的商业风险，根据保单约定需按融资银行损失的 70%（其中一份保单）和 95%（其中两份保单）进行赔付。R 公司破产后，中国出口信用保险公司先后两次共赔付超过 1.5 亿美元。第三次赔款 1.45 亿美元，也是该采购项下最后一笔赔款。这样该贷款项下累计赔款约 3 亿美元，弥补了融资银行的损失。

11.4　工程承包商、设备供应商融资

与前文所述的延期付款相同，在工程建设期，同样可以与工程承包商或设备供应商协商，放宽付款条件。承包工程一般按照工程进度进行结算，收取工程款，因此在建设期最大的资金需求是购买相应设备的款项，以及前期工程款的垫付。这些款项占项目总投资的 40%~80%。

项目公司可以要求工程承包商和设备供应商进行垫资，项目公司延后向工程承包商和设备供应商支付货款。此时，工程承包商和设备供应商可以用自有资金垫资，也可以向银行申请建筑贷款，同时垫资的成本由项目公司支付。一般银行会要求项目公司同意将在建工程进行抵押，当项目公司发放工程款时，直接存入银行的监管账户，以偿还贷款。同时，工程承包商和设备供应商需要向项目公司提供履约保函。工程履约保函一般费率为保函金额的 0.6%~1.5%。

11.5　担保与风险缓释措施

项目融资中担保措施较为普遍，这也是其区别于一般企业融资的重要特色。具体的担保形式在前文债务融资部分已经进行了讲解，在此不再赘述。本节主要对具

有项目融资特色的担保进行介绍。需要说明的是，投资企业提供照付不议等方式的包销协议或长期租赁合同，虽然锁定了项目的现金流，但并不能算严格意义上的担保方式，在本章中不进行讲解。

项目融资与一般企业融资最主要的区别是项目的风险由各方进行分担，而担保是体现风险分担的关键。项目的投资企业可以避免直接承担相应的付款责任，而且可以通过一些担保措施将风险进行分散。在项目融资中，银行虽然第一还款来源是项目的现金流流入，理论上融资银行也应承担相应风险，但由于在总体项目融资结构安排中采取了各类担保措施，这些担保措施使影响项目现金流流入的各类风险由不同的主体承担，而不仅仅由融资银行单独承担。这样融资银行承担的风险就可以控制在较为合适的范围内。

除正常的担保措施之外，项目融资中往往还会采取一些非担保性质的，但在一定程度上可以帮助融资银行控制风险的风险缓释措施，以使总体项目的风险进一步得到分散。

11.5.1 直接还款担保

针对项目融资贷款，进行还款担保是最为直接的方式，可以是项目的相关方或第三方进行担保，也可以用银行可以接受的资产，对还款进行担保。通过出口信用保险机构的保单，尤其是买方信贷保单，也具有同样的作用。在海外项目的运作中，抵押出口信用保险保单是通行的项目融资担保方式。

可用来进行直接还款的担保财产通常包括项目公司的股票或股权，项目公司现在和未来的财产（进行浮动担保和固定担保的相互配合），以及相关商业保险保单的权益转让，包括特许经营权、土地使用权等。主要的担保财产可以以下列方式进行安排。

1. 项目公司或投资企业所拥有的其他公司的股票或股权

一般来说，作为项目融资的担保的股票或股权的抵押，融资银行只能接受该股票或股权是"记名"（可以进行登记，记录在案的股票或股权）的。同时，要求这些股票或股权没有转让限制，也就是说，不能有法律或股东协议规定这些股票或股权的转让有限制条件。在进行担保时，融资银行会要求企业将相应的股票或股权，在相应登记机关更改名称。但如果是项目公司的股票或股权，相应的投票权或高管人员的任命权依然会保留在投资企业手中，融资银行并不会干涉项目公司的运营管理。

对于股票的种类，融资银行最青睐的是进行固定股息分红的股票，这些具有债券性质的股票能保值，且现金流收入稳定，可以较好地为融资银行增加收益，减少损失，包括可转换债券、优先股等。

融资的项目如果是海外项目，那么一般融资银行会将英国法作为贷款协议的准据法。在英美法系的普通法与衡平法项下，对股票或股权担保的设定与我国有所不同。在普通法的抵押方式项下，融资银行可通过合法的转让方式从原先登记的股票或股权持有人手中，获得进行抵押的股票或股权。在获得进行抵押的股票或股权后，在法律规定的登记机关将股票或股权登记在自己名下。当融资结束，解除担保后，再转让给原股票或股权所有人，并在登记机关重新进行登记。在进行操作时，融资银行必须从出具抵押的项目投资企业处，获得一份包括抵押的股票或股权的相关权利及抵押的存续时间、解除条件等内容的文件。有合同，并进行特定形式的转让，就完成了英国法下普通法的抵押设立。

2. 对项目公司现在和未来的所有财产的抵押

对项目公司现在拥有的所有财产进行抵押，就是所谓"固定抵押"，也就是担保财产的金额、担保的存续时间等都是固定的。

而浮动抵押是对项目公司未来的财产进行的抵押，当企业获得新的财产后，这些财产通过"结晶"（Crystallization）自然进入抵押的范围，新获得的财产从浮动抵押变为固定抵押。"结晶"是英国法下的名词，指某财产上设立的抵押从浮动抵押向固定抵押变动。相应的财产在变为固定抵押后，就不能由项目公司进行自由处置，而是必须符合贷款协议中与担保相关的规定。

11.5.2 对项目自身的担保

对项目自身的担保一般是项目的特定相关方，针对项目的某种特定风险提供的担保措施。比如，承包商对项目的完工提供完工保函。有时银行主要考虑项目的完工风险，可能会要求项目的投资企业出具项目完工的担保合同。设备供应商、运营商提供履约保函也属于类似的情况。

在对项目自身的担保方面，常见的两种方式是资金缺额担保和第一损失担保，它们规定了最大的担保金额，以让担保的金额限制在一定的范围内。当项目缺乏资金时，担保方承诺对资金进行补充，以及如果出现损失，对一定金额范围内的损失，项目的投资企业不进行风险分担，而是由担保方直接全额赔付。

另外，对火灾、自然灾害等不可预测的风险，企业可以向保险公司购买保险，让保险公司来分担这些风险。此时，融资银行一般会要求企业将保单受益人直接设为融资银行，或者将保单权益抵押给融资银行。这样，当风险发生的时候，如果出现可能导致融资银行产生的损失，融资银行就可以通过保单的赔付，对自身的损失进行补偿。这种方式是一种常见的担保方式。

11.5.3　消极担保

消极担保一般指项目公司或投资企业对项目和资产做出"不再设立新的担保"的承诺。这种方式在企业常规的债务融资（如流动资金贷款、贸易融资）中较为少见。而在项目融资中，由于融资银行承担了比一般融资更多的风险，因此在项目的贷款协议中会进行相应的安排，以帮助融资银行规避风险。其主要目的是保证企业可以提供给融资银行强制执行的资产不少于贷款协议签订时的资产。

消极担保一般由债务人向债权人承诺，除非债权人同意，或者符合合同原先的规定，债务人不向债权人以外的第三方提供担保。设立消极担保主要是为了保证项目项下各相应权益的完整，不被削弱，从而保障债权人的利益。在项目融资中，由于种种原因，项目投资企业或项目公司不愿意将项目的权益或财产向融资银行提供担保。因此，项目融资中的融资银行进行风险控制的一项很重要的措施，就是限制项目投资企业或项目公司在项目融资的安排之外，另行设立担保，形成其他新的对外支付义务。根据法律法规，一般设立了担保的财产相关的债务，有担保的债权优先于无担保的债权。当财产清偿时，有担保的债权先获得回款，这就使得项目投资企业或项目公司一旦在融资银行之外设立了担保，当项目最终发生风险的时候，融资银行不能对相关的资产、财产或权益进行及时追索，以减少损失。由于消极担保对分散融资银行风险的有利作用，并且符合项目融资的实际，因此在项目融资中被广泛应用。消极担保已经是项目融资下贷款协议的基础条款之一。

消极担保的担保利益一般仅限于财产担保，也就是物的担保。但随着项目融资的不断发展，基于保证等形式的消极担保也屡有出现。消极担保在保障融资银行利益的同时也限制了项目公司进一步融资的能力。因此，这种消极担保也有一些例外情况，包括以下几种。

第一，一些法定的担保利益，不因为项目的贷款协议中的消极担保而不能获取。比如留置权，假设融资银行对项目的所有资产都采取了消极担保措施，但项目公司采购的一款设备在制造商处制造，此时项目公司出现风险，未按规定付款，制造商可以合法采取留置的措施，这种法定的担保利益不由于消极担保规定的存在而不能获取。

第二，在消极担保设立之前，项目公司已经存在的担保不必由于对融资银行的消极担保而取消。消极担保通常只能要求在项目现有财产上设立，而不由于设立消极担保而改变已经存在的担保的效力。如果项目公司在后续项目运作过程中进行收购，并且收购的标的公司的财产之前已经设立了担保，同样相应的担保也可以继续存续，不受项目公司消极担保的影响。

第三，项目公司向融资银行提供了新的等价值的担保的，一般融资银行会同意取消消极担保，允许在原财产上设立新的担保。融资银行设立消极担保的目的是防范风险，而如果项目投资企业或项目公司提供了可以帮助融资银行控制风险的担保，则消极担保的目的已经达到，融资银行也不会继续坚持设立消极担保。

消极担保的形式分为以下三种。

第一，基础的消极担保。融资银行单纯不允许作为借款人的项目投资企业或项目公司为第三人设立担保。

第二，以对等的方式所进行的消极担保。融资银行会要求，如果项目投资企业或项目公司在某项财产上为第三人设立担保，则必须向融资银行提供同等价值的额外担保。消极担保本身仅是对项目投资企业或项目公司的限制性条件，而要求提供同等价值的额外担保，则构成了项目投资企业或项目公司的承诺。

在这种方式下，也有以融资银行拥有请求权的形式来进行的，如融资银行拥有要求项目投资企业或项目公司为其设立相应担保的权利。

第三，自动的同等比例消极担保。一般规定为，当项目投资企业或项目公司为第三人提供担保的时候，融资银行将在同一担保财产上自动享有同等比例的担保。这种消极担保由对等的消极担保发展而来，而且可以有效地防止项目投资企业或项目公司规避设立额外担保的情形。因此，这种方式在实践中越来越多地被使用。一般计算方法是对两个债权的金额被保障数额比例进行计算，见如下例子。

融资银行债权与第三人债权的比例＝担保资产总价值×（融资银行债权价值÷第三人债权价值）

融资银行会将上述比例规定写入贷款协议，为不突破该比例，企业可以采取三种措施，包括增加担保资产、减少融资银行债权、减少第三人债权。

对项目投资企业或项目公司违反消极担保条款而进行的设立担保的行为，融资银行除进行诉讼之外，一般通过贷款协议规定的加速还款条款对作为借款人的项目投资企业或项目公司进行惩罚。这样会导致项目投资企业或项目公司的资金链受到巨大的影响，同时加速还款也导致其声誉受损，难以进行持续的融资。

11.5.4 其他风险缓释措施

在项目融资中，当项目投资企业无法对融资银行提供其需要的担保时，可以通过其他手段，向融资银行提供一些风险缓释措施来使风险进一步分散。风险缓释措施包括以下几种。

1. 安慰函

安慰函并不是有约束力的承诺，只是企业提供的一种表达自身意愿和相应倾向的文件，其一般在项目投资企业无法对融资银行提供相应担保时使用。但由于这种安慰函本身并不具备担保性质，因此一般用于项目投资企业对融资银行表明对项目或项目公司的支持态度。同时，融资银行通过安慰函将一些项目投资企业会履行的义务进行一定程度的确认。安慰函之所以能为融资银行所接受，与项目投资企业以往的行为方式和信用记录有关。一些企业有非常良好的信用记录，并且可以做到遵守安慰函确定的义务，因此融资银行会接受相应的安慰函。

基于安慰函所代表的是道德压力而不是法律义务，安慰函普遍被项目投资企业所接受，因此在项目融资中有非常广泛的应用。但安慰函往往只能与实质性的担保措施配合使用，仅依靠安慰函是不能很好地为融资银行所接受，并且顺利推进项目融资的。

2. 贷款协议中的先决条件、陈述和保证

先决条件、陈述和保证往往是贷款协议中的基础条件，即如果不满足这些条件，贷款协议不能生效。有时这些条件是贷款中要求借款人必须做某些动作，如果不满足这些条件（也就是不做出某些动作），就违反了贷款协议的规定。

在项目融资中，如果是适用于英国法的海外项目，这些条件会对贷款协议的执行产生实质性的影响。比如，造成借款人不得在贷款协议下提款，融资银行不能继续提供贷款等。贷款协议中设定的先决条件往往对项目投资企业和项目公司的一些基础性要求做出明确的规定。比如，项目投资企业与项目公司提供的文件是真实、合法、有效的；项目自身或担保涉及的相关资产权利完整；项目自身会购买相关商业保险，并按融资银行要求将权益进行转让。

同时，融资银行设定的先决条件会用来确保其自身的利益，比如将风险控制措施定为相应的条件，如果风险发生重大变化，融资银行有权不予放款或要求项目公司加速还款。这些情况一般包括：第一，出现重大政治风险，影响后续项目公司的还款；第二，项目公司出现违约，或符合交叉违约条款所规定的情形，融资银行不仅可以不再放款，还会要求项目公司进行加速还款，并支付罚息；第三，项目公司

在还款方面已经出现逾期，且融资银行判断已经无法挽回。

类似于先决条件，项目投资企业与项目公司也要陈述并保证其为合法成立的企业；贷款协议的签订人具有签订贷款协议的权利；在其他贷款中不存在违约的情况；不存在任何尚未解决、潜在的诉讼会对项目或项目公司造成不利影响，导致项目公司对融资银行的还款能力削弱；贷款协议具有法律效力并可以被强制执行；相关财务报表、融资条件等没有实质性的重大变更；项目在正常、合法的运作过程中。如果项目投资企业或项目公司没能遵守这些保证，同样也会构成违约，并承担贷款协议所规定的不利后果。

这些条件保证融资银行在面临事先预想的不利情形时，将为融资银行采取停止放款的行动提供充分的依据。一旦这些条件生效，融资银行就能按照条款的规定展开相应行动。设置这些条件的原因是：融资银行在贷款协议中规定的许多条件的内容，往往必须极其深入地掌握企业情况才能了解，甚至有可能无论使用何种方法都无法了解。融资银行无法通过自身的调查和分析，充分了解具体情况，也就无法提前采取相关行动制止企业的行为。因此，应该通过设置这些条件，让项目投资企业或项目公司承担相应的法律后果，以充分保障融资银行的利益。

3. 贷款协议中的约定事项

约定事项是项目公司在贷款协议中针对某些事项做出的承诺。由于项目运作的时间较长，项目融资相关贷款往往是长期限的贷款。融资银行在放款后，长时间只能依靠项目公司自身运作产生的现金流获得还款。融资银行为了控制风险，会设定一定的约定事项，制约项目公司的相应行为。但债务融资不同于股权融资，融资银行只拥有债权而没有股权，不能通过股权对企业的经营决策或高管的任命发挥影响作用。通过约定事项，通常对项目投资企业或项目公司的一些经营方式、运营行为或者财务指标等进行规定。通过这些规定，融资银行能获得类似于表决权的权利。

常见的约定事项及相应能起到的作用如下。

第一，在项目公司资不抵债时，维护融资银行对其剩余财产的平等级别的请求权。常见的约定事项包括消极担保、比例平等条款、限制财产处理条款等。这么做主要是为了防止银行的贷款债权被次级化，即在优先等级上落后于其他的债权。一旦出现这种情况，在项目公司进行剩余财产分配后，融资银行就不能最大化维护自身的权利。

第二，控制项目公司的债务水平，以保障项目公司的还款能力。常见的约定事项包括资产负债比例限制、最小额净资产限制、流动资本限制、净利润与应付利息比例限制、分红限制、财产处理限制、资本支出限制等。这些约定事项主要是为了防止项目公司在其有限的资产上承担超出其能力的责任。

第三，控制项目公司的流动资产水平，保证项目公司的流动性，同时对项目公司的还款能力进行保障。常见的约定事项包括借款限制、融资比例限制、担保限制、利息支付准备金安排。

第四，保证融资的资金用途，保证项目的运作与规划一致。常见的约定事项包括项目公司经营范围限制、项目运作保证。由于一般项目融资的时间较长，而融资银行在初步分析该项目时的情况，经过较长时间，如果项目运作发生了较大的变化，项目的风险状况等都会改变，与融资银行初步规划的情况就会不同，因此需要对融资的资金用途及项目的运作等，做出相应的规定。

第五，控制项目公司过快增长，以防超过其自身的融资能力和风险承受能力。常见的约定事项包括对项目公司并购的限制、投资的限制，对资本性开支的限制及对经营业务实质性改变的限制。如果项目公司过快增长，一般是通过并购加入其他运作的项目，或者是承担了其他相应的义务。而快速增长需要自身的融资能力进行支持，这就导致项目公司需要提升相应的偿债能力，这可能远远超过项目公司的风险承受能力。

第六，保证融资银行能监控项目公司的条件和贷款协议的相关条款的履行。常见的约定事项包括提供财务报表，并且保证财务报表真实、合法、有效。

第七，保证项目公司、项目的基础条件不恶化。常见的约定事项包括项目公司不进行变更、高管变更限制、股东股权比例限制。

具体来说，项目公司承诺保持相对稳定的业务范围，不随意增加业务；未经同意，不得改变所有权结构；未经同意，项目公司不得被收购、合并，使得借款人不因此而降低信用等级；项目公司不得进行重组；保持项目公司内部组织结构、管理人员相对稳定；项目公司不得对其重要资产进行出售、转让、出租等，可以处置部分资产，但不应该影响项目公司正常的生产经营活动，如在连续12个月期间，项目公司处置的资产价值不超过有形资产净值的一定百分比）；为特定资产购买保险（特别是船舶、飞机等项目）；限制项目公司大规模投资、限制资本支出；限制项目公司对外提供担保；限制项目公司分红，注意以相对限制为主，如分红不得超过净收益的一定百分比，或者设立还款账户，满足还款账户最低水平之后可以分红等。

一旦项目公司违反相应约定事项，一般贷款协议规定必须进行加速还款。但项目公司也可以向融资银行申请豁免，比如某些约定事项已经限制了项目公司的经营发展，不能保证项目正常运作，影响了对融资银行的还款，此时融资银行会考虑对相应约定事项进行豁免。

11.5.5 项目投融资风险的担保和风险分散案例

项目投融资的担保往往采用多种方式，目的是将项目的风险进一步分散。下面来看看东欧某国水电站的例子。

1. 项目背景及融资方案

A公司投资东欧某国水电站，该国境内拥有丰富的水电资源，预计潜在可开发的水电资源为 4 000 兆瓦，本项目名为 U 项目，位于该国 K 地区的 N 河上游，水力资源丰富，项目总装机容量为 35 兆瓦。U 项目的实施是该国政府充分支持开发境内水电项目，落实发展清洁能源规划的重要部署，在一定程度上可降低该国对燃煤发电的依赖，有利于保护环境，提供稳定的清洁的可再生能源电力。水电站大部分电力通过 A 公司内售电关联公司瑞士公司 AS 出口至欧洲电力市场，同时部分电力由所在国当地电力公司采购。

A公司设立项目公司 AU 负责该项目，与工程承包商及设备供应商签订 5 000 万欧元的商务合同，占总投资金额的 75%，该资金用以支付承包商的工程款和供应商的设备款。A 公司向项目公司 AU 注资 1 600 万欧元，作为股本金投入。项目公司 AU 作为借款人，贷款金额为商务合同的 85%，即 4 250 万欧元，包括建设期利息资本化部分；贷款利率为 3 个月 Euro LIBRO+200BP，贷款期限为 4+11 年（提款期/宽限期为 4 年，还款期为 11 年），承担费 0.5%；安排了出口信用保险对出口信贷进行承保，保费由项目公司 AU 支付。

2. 项目担保方式的构建

该项目的担保方式进行了多种安排。

第一，A 公司安排关联公司 A1 提供还款担保。

第二，项目公司 AU 对售电收入账户进行质押。

第三，项目公司 AU 股权与项目公司所有资产提供抵质押。

另一项目公司燃煤电站项目 AR 全部股权与资产进行抵质押安排。具体包括：（1）项目公司 AR 的土地、建筑、电站资产、煤矿等不动产抵押及动产浮动抵押；（2）项目公司 AR 的股权、知识产权、应收账款、相关账户质押；（3）项目公司 AR 的售电协议、商业保险、交易账户等相关权益转让；（4）为了保证购电协议电价下调后项目公司 AR 有足够的现金流支持项目公司 AU 还款，项目公司 AR 自水电站项目进入还款期的首个月起，每月按"电价下调的价差 × 当月售电量"向补充还款账户存入现金保证金，待每 6 个月还本付息后释放。

根据所在国电力公司与项目公司 AU 签订的购电协议，电力公司按照照付不议的方式购买电力，电价采取阶梯电价模式，项目公司 AU 以该售电收入作为还本付息的重要来源。所在国政府为购电协议提供担保。A 公司投资的同时也负责建设，向融资银行提供全额全程连带责任担保、工程不超概算及项目完工的承诺函，而且 A 公司下属负责工程的 AC 公司提供避免项目超出概算的承诺函及项目及时进入 COD（Commercial Operation Date，商用）的承诺函。

3. 融资银行对担保措施的考虑

融资银行分析了该项目的风险情况，最终认为风险可控，接受了担保安排。

第一，融资银行对电力销售渠道是否可靠做出了判断。商业运行后，如前所述，水电站大部分电力均通过 A 公司内售电关联公司瑞士公司 AS 出口至欧洲电力市场，同时部分电力由所在国当地电力公司采购。依靠较强的价格竞争力和 A 公司的专业能力，项目公司 AR 的燃煤电站项目自投入商业运行以来，除机组正常检修之外，一直保持满发甚至超发状态。该项目通过与境内诸如铝材生产商等大型用电企业签订可不断滚动的 3 年期限电力销售合约，可较好地对冲该项目后期数年的售电不确定风险，最大限度地降低 A 公司承担的经营风险。

第二，融资银行对担保方的综合实力进行了评估。担保方 A1 公司对 U 项目具有充足的担保能力，同时项目电费收入账户质押及项目公司资产抵押等附加担保措施，可进一步降低还款风险。同时，基于项目公司 AR 的燃煤电站项目较好的运营前景和境内有较多老旧燃煤机组将陆续关停的客观现状等因素，实际发生风险后，可通过对该项目资产进行整体转售处理，有效地降低风险损失，可行性和可操作性均较强。项目公司 AR 的燃煤电站项目自投产后整体经营效益较为出色，还款执行情况良好，项目自身还款履约能力充足，从项目运营及还款表现看，项目自身可通过盈利及现金流有效覆盖贷款协议项下的还本付息，当前风险可控。从该项目的运营情况来看，燃煤电站项目通过执行担保偿付贷款本息的概率较低。

第三，融资银行评估认为项目投资企业 A 公司的整体经营表现稳健。U 项目的核心担保措施为担保人 A1 公司提供的还款担保，该公司系欧洲领先的电力交易公司之一，是中欧及东南欧电力市场主要的电力交易商，拥有丰富的跨境电力交易经验。相关财报显示，A1 公司具备一定资产规模且资产负债率较低，财务结构良好。

近年来，A 公司持续加强经营管理，降低成本和市场交易风险，确保公司资金的充足流动性，具备较强的风险控制意识，实现了销售利润和净利润的明显增长。在项目公司 AR 的燃煤电站项目投运后，盈利和现金获取能力大幅增强，当年前三季度，其净利润及 EBITDA 较上一年同期分别增长 54.3%和 45.6%，增幅明显，对项目偿债形成良好支撑。

第四，融资银行看好欧洲电力市场前景，认为有利于 A 公司未来的经营。根据欧洲知名能源咨询机构 P 公司对未来欧洲电力市场的分析，随着欧洲经济的复苏及普遍存在的老旧机组的陆续关停，欧洲电力市场发展空间较大，且未来电价将逐步上涨。电价呈现上涨趋势，整体经营将直接获益，其未来经营表现将更可预期，对旗下项目偿债能力将提供支持。

综上，融资银行初步认为 A 公司整体实力较强，风险控制意识较强，发展趋势稳中向好，具备为该项目出具担保的实力。同时，总体风险保障措施也比较充足，对项目运营的各方面均有较好的安排。融资银行最终认可该项目并提供了融资安排。

11.6 杠杆收并购融资

如果以收并购的形式来获得项目，相应融资可以使用银行的并购贷款来进行。并购贷款适用于收购现有股权，认购新股权或收购资产承接债务等收并购方式。并购贷款用于满足并购交易中支付并购交易款的需要，以并购后企业的现金流、并购方的综合收益或其他合法收入为还款来源。

申请并购贷款需要满足的基本条件如下。

第一，企业在银行开立账户。

第二，企业信用状况良好，没有不良记录。

第三，企业经营良好，财务状况健康，流动性及盈利能力较强，在行业内有较强的竞争力。

第四，符合国家产业政策；合法合规，获得政府批准。

第五，企业与并购项目有较高的产业相关度或战略相关性，并购可以带来良好的经济效益。

融资银行会要求将并购目标的项目公司股权或资产都进行抵押，并购贷款不能用于短期投资收益为主要目的的财务性并购活动。并购贷款的金额不得超过总体并购所需金额的 50%；贷款期限一般不超过 5 年；按年、半年或季度进行分期还款，按月或季度付息。

银行在审查过程中，主要审查以下内容。

第一，并购双方基本情况与经营情况、财务状况。

第二，并购双方是否具备合法合规的主体资格，是否已经取得相关审批文件，是否存在关联交易。

第三，并购协议的基本内容。

第四，并购目的是否真实，是否合法合规。

第五，并购涉及的金额、资金筹集方式和计划，是否涉及资金的出入境。

第六，并购后的计划，以及项目前景、风险，并购后预测的财务数据与主要指标情况。

第七，并购交易涉及的股权和资产是否存在质押、查封、冻结或限制转让的情况。

在满足以下条件后银行会给予放款。

第一，并购交易已经获得批准，并完成了相应必要的手续。

第二，投资企业的自筹资金到位，开始按期支付；分期支付的，投资企业的自筹资金与并购贷款同比例先期支付。

银行会对并购贷款的发放及并购相关进度和情况进行现场调查。投资企业及并购目标的项目公司必须按照银行要求每年提供财务报表，若出现贷款合同规定的特殊情况，银行有权要求加速还款。银行在针对并购贷款的审查中，也会依靠第三方的评估来进行。

11.7 本章小结

项目融资的基本模式如表 11.2 所示。

表 11.2 项目融资的基本模式

不同方面	投资企业作为借款人或提供担保的融资模式	由项目公司承担责任的纯粹的项目融资模式	杠杆租赁模式	BOT、PPP等模式
主体	非公司主体	公司主体	合伙或信托基金	公司主体
交易程序	简单	简单	复杂	简单
银行接受风险的难易度	简单	较难	困难	较难
审批速度	较快	较慢	很慢	较慢
投资回报收益	低	中	高	中
成本	低	中	高	中

续表

不同方面	投资企业作为借款人或提供担保的融资模式	由项目公司承担责任的纯粹的项目融资模式	杠杆租赁模式	BOT、PPP等模式
投资企业参与方式	针对贷款	针对项目	针对项目	针对项目
长期租约或固定支付合同的必要性	无	必要	必要	无

夹层资金是介于股本金与债务融资资金之间的资金。从大的范围来看，实际夹层资金属于准股本金的范畴。夹层资金主要为投资企业引入其他投资人而采用了准股本金的形式，如可转换债券、优先股等。最常见的就是以优先股的形式。夹层资金的提供者可以优先获得收益分配或股息，投资企业也会努力向贷款银行争取不设置相关限制，给予夹层资金一定的灵活空间。

一般商业银行的项目融资贷款主要用于建造大型生产装置、基础设施或类似的项目。项目融资要求符合国家有关投资管理规定，必须有相应的项目资本金，一般要求在 20% 以上。

一般办理条件要求如下。

第一，项目公司作为借款人依法成立。

第二，借款人在融资银行开立账户。

第三，作为借款人的项目公司以及其股东信用良好，在银行无不良记录。

第四，不违反国家规定的项目的投资主体资格或经营资质要求，以及资本金要求；项目依照国家规定办理相关审批、核准或备案手续。

第五，项目符合国家产业、环境保护、土地、城市规划、安全生产等方面的政策。

第六，借款用途及还款来源明确、合法，符合国家政策要求。

出口买方信贷融资一般是有国家政策性出口信用保险机构支持的买方信贷融资，主要用于海外的大型项目。在我国，中长期出口买方信贷一般是在中国出口信用保险公司代表财政部出具的中长期出口买方信贷保险保单保障下的出口买方信贷。

出口信贷提供银行受理所需的材料如下。

第一，中国出口信用保险公司对该项目的承保意向书。

第二，商务合同。

第三，出口企业以中英文出具的排他性的委托银行为贷款安排行的委托函。

第四，正式申请文件。

第五，项目的批准文件。

第六，出口企业对中国出口信用保险公司赔付比例之外部分的担保。

其余的审查和相关要求与一般项目贷款类似。

项目公司可以要求工程承包商和设备供应商进行垫资。项目公司延后向工程承包商和设备供应商支付货款。

项目融资安排的对比如表 11.3 所示。

表 11.3　项目融资安排的对比

债务融资安排	特点	是否需要评级	偿还本金的灵活性	对财务比率的要求	是否需要将信息公开披露
银行贷款	多种选择，长短期均可	不需要	高	一般	不需要
商业票据	规模和评级限制	需要	高	低	需要
美元传统私募、企业间拆借	可以避免依赖银行	不需要	一般	一般	不需要
美元公共高级别债券	借款超过3亿美元，需要两家评级机构评级	需要	根据市场而定	低	需要
中期债券	要求较高评级	需要	高	低	需要
融资租赁	通过抵税降低融资成本，提升投资回报	不需要	一般	一般	不需要
出口信贷	对出口企业有利	不需要	高	一般	不需要
国际金融机构贷款	针对新兴市场	不需要	高	一般	不需要

项目融资与一般企业融资最主要的区别是项目的风险由各方进行分担，而担保是体现风险分担的关键。项目的投资企业可以避免直接承担相应的付款责任，而且可以通过一些担保措施将风险进行分散，具体如下。

第一，直接还款担保，包括项目相关方担保、资产担保、出口信用保险机构的保单担保等。

第二，对项目自身的担保，包括完工保函、资金缺额担保、第一损失担保等。

第三，消极担保。

第四，其他风险缓释措施。常见的包括安慰函，贷款协议中的先决条件、陈述和保证，贷款协议中的约定事项等。约定事项是项目融资中比较常见的安排，一般安排如表 11.4 所示。

表 11.4　项目融资中常见约定事项的安排

常见约定事项	作用
消极担保、比例平等条款、限制财产处理条款等	在项目公司资不抵债时，维护融资银行对其剩余财产的平等级别的请求权
资产负债比例限制、最小额净资产限制、流动资本限制、净利润与应付利息比例限制、分红限制、财产处理限制、资本支出限制等	控制项目公司的债务水平，以保障项目公司的还款能力

续表

常见约定事项	作用
借款限制、融资比例限制、担保限制、利息支付准备金安排	控制项目公司的流动资产水平，保证项目公司的流动性，同时对项目公司的还款能力进行保障
项目公司经营范围限制、项目运作保证	保证融资的资金用途，保证项目的运作与规划一致
对项目公司并购的限制、投资的限制、对资本性开支的限制及对经营业务实质性改变的限制	控制项目公司过快增长，以防超过其自身的融资能力和风险承受能力
提供财务报表，并且保证财务报表的真实、合法、有效	保证融资银行能监控项目公司的条件和贷款协议的相关条款的履行
项目公司不进行变更、高管变更限制、股东股权比例限制	保证项目公司、项目的基础条件不恶化

并购贷款适用于收购现有股权，认购新股权或收购资产承接债务等收并购方式。

申请并购贷款需要满足的基本条件如下。

第一，企业在银行开立账户。

第二，企业信用状况良好，没有不良记录。

第三，企业经营良好，财务状况健康，流动性及盈利能力较强，在行业内有较强的竞争力。

第四，符合国家产业政策；合法合规，获得政府批准。

第五，企业与并购项目有较高的产业相关度或战略相关性，并购可以带来良好的经济效益。

融资银行会要求将并购目标的项目公司股权或资产都进行抵押，并购贷款不能用于短期投资收益为主要目的的财务性并购活动。并购贷款的金额不得超过总体并购所需金额的50%；贷款期限一般不超过5年；按年、半年或季度进行分期还款，按月或季度付息。

第12章
项目投融资风险分析与管理

一般项目期限长，涉及的金额大，因此项目融资所涉及的风险较为复杂。企业的生存和发展都依赖预备投资的项目。项目的风险管理和控制对企业的未来发展有决定性的意义。企业需要根据项目的情况进行风险识别和管理。从根本上说，风险最终导致项目无法按照预期正常运营，在财务结果上导致项目不能取得预期的收益。因此，可以从结果出发详细分析项目投融资风险的类别，并估计造成项目不能取得的预期收益金额（可以被认为是损失金额），再进一步研究项目投融资风险的具体规避措施。

12.1 项目投融资风险的类别

一般项目分为建设期和运营期两个阶段。从风险角度来说，建设期的风险是相对较高的。这个阶段的风险一般由项目公司及投资企业承担，不由融资银行承担。但如果项目在建设期出现延期、无法完工等风险导致项目无法建成，同样会导致项目融资的还款无从着落。当项目进入运营期后，项目应顺利安全地运营，这样才能保证按照预期的时间获得足够的现金流。

项目的建设和运营具有不确定性，实际情况可能与对项目进行决策时预期的不同，最终导致企业遭受损失。风险带来的最终结果往往由作为股东的投资企业承担。总体来说，项目投融资上面临的风险与一家企业面临的风险高度相似，但有所区别的是，有一些风险在项目投融资中特别突出。

在风险管理理论中，一般将风险分为损害风险（Hazard Risk）和金融风险（Financial Risk）两类，如图 12.1 所示。

图 12.1 基本涵盖企业在经营中可能面临的各种风险。损害风险会给企业带来直接损失，比如财产损毁导致企业资产遭受损失，并且为了修理、更新、采购需要

付出相应的成本。如果出现了法律责任风险，企业可能要承担相应的赔偿责任或者律师费等诉讼成本。当员工受到伤害、生病或者死亡时，企业会面临一系列风险，这都使得企业的成本上升。从间接方面来看，比如生产机器的损毁导致企业停工或产量下降，从而难以进行正常的还本付息等，都是这些风险给企业造成的间接损失。在项目中也是如此，项目需要一个主体来运营，运营中必须有相应的雇员，因此项目及项目公司同样存在这些风险，这些风险可能导致项目公司或项目自身的现金流出现问题，从而影响对项目融资款的偿还。

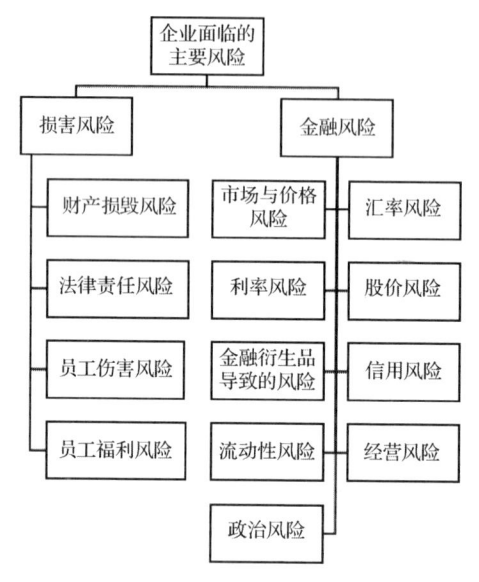

图 12.1　风险管理理论中的主要风险类型

金融风险真实地存在于资金融通与货币经营的过程中，导致资金经营面临实际收益的不确定性。它的影响与结果专门针对项目企业的资金运转与资金借贷，既可能导致企业或项目遭受经济损失，也可能由于波动反而使企业或项目受益。从金融风险的情况来看，基本来自企业的相关产品的市场价格变动、相关融资的利率及相关汇率的波动等。对位于海外、融资杠杆较高，同时又属于大宗商品等高度依托国际市场价格变化的项目来说，这类风险影响尤其大，可能对项目的现金流产生负面影响，最终导致项目的投资收益和还本付息出现不确定性。企业的流动性风险本质上既是企业自身现金流创造能力的风险，又是融资能力不足，能否持续进行融资的风险。信用风险和经营风险主要也是源于企业自身或交易对手经营中的不确定性，与企业经营环境中各种金融、融资因素相关。而政治风险对企业的影响往往通过外汇等金融因素产生作用。项目上面临的金融风险存在类似的情况。

在项目投融资方面，最为明显的风险是信用风险、完工风险、运营风险、市场风险、汇率与利率风险、政治风险六种。这些风险在一般风险管理理论中较常见，对项目公司或项目来说同样也存在。但这些风险对项目投融资而言，主要是造成间接影响，或者虽然造成直接影响，但影响力不够大。与贷款的风险一样，信用风险主要体现为信用主体的偿债意愿和偿债能力两方面的风险。

信用风险贯穿项目的各个阶段，主要表现为项目能否按照事先的保证，履行相应的义务，包括项目公司及下游客户能否及时还款，项目投资企业是否有足够的资金支持项目的建设和运营。只要是交易行为均存在信用风险，比如在项目建设期，项目的设备供应商不能按要求提供设备；在项目运营期，项目产品的销售无法按时回款；在项目融资安排的还款期，项目公司无法按时足额还本付息等。这些都是信用风险的典型表现。

完工风险主要存在于项目的建设期，主要包括项目建设成本超支；项目建设无法达到预期标准，甚至可能完全停工。若项目无法完工，后续项目的运营也无从谈起，项目后续的现金流也就无法保证。项目未能如期完工的原因主要可归结为以下几点。

第一，工程承包商自身原因或技术原因导致的工程拖期。例如，工程承包商或项目投资企业对工程基础条件的前期尽职调查不充分。其具体包括对当地的监管政策或行政流程不熟悉，没有完全掌握气候、环境、基础设施和原料来源等施工条件，对工程的支持程度缺乏足够的了解；项目区域的气象、地质和水文资料匮乏，对后续施工难度把握不足。又如，工程承包商或设备供应商在实施工程过程中出现问题，包括施工设备故障返厂导致停工、管理不善导致执行效率低等。此外，还有配套工程拖期，如土建项目拖期导致配套的设备出口相应延期；执行承包工程合同出现问题，如合同范围、设计方案、图纸发生变更；在工程承包合同或设备供应合同项下存在纠纷，如项目公司与供应商双方就设备的质量问题僵持不下。

第二，项目自身出现调整的情况，主要是项目公司出于经营或实际需要的考虑，对项目的建设进行调整。例如，项目的商业计划执行变化，经营策略有所调整。同时，项目公司自身原因造成的拖期情况也屡屡发生：项目公司验收能力不足导致验收时间过长无法完工、需要项目公司配合的工作效率低下，场地移交、配套设施移交延迟等，基础条件未达到可以施工的要求，如未实现场外供电等。

第三，项目所在地政府的因素造成项目拖期。例如，当地政府审批效率较低，工程承包商无法在预计的时间内开始相应施工。另外，当地政府有针对性的行为也会造成项目拖期。

第四，项目融资的贷款协议执行层面出现问题，导致施工款项的结清出现问题。有些是项目所在国的金融监管要求所导致的，如印度央行对国际融资贷款的年限和利率方面的规定等。此外,还有融资具体操作层面出现问题的情况,如在提款期内未能提供提款所需要的相关文件,导致未发生提款,而工程承包商由于未收到前期工程款而导致后续工程延期。

第五,外部风险和意外事件。外部风险会对项目执行进度造成影响,如项目所在国发生暴乱等政治风险,导致项目暂停。意外事件影响项目进度,如交通运输道路中断、停电、现场治安发生问题等。

需要说明的是,上述因素往往交织在一起,相互关联、互为因果,以叠加的方式共同对项目执行产生影响。经验表明,无论是何种原因导致的项目执行异常,最终结果多为项目工期的延长。工程拖期会在很大程度上影响项目的经济可行性,造成项目的现金流脱离原先的预测,完工风险会直接影响项目的第一还款来源,削弱项目公司的还款能力;当项目执行过程中存在纠纷且未解决时,还会影响项目公司的还款意愿,导致融资银行遭受损失。

项目进入运营阶段后,能否充分利用现有技术与工艺流程,保证有充足的能源和原材料供应,使项目正常运营,并按照计划生产出足够的项目产品至关重要。运营风险主要表现为项目的决策和管理人员在运营管理过程中出现失误,导致项目公司盈利水平下降。总体来说,就是要让项目能在保质保量,同时成本可控的前提下持续生产,并能足额按时偿还对外债务。

运营风险也会表现为,采用的技术未能达到预期效果,或者原先设想的生产所需要消耗的能源和原材料不足以支持项目产品的生产。

项目的成本可能发生重大的改变是运营风险的又一重要表现。比如,如果项目的成本中一些大宗商品和能源占据比较大的比例,而近年来,全球范围内大宗商品和能源的价格波动幅度较大,这就可能造成项目产品的生产成本过高无法实现预期的盈利。

此外,经营管理出现问题也会导致项目无法正常运营,其主要体现在决策和操作两个方面。在决策方面,由于决策的错误,导致项目的正常运营受到影响,或者在外部环境变化时没有及时调整决策,都可能发生风险。在操作方面,如果操作层面的人员在执行时出现失误,或者在流程中出现问题,也会导致操作风险的发生。运营风险的规避使融资银行能够接受,是项目融资的核心工作之一。

市场风险是很难规避的。项目产品在市场上进行销售,若产品价格和销量没有达到预期,会对项目的盈利情况造成严重的影响,出现没有足够的现金流可以流入的情况。市场风险包括影响同行业所有企业或项目的外部经济因素引起的风险。例如,某行业过于集中的上马相应项目,可能导致市场上项目产品过多,价格下跌。市场风险主要体现在项目产品的价格和市场需求方面。由于市场变化或价格波动导致项目产品的价格与项目规划初期的判断不符,从而导致项目的现金流不能达到预期的效果。而市场需求也可能发生变化,导致项目公司将产品价格降低也无法售出,从而使得项目的现金流出现较大的问题。

市场风险对项目具有较大的危害性,也是项目投融资中的主要风险之一。

汇率与利率风险主要体现在项目资金所涉及的利率和汇率两个方面。由于项目期限非常长,涉及的资金金额巨大,略微的利率或汇率变动就会造成企业遭受巨大的损失。利率风险主要表现为四点:第一,项目融资使用了浮动利率,项目公司在还款期,由于全球金融市场变化,或者受到有关国家的政策影响,浮动利率大幅度提高,导致项目公司的利息开支大幅度上升,超出预计的金额,使项目融资的还本付息出现问题;第二,项目公司在运营中除使用项目融资的资金外,不可避免地进行一些短期的资金融通,以支持项目公司及项目的基本运作,由于利率波动造成成本开支上升,影响项目公司及项目的正常运营;第三,投资企业在利率波动中还本付息金额大增,出现现金流紧张的情况,只得减少对项目公司及项目的资金支持,最终导致项目公司与项目出现资金紧张的情况;第四,项目公司及项目的交易对手由于利率的波动导致融资困难或融资成本上升,原先的一些交易条件等可能发生变化,使项目公司或项目的运营及现金流受到负面影响。

汇率风险尤其体现在项目处于海外或者项目的主要销售来源是外币的时候。如果项目处于海外,项目的所有开销都是所在国的本地货币,而产品的销售现金流可能涉及一种或多种货币。同时,企业对融资银行的项目融资款的还本付息可能涉及不同的货币。比如,某项目处于 A 国,产品在 A 国及 B、C 两国销售。项目公司向 D 国的融资银行以 D 国货币贷款,那么项目的建设费用主要是 A 国货币,而项目产品售往不同的国家则回收不同的货币,但项目公司在向融资银行还款时,需要支付 D 国货币。国际市场上的货币汇率波动往往影响巨大,不同的货币之间的汇率出现不同的波动,可能给项目公司或项目造成重大的损失。比较典型的如项目所在地货币急剧贬值,而如果项目的产品销售主要面向当地,或者项目的现金流收入主要为项目所在地的货币所体现,项目的销售收入当以硬通货(非本地货币)计价时可能出现巨额的贬值,从而导致无力对融资银行进行正常的还本付息。项目公司财务报表中以本地货币进行计价部分的账面价值也会出现不确定的变动。同时,当项目所在地的汇率出现大幅度波动的时候,不可避免地对当地的宏观环境和经济情况产生影响,进一步对项目公司或项目的成本、销售和持续融资能力造成影响。

政治风险是项目投融资风险中最不可预测的,有时可能造成重大损失。同时,许多项目尤其是海外项目,实际依赖于海外地方政府授予的特许经营权等,或者通过税务结构、补贴的安排才能获得盈利,如果发生政治风险,相应的盈利基础可能不复存在，从而影响项目融资的安全。

　　首先，政治风险难以预测，存在着巨大的不确定性。尤其是长期运营的境外经贸合作园区，很容易由于东道国与我国双边政治关系变化、社会热点问题等而发生政治风险。虽然最终造成损失的风险背后均有内外部长期的矛盾积累，但这些矛盾在一个社会中往往长期存在，难以预测矛盾在什么时候进一步尖锐并爆发。

　　其次，政治风险的表现更加复杂，类型更为多样和特殊。政治风险一般可以分为征收、战争及暴乱、汇兑限制和违约四类风险。

　　征收指东道国政府剥夺投资企业对项目公司的所有权和经营权，甚至包括投资项目的资金、资产的使用权和控制权。征收一般分为直接征收和间接征收两种。直接征收一般体现为直接的国有化或征收命令等，目前已经较为少见。

　　战争及暴乱导致投资企业的资产发生损失，一些企业为了防范战争及暴乱，有针对性地对资产进行保护或安排。但更重要的是，若投资环境遭到了根本性的破坏，无形的股权价值和收益均会遭受重大的损失。

　　汇兑限制一般指东道国政府实行歧视性的措施，使项目公司无法进行汇兑；或用歧视性的汇率使项目公司以极高的成本实现汇兑。

　　违约一般指东道国政府或相关主体违反或不履行与投资项目有关的协议，且拒绝赔偿。

　　上述政治风险的发生除战争及暴乱之外均是东道国政府或相关主体有意为之，往往带有"合法"性质的外衣，通过国内的法律法规变更或提高相关标准来进行实质的对海外投资人利益损害的活动。投资企业难以区分是发生了政治风险还是正常的执法行为，从而更加无所适从。

　　最后，政治风险造成的损失难以挽回，尤其仅靠我国投资企业的力量更是难以追索。就国际法原则而言，各国主权平等，其在行驶国家的管辖权，不受干涉。而投资企业难以与东道国政府的公权力抗衡，对政治风险造成的损失，无论是在认定还是在后续的追索赔偿上都存在着难题。

　　此外，如果项目在建设和运营过程中会对周边环境造成一定的污染，为符合当地政府的规定而用于保护环境的开支超出预算，也会对项目和融资银行造成损失。这包括由于需要增加设备，而增加项目的经营成本；项目公司需要花费更多的精力应对环境保护相关工作，使项目公司无法集中精力运营项目，延误项目的生产；项目可能由于环境保护问题被叫停，导致项目前期资金完全损失。

12.2 盈亏平衡与敏感性分析

传统上衡量单独项目的投资风险主要使用统计的方法，主要指标是相应的概率分布、预期值、标准差和变化系数、置信概率和置信区间等。传统上还使用前文介绍过的资本资产定价模型，将单项投资视为该资产收益率与市场组合收益率之间的股息，也就是说，将单项项目的风险视为对一个投资组合风险的贡献度。通过资本资产定价模型，核心还是使用系数 β，即反映个别证券相对平均风险证券的变动程度。这种做法在股票市场投资上可以比较方便地识别并度量风险，但在项目中，由于各个项目情况存在特殊性，实际难以运用。

对项目融资风险的评估应当在项目可行性研究阶段就开始进行，同时准确估量风险发生的可能性及可能造成的损失。通过预测，积极采取相应的控制措施，以避免风险给项目造成不可估量的损失。由于项目与股票投资等情况不同，项目在整个运营过程中，可能遇到各种各样的情况，这些都会影响项目的正常运作和相应收益。同时，企业需要仔细分析各种情况对项目的影响。从相应情况出发，建立对项目的影响与最终导致的结果的联系，从而推导出各种风险的形成，以及对项目的最终盈利有多大的影响，最终为投资企业的风险管理决策提供支持，即判断什么样的风险是可以承受的，或者承担什么样的风险需要多少成本，而这些成本如何承担等。

为此，企业可以编制模型，并进行敏感性分析，以判断在不同的场景下如何进行风险的应对。敏感性分析主要是为了考察设计的方案在情况发生变化时，对项目结果的影响。进行压力测试用于敏感性分析的变量可以是产量、销量、价格、投资成本、生产成本、利率、汇率、运营期达产时间、税收政策等。

根据对上述每个变量进行敏感性分析，可以估计出在某变量恶化的情况下，对项目造成的损害有多大，从而可以确定相应风险的大小。如果某变量的变化对项目的净现金流量影响较小，就说明其引起的风险可能性较小；反之则可能引起较大的风险。上述各个敏感性因素有的是相互关联的，比如项目达产的时间延后，将会导致项目的投资成本上升。而如果企业的项目产品出现市场价格上升，可能导致销售数量降低，从而导致企业的收入降低。

企业应当依据经验和实际情况，考虑取各个敏感值的上下限，预测在最差和最优的情况下，各数据会如何变化。比如价格，可以在参考近两个年度价格水平的基础上，再进行一定比例的降低，这样较低的价格会给企业的现金流预测带来足够的容错空间，就算现实中价格发生剧烈变动，也在事先预测的范围内。

投资成本的波动主要取决于项目的建设投入。项目超支的比例一般可以选择达到 30% 的程度，以此来看当项目超支时，项目的盈利性是否依然具备。

在生产成本方面，首先应考虑通货膨胀因素，要在生产成本中加入通货膨胀的数额，按年度提高生产成本。另外，与价格相同，可以适度设置预留空间，比如将生产成本提高10%左右，使得进行敏感性分析有足够的容错空间。

利率和汇率可以根据历年的数据或相关专业金融机构的预测进行适度调整，再进行敏感性分析。

在税收政策方面，同样可以按照最高的税率进行敏感性分析。

在将敏感性指标进行整理后，代入财务模型，根据敏感性指标来进行项目的偿债能力计算，如偿债备负率等。将自由现金流量加总除以应支付的本息和，就可以对偿债能力进行评估。同时，计算项目的净现值、投资回收期等，对项目的盈利能力进行估算。

常用的财务指标如表 12.1 所示。如果敏感性分析的结果大幅度偏离下列财务指标，则项目可能有问题。

表 12.1　常用的财务指标

财务指标	计算公式	参考值
债务股本比率	债务资金÷股本金×100%	30%~80%
现金保障倍数	可用于偿债的现金÷债务金额	1.4~2 倍
利息保障倍数	息税前利润÷应付利息	1.5~3 倍
净现值比率	各期可用于偿债的现金净现值的和÷未偿还债务×100%	—
项目贷款期内保障倍数	贷款期内现金流÷贷款本息	1.4~2.5 倍
项目全生命期保障倍数	项目全生命期内现金流÷贷款本息	大于 2 倍
债务与 EBITDA 的比率	贷款÷EBITDA×100%	80%~140%

12.3　项目投融资风险的规避

项目投融资的特色就是将各类风险让项目的各参与方共同分担。项目成功的关键就是由投资企业、项目公司和其他相关方共同合理分担风险。通过这种方式，使得改变传统融资模式中将主要融资风险集中在借款企业上，不断要求借款企业提高自有资金的比例或者资产保障，以为企业的偿债能力提供保障。在这种情况下，传统融资模式的劣势之一就是大量占用了企业的资金，不利于企业将资金投入项目中。而项目融资的风险分担安排，使项目的融资和投资进度都得以加快，资金的使用效率也得以提高。风险分担的关键是项目的各参与方都有合适的风险规避措施。此时，项目推进的关键就是对风险分担和相应的风险规避措施做出较为完善的安排。

从大的分类来看，项目融资的风险规避措施，关键在于项目的各参与方如何分担风险。此外，风险的识别和分析等工作，基于投资企业和融资银行对项目的走向和后续面临的外部环境变化的判断，是对项目投融资实施过程中面对风险的准备工作。在风险规避方面，需要项目的各参与方结合自身优势，采取实际有效的措施，对项目的投融资风险进行规避。

对风险进行控制和规避，首先要考虑控制和规避风险的成本是否合适，同时在管理上做好对风险的防范和规避预案。风险规避的目标包括降低风险事件发生的概率，以及一旦发生风险，能够通过有效的措施将损失降到最低。这两个目标的实现，都可以帮助项目公司或项目削弱风险发生的影响，控制风险，在发生风险时减少损失。从根本上来说，还是通过控制风险发生的根源，降低风险发生的可能性，最终实现减少损失的目的。

控制风险发生的根源，就是要让风险发生的基础条件无法具备。比如，对完工风险，项目投资企业可以在开始就做好项目建设的规划，充分考虑各种可能，制定好应对方案，并且在完工日期上进行适当的安排。

通过各种措施防范风险的发生，风险发生的可能性就会降低。这里还以完工风险为例，在项目建设期间，可以进行各种检查和纠错工作，监督员工的操作情况，避免出现失误造成工期拖延。通过充分的管理工作，能有效地防止完工风险的发生。

如果前两项措施都无法有效地避免风险的发生，就应该在发生风险时采取果断措施减少损失，包括风险转移、果断处置、应急安排等。比如，当发现工期拖延超出预期时，应当准确分析造成这一情况的原因，如果是承包商的原因，其必须承担相应的赔偿责任，从而减少项目的损失。

除上述一般的通过加强管理以进行风险控制的措施之外，应对项目投融资风险的主要规避措施如下。

第一，投资企业通过资金的补充或承诺，保证项目有充足的资金。比如，追加股本金投入，投资企业提供股本金增资承诺。另外，对资金缺额提供担保，并在流动资金出现缺口时，承诺提供资金支持，补充流动资金。为防止项目成本超支，应当补充足够的成本超支储备金，以及准备好项目融资备用贷款或应急贷款，以保障项目资金链的稳固。投资企业可以事先与融资银行协商一定的利率和金额的贷款，用于项目出现超支问题时紧急对资金进行补充。如果发生了相应的风险，项目公司就可以动用该笔贷款项下的资金，从而弥补损失。事实上，任何风险的发生最终都可能造成项目资金的损失，而保证项目有充足的资金，则可以保证项目可以实施下去，不会立即出现损失。

第二，为了保证完工，投资企业和融资银行会要求工程承包商和设备供应商承担一定的项目建设期的风险。通过履约保函、完工担保，以及承包商缴纳的履约保证金，保证项目当不能及时完工时，项目公司或融资银行也能得到相应的补偿。同时，在资金方面预备的成本超支储备金及项目融资备用贷款等都可以保障工程的继续实施。

第三，在运营方面，运营方提供履约担保，签订项目管理与运营协议，以规定运营方的义务，保证项目正常运营。针对项目的劳工使用，应当与项目所在地合作伙伴签订相应劳工协议，保证当地的就业及劳工福利。对项目运营中出现的火灾等各类意外风险，购买相关保险，从而控制风险。对项目的运营，与供应商签订长期的原材料或能源供应合同，保证原材料和能源的持续供给。

第四，对于项目产品的市场和销售风险，可以在项目的运作模式中，通过与下游项目产品、服务的使用方签订照付不议的包销协议或长期租约，控制市场相关风险。照付不议的包销协议可以保证使用方对全部产品、服务都接受，并且以确定好的价格进行采购；而长期租约是对项目提供的产品、服务进行锁定，由项目产品、服务的使用方进行长期使用，并支付相应费用。两种方式的本质都是将项目的未来现金流进行锁定。在这样的安排下，只要项目在正常运营中，项目的现金流风险实质就是签订相应协议的一方的偿债能力与偿债意愿的风险，这将大大便利项目融资的操作。

第五，由于项目涉及大量的资金，项目期限长，面临金融市场的风险。投资企业或项目公司可以通过利率、汇率等相关套期保值措施，如利率互换、期权和远期合约来控制相应风险。此外，还可以在融资过程中，努力寻求固定利率的产品。但需要注意的是，项目融资中利用套期保值措施的目的是进行风险管理，而不是投资获利。

第六，对于项目涉及的政治风险，可以通过所在国政府的担保进行规避，或者利用双边投资保护协定，维护自身权益。相应措施主要是通过国际仲裁，或者依靠我国政府的介入来实现企业自身权益的维护。从根本上来看，规避政治风险可以依靠政治风险保险。在我国，政治风险保险为中国出口信用保险公司独家经营的政策性保险业务。海外投资保险是为投资者及金融机构因投资所在国发生征收、汇兑限制、战争及暴乱、违约等政治风险造成的经济损失提供风险保障，承保业务的保险期限不超过20年。海外投资保险的主要情况如表12.2所示。

表12.2 海外投资保险

承保风险	征收	东道国采取国有化、没收、征用等方式，剥夺投资项目的所有权和经营权，甚至包括投资项目的资金、资产的使用权和控制权
	汇兑限制	东道国阻碍、限制投资者换汇自由，或抬高换汇成本，以及阻止货币汇出该国

续表

承保风险	战争及暴乱	东道国发生骚乱、政变、内战、叛乱等，导致投资企业资产损失或永久无法经营
	违约	东道国政府或相关主体违反或不履行与投资项目有关的协议，且拒绝赔偿
损失赔偿比例	损失赔偿比例最高不超过 95%	

12.4 项目投融资风险规避案例

12.4.1 包销协议锁定项目现金流案例

1. 项目背景

Z 公司拟在某地投资水电站，预备采取 BOT 的方式进行安排。投资方 Z 公司负责项目投资、建设及建成后的运行，特许经营年限从 PPA（Power Purchase Agreement，购电协议）签署开始，到 COD（Commercial Operation Date，商业运营期）开始后 25 年结束，期满后 Z 公司将水电站移交当地政府。该水电项目位于某河流流域上，为该河流上的第三个梯级电站，建设的主要目的是满足当地矿山、配套加工厂及当地未来的电力需求。项目总投资估算为 8 亿元，总装机为 100 兆瓦，项目工作主要包括水电站的设计、建造、融资、运行、维护，以及修建 30 千米进场道路、7 千米的引水隧洞、12 千米的输电线路。项目将在完成融资后开始建设，计划于 6 年后投入运营。Z 公司与 S 公司组成联合体，共同投资开发此项目。预备资本金投入约 20%，剩余 80% 通过项目融资解决。

水电站是该河流流域一库三级开发的第三级，建设条件较好，无重大地质问题，无制约性环境因素，水库淹没不涉及重要敏感保护对象，经济指标较优，它的建设可向当地电网提供清洁、优质电能，提高系统供电的稳定性。

2. 锁定现金流安排

其目的是锁定相应的现金流，选择与当地电网签订购电协议，在协议中对电量的采购按照照付不议的方式进行：水电站每年应保证提供的基础电量。根据购电协议的照付不议条款，电力公司每运营年要照付不议（全额接受并付款或者不接收电量但全额付款）电量，其最小值与基础电量相等。不足部分称为补充电量（Make-up Quantity），次年电力公司将有权无偿收走与补充电量相同的电量。每年发电量中超出基础电量的部分则称为超出电量（Excess Energy Quantity）。照付不议基础电量按基础电价收购，而超出电量按基础电价的某一百分比（不超过基础电价的 50%）

收购。

根据购电协议,在主变高压侧布置电量计量点,以本水电站初期运营期计量电量为基准,同时考虑正常运营期计量电量。

3. 融资银行对项目后续现金流的测算

融资银行依据照付不议的安排,能较好地测算出该项目的盈利能力。在财务评价过程中,为了进行压力测试,确定运营期开始的时候销售电量即计量电量,后续正常运营期销售电量均暂按基础电量考虑。该水电站按资本金财务内部收益率,测算出经营期含增值税的上网电价,正常运营期内年发电收入由此也可计算出。

融资银行的本息测算表明,项目年度偿债覆盖率为105%~109%,综合偿债覆盖率为107%,略低于110%。该项目多年平均发电量通过预测确定,但购电协议约定"照付不议"购电量由此确定。如有超发电量,则以不超过"照付不议"价格的50%售予当地电力公司。鉴于上述情况,出于审慎原则,按购电协议约定的最低的"照付不议"购电量相应电量保守测算,得出的年度偿债覆盖率略低于110%,但若按照多年平均发电量计算电费收入,则年度偿债覆盖率为119%~125%,综合偿债覆盖率为122%。这种情况满足借款偿还要求。

由此计算出期间总收入和运行总成本,并计算还本付息总额。而还款期内总折旧费与付息后的未分配利润合计的总数计算出后,大于还款期偿还本金总额。

从这个案例可以看出,当采用包销协议这种锁定未来现金流的方式后,融资银行可以很方便地计算出项目的收益,同时更为放心项目的未来现金流。这样融资银行和项目的投资企业可以把主要精力放在项目建设和运营上,很大程度地降低了相应的风险。

12.4.2 对汇率风险进行控制的项目投融资案例

1. 项目背景

当项目处于海外时,项目投融资就会面临汇率风险。在海外进行贸易或项目投资,美元、欧元等是计价、结算和投融资的主流币种。但企业在项目所在地销售项目产品或提供服务,很可能收取的是当地货币,这就会面临货币错配的问题。而在资金回流时,尤其是在对项目融资还款时,必须兑换成硬通货,这就导致当当地货币出现大幅度汇率变化时,企业可能需要支付额外的成本;当全球金融环境波动时,很多国家的本地货币汇兑成美元大幅贬值,会导致外债压力过大,最终引发其在商务合同或贷款协议项下发生违约甚至破产,增加项目融资的风险,给企业造成损失。

2. 项目结构安排

T 公司在非洲某国进行投资，对某区块进行天然气上下游一体开发。该区块在深海水域区，距离海岸线 50 千米，总面积约为 16 852 平方千米，宽约 70 千米，深约 200 千米。T 公司与国内外不同的公司共同投资该区块，并与该国相关部门签订了区块的勘探与开发特许权协议，协议规定在该区块，股东在发展规划获得审批之日起 30 年内有权对该区块进行勘探开发。T 公司拥有该区块约 2%的股权。T 公司在其区域附近开始进行基础设施建设，从搭建浮式液化天然气（Floating Liquefied Natural Gas，FLNG）生产储卸装置开始，最终形成 FLNG 一体化项目。该区块各股东联合组建形成联合体，对区块共同进行管理，对各区域另外组建项目实体，就各项目单独成立项目公司。该项目由 T 公司主导，项目公司为 TL 公司。其专门负责 FLNG 及相关设施的设计、融资、建设和运营，对该区域的气田进行处理、液化、存储和卸载，包括上游钻井开采，建成油气井，天然气液化、储存和销售相关工作。

本项目是根据《区块特许权协议》和《某气田项目补充协议》开展的天然气上中下游一体化开发项目。依据《区块特许权协议》，该区块股东拥有本项目所有天然气，并且负责销售所有产品；中间天然气的处理由组建的项目公司负责，具体在该气田就由项目公司 TL 负责。依据股东与项目公司 TL 签订的《天然气液化服务协议》，股东向项目公司 TL 支付服务费，项目公司 TL 负责接收、处理、液化由特许权运营商生产的天然气，销售协议在特许权运营商与国际油气公司及当地国有油气公司之间达成。

液化天然气的价格受很多因素影响，包括石油价格、全球经济形势、需求与供给等。本项目中液化天然气的大部分销售价格与国际原油销售价格挂钩，小部分参照日本综合到岸价格，因此国际原油价格走势直接影响本项目还款能力。

区块股东与政府及下游项目公司之间签订了一系列协议，约定相关方的权利与义务，包括特许权协议、联合运营协议、天然气采购协议、液化天然气销售协议、服务协议等。

联合运营协议由联合体与当地国有油气公司签署，有效期直到以下情况发生：（1）特许权协议终止；（2）基于联合运营协议使用的所有材料、设备和财产已被处置。该协议规定了联合体与国有油气公司对区块的共同开发和运营，约定了运营商委员会的成员、委员会决议机制，以及违约事件、利益转移、争议解决等股东间联合运营该项目的相关权利和义务。

液化天然气销售协议由各个特许运营商，分别与国有油气公司等签署。协议期限可以长达 30 年（初始 20 年，可以延期 10 年）。该协议约定了正常交货期、合同年产量及液化天然气的定价原则，确定了照付不议机制，明确了如何交货、支付及买方提供的担保等。

项目公司 TL 还会与当地国有油气公司签订服务协议。项目公司自 FLNG 设施"满足开工条件"开始（预计在承包合同授标后 60 个月）提供服务，结束之日为以下条件达成之日（孰早）：（1）特许权协议的到期日或终止日；（2）根据项目补充协议约定的 FLNG 设施转让日；（3）约定的终止事件。该协议约定了签署双方的风险分担原则，即无论是否完成服务协议项下义务，国有油气公司均有义务向项目公司 TL 支付服务费，但上述支付义务受限于区块股东是否收到下游买方支付的天然气销售款项，同时约定了项目公司 TL 需要交付的液化天然气质量等。

3. 项目的具体实施需要使用大量的本地货币

项目公司在本地的业务开支、人员工资及与国有油气公司之间的交易需要使用大量的本地货币。同时，由于其油气也向国际油气公司销售，因此会有大量的美元结算。区块海下油田将通过一整套生产系统进行开发，具体由生产井、水下采油系统、升管、出油管道系统及海上 FLNG 气船组成。其中 FLNG 船位于距离海岸线 50 千米的东部海面上，其处理流程主要包括接收来自水下生产井的天然气、对天然气进行加工、液化并储存在天然气船上，最后将处理好的天然气运离、转卖。该装置预计每年可处理天然气 250 万吨至 300 万吨。

本项目的处理、液化、存储和卸载都将在海面浮动的船状平台上离岸完成，省去了海底管道传输到地面加工处理的环节（气田距离地面约 90 千米），与其他气田的海下开发不冲突，也不需要建设港口、码头、飞机场、储存室等辅助设备，降低了项目的资本支出，提高了 FLNG 的产量。

项目相关配套设施包括天然气钻井平台中央处理模块、船舶、转塔式系泊系统、FLNG 卸油系统等。

本项目通过竞标方式最终由国际著名承包商组成联合体承包总工程。虽然本项目涉及的建设内容及天然气液化需要较高的技术水平，但承包商均为行业龙头企业，具有十分丰富的类似项目经验，市场份额占比较大，所使用的技术工艺也相对成熟。

4. 项目投融资的结构

项目总投资为 80 亿美元，股权投入为 32 亿美元，占项目总投资的 40%，融资银行贷款 46 亿美元，完工前净收入为 2 亿美元。美元融资为 20 亿美元，融资银行组建了银团进行总体的融资安排，另外本地货币融资约 26 亿美元。

T 公司占股 2%，投入 0.64 亿美元股本金。整个项目的融资信用期为 192 个月，其中宽限期为 72 个月。建设期利率为 6 个月 LIBOR+240BP，还款期利率为 6 个月

LIBOR+325BP。股东方发起人约定在完工条件达到前提供独立非连带还本付息保证。长期融资行获得的担保还包括项目公司 TL 在岸担保品抵质押，包括保险权益、在岸账户、FLNG 船上可移动资产及配套装置质押；项目公司 TL 离岸担保品抵质押，包括 FLNG 船、非所在国法律管辖的项目文件权益、离岸账户、融资银行接受的股东权益质押等；迪拜借款人 TD 公司权益质押，包括借款人账户、融资银行接受的股东权益、掉期合同权益等；区块上游权益质押，包括液化天然气销售权益、区块监管账户、当地政府在上游总承包合同中的权益及相关条款产生的赔偿；项目公司 TD 和 TL 的股权质押等。

融资银行对该项目的要求如下。

（1）在贷款协议中约定，该区块其他项目不得对本项目有任何重大不利影响。

（2）如果在项目所在区域新建项目，必须由银团认可的储量专家出具报告，该新建项目不得影响股东在本项目中的供气义务。

（3）既存银团和新建项目的银团必须签署债权人间贷款协议，否则新建项目不得实施。

5．不同币种的融资安排

为了进行融资，该项目安排了两层贷款。一层是部分美元贷款，TL 公司各股东在迪拜设立项目公司 TD，由其作为美元贷款的直接借款人，通过背对背贷款协议转贷给项目公司 TL，两家项目公司的股东和股权结构相同。项目公司账户为离岸账户，位于伦敦。另一层是本地货币贷款，由融资银行直接提供给项目公司 TL。项目融资结构图如图 12.2 所示。

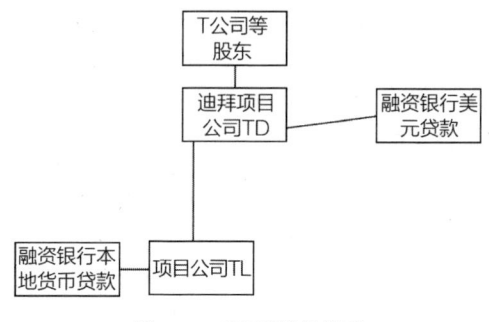

图 12.2 项目融资结构图

TL 公司为迪拜借款人 TD 公司出具基于英国法下的还款担保，迪拜借款人 TD 公司作为融资银行的第一顺位债务人对美元贷款负有偿债义务，同时项目公司 TL 作为实际用款方对迪拜借款人 TD 公司的偿债义务提供了不可撤销的、无条件的担保。

设立项目公司 TD 的目的是税务安排和风险隔离。项目公司 TD 在美元提款后，会细致地将项目公司各项美元支付对应的款项提供给项目公司 TL。而项目公司 TL 一旦获得美元资金的收入，就迅速归集到 TD 公司处。

对于在当地要大量消耗的本地货币及收取的本地货币，直接由 TL 公司在本地货币融资安排项下进行还款。剩余部分兑换成美元，向 TD 公司归集。

6. 本地货币的融资安排

对本地货币的安排，对融资银行来说是一项巨大的挑战。因为本地货币金额巨大，一般来说融资银行缺乏消纳能力，且其能提供的资金依然是美元，需要兑换成本地货币才能提供给借款人，之后获得的本地货币还款也必须兑换回美元。从正常的情况来看，融资银行提供美元，在放款时兑换成本地货币提供给项目公司 TL，之后项目公司 TL 还款时，将本地货币偿还给融资银行，融资银行必须再按照还款时的汇率兑换成美元，冲抵销账。

对于本地货币融资安排，核心的问题是放款与还款时汇率不同如何处理。如果在不同的时点，使用不同的汇率，即无论汇率如何变动，项目公司 TL 都必须归还足额的美元，则汇率风险依然由项目公司 TL 承担，与直接获得美元贷款并无本质差别。但如果还款时所使用的汇率与放款时相同，则汇率风险完全由融资银行承担，一旦还款时的本地货币兑美元汇率相比放款时的汇率大跌，则融资银行需要更多的本地货币才能换回足够的美元抵偿其原先提供的美元。

传统的套期保值安排由于年限较短，对于此项目不适用，因此需要采用项目融资各方共同承担风险的机制。

融资银行在放款时按照当时的本地货币兑美元汇率，将美元兑换成本地货币后提供给项目公司 TL 使用。同时，融资银行约定了"结晶汇率条款"，该汇率低于放款时的汇率，即在结晶汇率下，需要更多的本地货币才能兑换回原先的美元。贷款协议约定的还款期内项目公司 TL 无须再在外汇市场上购买美元外汇来支付贷款协议的本金和利息，从而避免了其在还款期内可能面临的本地货币兑美元的较大汇率风险和外汇管制风险。结晶汇率的安排，实质上是融资银行、项目公司各自承担一部分的汇率风险，通过合理地安排项目融资中的风险，使得各方实现共赢。同时，T 公司也推动了融资银行一道，将该项目融资投保出口信用保险。贷款协议项下设置结晶条款约定，当贷款发生逾期之后，贷款币种将自动转换为美元等硬通货币，此后借款人应按照转换后的美元金额（而非本地货币金额）偿还贷款。该模式项下出口信用保险的保额、保费的币种均为本地货币，实际发生赔款时，保险人按照保单约定日期的汇率，向被保险人融资银行支付赔款。根据保单和贷款协议结晶条款的相关约定，借款人 TL 公司在贷款协议项下的债务，随即按照结晶汇率的安排为保险人支付赔款对应的硬通货币金额。该模式使出口信用保险机构与融资银行建立双方均可接受的汇率风险共担机制。

在这种安排下，汇率风险分散在项目公司、融资银行及出口信用保险机构，在风险分散的情况下使得项目融资顺利推动。由于该项目金额较大，利率在当时相对较高，天然气行业自身风险可控，盈利能力较强，对融资银行来说，在经济方面具有可行性，才得以进行汇率风险的分担操作，成功实现融资。

12.5 本章小结

项目融资风险的类别与规避措施如表 12.3 所示。

表 12.3 项目融资风险的类别与规避措施

类别	风险承担者及规避措施
信用风险	投资企业——股本金投入 投资企业——股本金增资承诺 投资企业——资金缺额担保 投资企业——流动资金维持协议 融资银行——项目融资备用贷款或应急贷款 项目公司——成本超支储备金
完工风险	工程承包商和设备供应商——完工担保 工程承包商和设备供应商——履约保函 工程承包商和设备供应商——履约保证金
运营风险	项目运营商——履约担保 项目运营商——项目管理与运营协议 项目公司——劳工协议 保险公司——项目保险 供应商——长期原材料/能源供应合同
市场风险	下游买方——照付不议的包销协议 下游买方——长期租约
汇率与利率风险	融资银行——利率、汇率相关保值措施（利率互换、期权和远期合约等） 融资银行——选择固定利率的融资
政治风险	所在地政府——政府担保 所在地政府——双边投资保护协议 保险公司——政治风险保险

第 13 章
项目投后管理

项目投后管理是总体投资和融资安排的重要环节，只有在投资后进行相应的评价、管理，在出现风险信号的时候积极处理，化解风险，才能保证项目的顺利运作，直到退出。

对企业而言，项目投后管理是基于项目在建设期完工风险、竣工验收事项、运营期经营风险及投资规划确定的项目运营和收益事项的跟踪检验，并对预期收益的偏离度进行修复，以及对项目风险的识别、预警，并为最终风险处置进行准备的过程。对专门运作项目所成立的初创公司来说，投后管理是积累经验、逐步改善经营的重要方法。

13.1 项目投后的定期回顾与管理

在项目投资款打入并为项目所使用之后，企业就应及时关注项目资金的使用情况，并检查与预想不同的情况。在项目运营中，企业还要关注项目的主要经营表现、关键财务数据，以便应对可能发生的风险。

投资后评价和相应管理工作，在项目的投资款开始被使用后就要开始进行。一般应当制订详细的计划，并按照项目进度实施相应的管理。

对使用了杠杆进行融资的项目，投后管理不仅是投资企业或项目公司自身需要去做的工作，融资银行也会介入项目的运营管理过程，对项目的运营、资金使用、还本付息情况进行监控，甚至还会根据贷款协议的要求，影响项目的部分重要决策。融资银行参与监控的目的主要是在早期阶段发现问题，并与相关参与方合作解决问题，以使项目正常运作。

与融资银行相关的项目管理工作如下。

在项目建设期，需要向融资银行提供项目的建设进展、资金使用情况、贷款的提取情况。在项目运营期，项目产品的生产情况、成本情况及产品的技术指标符合情况也要向融资银行进行报告，融资银行也会将相应情况与进行融资安排时的预测进行对比，确认是否符合贷款协议的相关要求。同时，对项目的重要财务比率、重大事项、特殊会议、违约事件等均需要及时向银行报告。此外，银行也会将预测的财务数据及项目关键技术数据与现实的情况进行对比，任何与原先预测不同的情况，都需要项目公司和投资企业进行解释。

基于此，企业需要做好项目建设、交接、营运等工作，做好提款、还款等融资进度管理及担保人或物的状态维系，督促项目相关各方按照合同履约。同时，对自身的履约情况，也必须进行严格监控管理。对项目建设和运营风险、担保人或物担保能力持续性风险等重要风险进行持续跟踪识别，并及时进行风险的处置，提前安排减损措施，避免最后被动应对风险。

在整个期限内，投资企业可能设定了一些在一定时期内有效的担保，比如完工担保等，必须重点关注是否满足解除条件，一旦可以解除，应及时将这些担保进行解除。

当发生意外事件或风险时，项目公司应当积极行动，化解风险并及时与各项目相关方进行沟通。项目的贷款协议中通常对相应信息通报和行动要求，都有进行规定。及时沟通和积极采取措施，可以避免可能发生的违约事件。如果发生的风险比较严重或者项目的自身情况发生了变化，应当与融资银行及时沟通，在可能的情况下，优化贷款条件，以适合项目的新的情况。

在贷款条件的变化过程中，需要注意一些拥有担保权益的项目相关方，或不同的融资银行中，会出现意见分歧。意见分歧需要解决，以避免延误优化贷款条件的时机。这里可以通过多方会谈、签署多方协议书或内部协议的形式，按照权益比例表决进行解决。

当项目出现问题时，融资银行可能采取的行动如下。

第一，要求项目公司努力提高收入，也可能调整项目产品的销售计划和相关价格、安排等，以增加收入，扩大现金流流入。

第二，优化成本结构。要求项目公司努力缩减成本，对于不必要的行政和管理费用及人工成本等进行缩减，以提高项目的盈利。

第三，如果项目的现金流可以满足融资的还本付息，但贷款协议中规定的一些财务约束条件被突破，或者财务比例不能按照贷款协议中的要求进行控制，而融资银行与投资企业判断，并不会导致项目的风险显著升高，那么投资企业可以推动融资银行重新确定相关条件和比例。另外，贷款协议中都有要求投资企业保持股权比例的规定，但有时投资企业会通过股权融资来支持项目的发展，这是对项目发展有利的行为，但如果会突破原先贷款协议规定的，也可以积极与融资银行沟通，争取豁免。

第四，如果项目的现金流不足以对贷款还本付息，就需要调整项目的融资结构，融资银行可能要求投资企业追加担保。

基于此，企业要有针对性地开展相应工作。

第一，跟踪贷款协议下各要求的执行和完成情况。

第二，跟踪检查项目建设期实施进度与融资提款进度，以及项目运营期经营状况与融资还款进度。

第三，确保项目公司合法合规与债务偿付能力的可持续性。

第四，确保担保方式的合法合规，以及对债务的担保偿付能力。

第五，关注项目行业总体情况及项目所在地的宏观环境，包括政治、经济情况等。

第六，与融资相关的各项文件、单据必须做好收集、整理与保管工作。

13.2　项目退出机制

项目的退出与股权投资的退出类似，一般有以下情况。

第一，项目被其他投资企业收购或 IPO 退出。当投资企业投资该项目已经达到原先预计投资的年限且达到目标收益率的要求时，可以将项目出售给其他投资企业，得以将利润实现，退出该项目。如果项目的存续期可以很长，那么可以将该项目上市，上市后实现退出。

第二，项目的经营权等到期。许多项目对其核心资源是有一定使用年限的，包括特许经营权、矿产的开采权等，时间到后，项目就不能再继续运作。此时，投资企业的前期投资均已经收回，如果是 BOT 项目，则可以按照原先协议的规定将项目移交回项目发起方，投资企业退出该项目。

第三，项目资源枯竭，自然关闭，项目投资企业需要做好善后事宜。有些项目，如石油开采，区域内石油资源可能开采殆尽，此时必须按照相关法律的要求，做好善后事宜。项目公司可以清算解散。

13.3 项目投后评价

项目总体运作在接近尾声的时候，进行项目的投后评价工作，对项目总体开发、投资和运营过程进行回顾分析，总结经验。投后评价工作可以在项目刚建成投产时就着手准备，也可以在运营一段时间步入正轨后着手实施，还可以在整个项目关闭的时候直接进行。项目投后评价的主要目的是通过对项目的可行性分析及立项、施工、生产运营、风险管理等一系列活动过程进行系统性的评价，主要包括总结经验、找出问题并吸取教训，为今后项目投资积累经验，改善后续项目运作及投融资的管理。

一般在项目关闭或成功退出后 3 个月内完成相应的投后评价工作。如果项目问题较多，迟迟无法达成既定的盈利目标，则可以自行规定在项目建成后一定的年限完成相关评价工作。

项目投后评价的基本出发点是通过对项目开发、运营全过程进行回顾及分析，将项目实施的各种指标的完成情况和实际结果与决策时的目标比较，并分析出现差异的原因，判断项目的结果是否符合预期。

对项目决策时相关重要指标与项目在执行后的实际情况进行对比，对出现变化和差距的原因进行分析，总结后续改进措施。项目预测与实际对比表如表 13.1 所示。

表 13.1 项目预测与实际对比表

不同方面	预测指标	实际结果	变化情况	原因分析	改进措施
项目成本					
盈利目标					
内部收益率					
建设工期					
收入					
项目产品产出情况					
项目产品价格					
综合情况结果					

项目投后评价要对应项目的可行性分析，从宏观经济和环境角度、行业发展和市场需求环境变化的背景情况出发，首先就项目的必要性进行相应的评价。通过对比分析，总结总体外部因素对类似项目的后续影响，总结相应经验。

对比分析项目总体的开发进度、运营过程中的管理及相应产品产出情况，针对项目各阶段进度的控制及管理工作的开展，将预期情况与实际情况进行详细对比，分析影响上述情况的主要因素，总结后续项目投资应当采取的必要措施。一般会使用世界银行项目评价体系，或者使用我国自行规定的项目评价体系。我国自行规定的项目评价体系是原国家计委根据世界银行项目评价体系做出修改的体系，虽然现在已经废止，但相应的体系方法，依然在实践中广泛使用。世界银行项目评价体系与我国项目评价体系的对比如表13.2所示。

表13.2 世界银行项目评价体系与我国项目评价体系的对比

世界银行项目评价体系	我国项目评价体系（原国家计委项目投后评价体系）
阶段一：项目完成报告	阶段一：项目立项决策评价
（1）项目背景。项目的提出，准备工作，项目目标，项目工作的范围和内容	（1）项目立项的过程和决策依据。根据项目的实际情况，回顾立项条件的正确性，对项目建议书及可行性研究报告中的有关工业布局、厂址、资源安排、生产规模、工艺设备和产品性能等方面的预测情况和实际情况进行对比分析评价
	（2）投资方向。根据现实情况，从投资方向与我国国家需要，经济、产业政策等匹配程度的角度来评价项目。评价项目对提高行业生产能力和技术水平的作用，对区域经济和人民生活水平的促进作用
（2）项目管理机构。机构设置，咨询专家，以及实际效果	
（3）项目进度。项目建设实施的时间进度、实际进度与预测进度的差距及原因	（3）项目建设方案。对项目的建设方案的规划，以及最终实施的结果对比。对优缺点和重大变更情况进行分析、比较和评价
（4）项目物资准备、财务管理方面发现的问题及产生的原因。采取了什么控制措施，实际效果如何	（4）项目技术水平分析。分析项目采用的技术，对国家的技术相关政策、国内外同类项目的技术水平进行比较，评价其情况，以及评价项目采用的工艺、设备、标准等是否成熟、先进、符合项目实际情况
（5）项目重大变更及原因	
（6）贷款发放出现的问题及原因	
（7）培训项目相关工作人员过程中的问题和解决	
（8）违约事件的发生及控制措施	
（9）项目采购、工程承包商及设备供应商的表现	
（10）财务分析与评价。对项目的财务内部收益率、利润率等实际效果与相关财务目标的对比分析	
（11）影响评价。项目对当地经济、社会影响情况分析，并将结果与预期效果进行比较分析	（5）项目引进效果。对涉外引进技术的必要性、消化吸收情况、签约程序、采购情况、合同条款变更、责任承担、资金来源、筹集方式和支付等各方面进行评价
	（6）项目协作条件评价。评价项目的供电、供气、供水、供热、排水、防洪、通信、交通、气象、劳务等配合情况
	（7）项目土地使用情况评价。评价土地占用是否符合国家有关土地规划、城市规划、环境保护和文物保护等有关规定。说明征用、租赁土地及拆迁人员安置情况

续表

世界银行项目评价体系	我国项目评价体系（原国家计委项目投后评价体系）
阶段一：项目完成报告	阶段一：项目立项决策评价
	（8）项目咨询意见。对项目的咨询评估报告内容进行评价，包括咨询单位选定的程序及结果，咨询的内容，咨询的意见是否得到了正确的执行
（12）项目实施机构方面的经验。机构组织的进步、组织管理经验及相关教训	（9）项目决策程序。评价项目是否按照规定的决策程序进行决策，决策过程的效力是否符合科学、民主的要求；评价项目执行机构的组织管理能力
（13）结论。对项目完成的总体实施评价，以及对今后类似项目的经验教训	（10）项目效益评价。对项目的可行性研究报告预测的经济效益，以及市场情况的评价
阶段二：总结评价	阶段二：项目实施工作后评价
	（1）勘察设计后评价。 评价勘察设计单位和工程监理单位的选定，以及评价其能力和资信情况；选定程序是否采用了招投标的方式，效果如何。 对勘察的工作质量进行评价。 对设计方案的评价。对照总体设计说明，评价设计的总体指导思想，设计方案的优选方法，最终确定的设计方案的情况。设计方案在勘察后是否需要变更和修改。 设计水平的评价。对总体设计规划和设计总图的质量水平进行评价。主要涉及指标是否先进，是否达到标准要求；总概算的控制情况；工艺、技术和设备的国产化程度；设计单位的服务质量
	（2）项目施工评价。 首先，对施工准备工作进行评价。 工程是否列入年度建设计划；资金是否到位；主要原材料和设备是否已经落实；初步设计和概算是否已经讨论通过并批准，是否有符合标价计算要求的设计文件。 施工招投标工作是否符合规定的程序，是否进行公开招投标；过程是否公平；质量、工期和造价等是否合理，达到最优的效果。 施工的组织方进行评价，是否科学、合理，施工单位的人员资质要求和技术装备是否达标；施工现场"三通一平"及大型临时设施准备情况；施工必要材料、物资、装备等的供应、验收和使用的具体情况。 施工的过程准备评价，包括人员组织培训、过程管理和按照设计施工的情况，使用技术情况及技术交底情况。施工总体计划的制订与执行情况的评价。 其次，对施工的过程管理工作评价。 对施工是否按照工期合理地分配资源，是否按照工期进度完成施工，核实总体及各分段工程的开工与竣工日期，计算预计工期与实际工期的差异情况，并分析工期与预测不符合的原因。 施工质量情况评价，对项目是否符合国家规定及设计预计的质量，工程是合格还是优质，对结果进行评价，并对原因进行分析。 对施工的成本管理情况进行评价。对金额成本花费、物资消耗、能源使用、设备折旧、管理费等计划和实际情况进行对比分析，评价控制方法是否科学、合理、有效，成本与预算差距的措施和原因分析，并总结经验教训

续表

世界银行项目评价体系	我国项目评价体系（原国家计委项目投后评价体系）
	阶段三：项目生产运营后评价
（1）对项目背景、目标、实施过程和结果进行简单的描述	（1）生产和运营准备工作评价。 对人员情况进行评价，评价设计的人员要求及实际的人员匹配情况，相应组织机构的设计安排是否合理，管理是否有效。相应人员的素质、资质、培训情况和持证上岗的情况是否符合要求。 项目运营相关资金的准备情况，原材料的来源渠道、生产设备准备情况及后续的市场销售准备情况。 项目生产运营需要的供水、供电、供气、土地、劳务等外部条件是否具备，相应的改善措施
	（2）生产管理系统评价。 相关生产管理系统的情况，是否完善。 外部协助的相关条件，如水、电、气、油等调度系统与仓储、运输、运行、使用等管理系统情况评价。 对环境保护、农业、公共服务、当地社会影响的管理方案及相关系统的评价。 与国防、测绘、安全等相关情况的管理系统评价
（2）项目目标的完成情况评价。包括是否完成了项目目标，目标设置是否合理，未完成项目目标的原因	（3）项目生产运营功能评价。 对项目生产达产达标情况的评价。 项目使用效果的评价。 对原材料和能源消耗效果的评价，并与国内外同类型项目、行业平均水平进行比较评价。 对项目的可靠性、耐久性和长期使用效果的评价
（3）对项目的不利条件预测是否准确，相关不利条件是否通过前期预测的控制方式达到一定的效果。如果没有效果，分析相应的原因	
（4）分析项目结果的主要结论、经验教训及应当注意的、有普遍性意义的问题，总结相应的经验，提出优化措施	
（5）对第一阶段报告的接受程度，提出相应意见	
（6）对第一阶段报告未提及或未明确的问题进行进一步分析和澄清	

  将项目产品的实际销售情况与目标进行对比，如目标客户、销量情况、价格的变化情况，进行全面对比分析，总结经验和不足，以指导后续的工作。

  分析项目的成本控制情况，对项目发生的各种成本及融资成本进行对比评价，分析变动的主要原因，总结成本控制的工作要点，在后续项目投融资中尽可能降低成本，增加收益。

分析项目的各种财务指标实际结果。对项目最终的财务指标，尤其是收益率和相关偿债能力进行分析，对比完成情况，明确项目在各项财务指标和收益方面是否符合预期。

项目评价的指标及作用如表 13.3 所示。

表 13.3 项目评价的指标及作用

主要指标	具体指标	作用
项目决策时间	从提出项目建议，到决策项目实施的时间	反映投资企业投资决策及相关部门审批的效率
项目决策时间变化率	（实际项目决策时间-预测项目决策时间）÷预测项目决策时间×100%	反映投资企业投资决策效率预测及对相关部门审批时间的预测，与实际情况的偏离程度
项目实际勘察设计时间	从签订项目勘察设计合同到正式提交项目勘察设计报告的时间	反映项目勘察设计的效率
项目勘察设计时间变化率	（实际勘察设计时间-预测勘察设计时间）÷预测勘察设计时间×100%	反映对项目勘察设计预测的准确度
项目实际建设工期	从项目实际开工到竣工验收的时间，不包括项目开工后停建、缓建的时间	与行业平均水平及同类项目对比，反映实际建设工期情况
项目建设工期变化率	（实际建设工期-计划建设工期）÷计划建设工期×100%	反映实际建设工期与计划建设工期的变化情况
项目实际投资总额	项目从建设到运营所要消耗的所有资本支出和运营成本的和	对项目的总体投资金额进行汇总
项目投资总额变化率	（实际项目投资总额-计划项目投资总额）÷计划项目投资总额×100%	反映实际投资总额与计划的变化情况
项目单位生产能力实际投资额	项目实际投资总额÷项目达产年生产能力×100%	反映项目形成相应生产能力所要消耗的投资资金。该指标越低，说明投资的效果越好
项目工程合格率	单位生产合格品数量÷单位生产总数×100%	该指标越高，说明项目的建设、生产运营效果越好
项目工程优良品率	单位生产优良品数量÷单位生产总数×100%	该指标越高，说明项目的建设、生产运营效果越好
项目实际停返工损失率	因停返工累计增加的投资额÷项目总投资额×100%	反映项目的工程质量和投资的实际效果
项目实际投产年限	从项目实际投产之日起，到达到设计生产能力所需要的时间	衡量项目的实际投资效益
实际投资利润率	项目年利润总额÷项目投资总额×100%	反映实际投资利润与计划相比的情况
实际静态投资回收期	投资回收期一般从项目建设期的第一年开始计算，加总每年的现金流入量和流出量之间的差额，当加总为 0 时，即项目的累计现金流入量等于累计流出量。该年限就是项目的静态投资回报期	反映投资效益、投资回收情况

续表

主要指标	具体指标	作用
实际动态投资回收期	项目在存续期间内各期净现金流量的现值累计为0时的年限，就是动态投资回收期	反映投资效益、投资回收情况
实际贷款偿还期	偿还项目融资贷款所耗费的总体时间	反映项目的现金流入情况
到期贷款偿还率	已偿还贷款本息总额÷项目融资贷款总额×100%	反映项目的还款情况
实际财务净现值	项目的净现值就是将项目各期的净现金流量贴现到投资起点的现值之和。一般贴现率利用预设的基准收益率进行确定	反映项目期内盈利能力的重要指标
投资净效益率	项目年实际净效益÷项目投资总额×100%	反映投资效益情况
实际财务内部收益率	项目在存续期间内各期净现金流量的现值累计之和为0时的贴现率	反映投资效益的重要指标
产品价格变化率	（实际产品价格-预测产品价格）÷预测产品价格×100%	反映项目产品价格与预测产品价格的变化情况
项目生产运营成本变化率	（实际成本-预测成本）÷预测成本×100%	反映项目的生产运营成本与预测成本的变化情况
项目利润总额变化率	（实际利润总额-预测利润总额）÷预测利润总额×100%	反映项目实际利润总额与预期利润总额的变化情况
实际投资利润率变化率	（实际投资利润率-预测投资利润率）÷预测投资利润率×100%	反映项目的实际投资利润率与预测投资利润率的变化情况
内部收益率变化率	（实际内部收益率-预测内部收益率）÷预测内部收益率×100%	反映项目的实际内部收益率与预期内部收益率的变化情况

对项目的风险情况及相应规避和控制措施进行总结，针对项目过程中面临的风险评估采取的控制措施的有效性，总结风险识别、防范和控制的经验，为往后项目的风险控制工作提供参考。

在对上述内容进行评价后，主要从以下三个方面进行相应分析评价。

第一，从影响方面进行评价。对项目的各阶段从经济、技术、环境等各个方面产生的影响，评价项目初期的投资决策是否正确，项目实施是否达到了预期的效果。如果没有实现预期的效果，就要查找原因，将此作为今后项目投资工作的改进方向。

第二，从效益方面进行评价。根据项目实施的实际结果，对项目的各种财务指标结果、风险情况、成本控制等各类情况的分析一并进行总结。重点对财务内部收益率、财务净现值、财务净现值率、投资利润率、投资回收期、贷款偿还情况等进行评价，与预测进行对比，从效益角度分析项目的投资结果是否达到预期效果。如果没有达到预期效果，应当分析具体原因，总结经验教训，改变投资决策及注意项目实施的薄弱点，做好项目总体推进相关工作。

第三，对项目的实施建设过程和运营过程进行评价。这种评价着眼于在效益评价中发现的预期情况与最终结果之间存在差异的根本原因。其涉及项目的立项、设计、建设、生产等各个方面，细化到工程相应情况，以及对后续的影响。

一般项目的投后评价还要编制具体的评价报告，编制的步骤如下。

第一，收集相关的数据和材料。包括初期的可行性研究报告，项目的完工验收报告，项目公司各年度的财务报表，项目运作期间各年度与项目融资相关的利率、汇率和税率等情况。

第二，回顾分析相关材料。对收集到的相关材料进行回顾和整理，对当初项目立项、必要性及可行性分析进行回顾；同时对初期对项目运作、项目公司财务情况等预测的基础情况进行回顾分析，判断相关数据的科学性。

第三，整理相关材料。收集和回顾相关资料，对基础财务数据进行测算和整理，确保预测的相应数据与实际情况相符；同时对实际情况进行整理，确保相关数据、指标计算的准确性。

第四，编制相关报表和对比、分析使用的表格。这是一种比较明确、简便的分析方法，将基础数据填入相应表格，直观地反映相应问题；同时对相关数据在编制过程中，可以检查数据的真实性及其勾稽关系，使相关数据经得起推敲。

第五，计算项目投后评价的重要指标。

第六，对比分析。将计算所得的重要指标与企业原先预测的相关情况、指标进行对比，分析产生差距的原因，反思决策或过程中存在的问题，并且总结经验和应当吸取的教训。

第七，总结。形成最终的投后管理评价报告，将预测与实际的数据结果、指标等进行对比。总结经验，提出相应问题和建议，最终形成对总体项目的整体评价报告。

总体评价报告可以提供给融资银行，或者就项目的运营结果与融资银行进行专门的沟通，为与融资银行在项目方面的后续长期合作奠定相互信任的基础。

13.4 项目投后重组案例

若项目出现问题，则需要对一些项目条件或者融资安排进行重新协商。大家可以参考下面的例子。

1. 项目基本情况

B公司投资建设了一个小型的电信网络，为用户提供互联网接入服务。该项目总投资 5 000 万美元，股本金为 1 000 万美元，其余 4 000 万美元用于采购设备及支付工程承保金额。B 公司设立项目公司 BN，之前通过融资银行的项目融资贷款获得了 2+3 年（2 年宽限期，3 年还款期）期限的 4 000 万美元资金。该项目由 B 公司下属的 7 家子公司提供不可撤销的、无条件担保。提供担保的公司为 B1、B2、B3、B4、B5、B6 和 B7 公司，同时项目的所有设备进行抵押。在贷款协议中规定，B 公司在项目存续期内，对项目公司 BN 的直接或间接控股比例不低于 50% 加 1 股。B 公司不得对外提供抵质押担保，也不得再增加负债。

2. 项目运营期间对融资协议的变更

在项目运营期间，B 公司为筹措资金，出售了 B5、B6 和 B7 家公司。融资银行就此情况进行了研究，认为出售 B5、B6 和 B7 公司后，B 公司的实力得到了增强，且获得的资金注入 B1 公司，有利于项目的担保安排。对 BN 公司的担保并未削弱。因此，融资银行同意了 B 公司的申请，对项目融资的贷款协议进行了修改，减少了担保方。

第二年，B 公司的财务状况不佳，面临较大的偿债压力。B 公司债务重组需要融资银行对项目公司 BN 未来 2 年的还款计划进行适当调整。B 公司开始与融资银行洽谈，希望更改还款计划，对还款进行延期。后经过协商，B 公司出售了 B4 公司，用所获得的资金进行正常的还本付息。同时，就项目公司 BN 的项目，B 公司也提供了担保，替代 B4 公司的担保，并作为 B 公司总体财务情况恶化的风险规避措施。同时，借款人项目公司 BN 的部分收入补充进行账户质押和监管。

不久之后，由于 B 公司进行业务扩张，在获取了新业务的牌照后，将 B2 公司与 B3 公司进行了合并，新公司为 B23，因此该项目的担保方相应减少。

至此，该项目的担保由于前期的各种原因，与项目在投融资安排初期已经出现了很大的不同。担保情况变为：

第一，B 公司下属的 B1 公司和 B23 公司的担保；

第二，项目的设备全部抵押；

第三，由 B 公司承担不可撤销的、无条件的、见索即付的担保义务，该担保保险金额和期限可覆盖本项目的贷款协议；

第四，借款人 BN 公司的部分收入进行账户质押和监管。

3. 债务重组背景

经过几年的经营，项目情况并未得到好转。项目公司 BN 运营的当地互联网接入服务，为企业和个人提供网间信息、网络直连及数据业务等服务。行业间竞争加剧，技术更新迅速，相应成本高企，人员负担沉重。由于项目用户数增长缓慢，自身现金流收入未达到预期，运营成本和财务费用居高不下。面对市场竞争，BN公司推出了更优惠的资费套餐，以吸引用户。当年，项目公司BN的总资产下降了接近30%，主要受每年例行对资产的损耗减值措施影响，由于技术更新，项目公司BN认为相关资产已经大幅贬值，因此减值较多。总负债略有下降，总体资产负债率超过300%，持续恶化，严重资不抵债。在营业收入方面，项目公司BN持续下降，自身现金流产生能力较弱，运营及还款主要依靠母公司B公司提供的资金支持。在现金流方面，经营性现金流为负，投资性现金流也大幅度缩减，融资性现金流也是负数。

母公司B公司资产也比上一年度大幅度减少了50%，主要是项目公司BN的资产大幅度减值。而由于其下属公司纷纷被售出，旗下公司中项目公司BN成为B公司的主要部分，B公司合并报表中的资产负债率也超过了100%。债务集中到期，还款压力极大，财务实力也有所下降。利润比上一年度也减少了20%，且从前几年就开始持续下降。B公司的负债主要由于投资设备和新技术。现金流为负数，但年末现金及其等价物还比较多。

项目公司BN及股东B公司希望对现有的负债进行展期，来解决资金流紧张问题。项目公司BN向融资银行提出了进行债务重组。之前，项目公司BN在项目融资贷款的同时，还向另外两家银行进行了流动资金贷款。此时，融资银行提出要求项目公司BN必须与另外两家银行达成债务重组协议，才能考虑进行债务重组。同时，融资银行要求B公司对项目公司BN进行资金支持，将近期的几笔还款按期还本付息。

为了完成相应的债务重组，B公司必须提供一定的担保，解决另外两家银行的债务重组安排。但由于项目融资贷款协议中规定了B公司不能对外提供额外的担保。因此，B公司与融资银行进行了进一步的谈判，以保证债务重组能够落实。为此，一方面融资银行放松担保的要求；另一方面，B公司需要向融资银行进一步提供增加的担保措施。

4. 债务重组谈判与安排

经过融资银行与B公司的长时间协商，增加相应担保。

第一，B公司在融资银行开立无担保的应收账款账户，其中75%的份额质押给流动资金贷款的两家银行，剩余25%质押给融资银行。

第二，除原先的设备抵押外，新增固定资产的抵押，按照三家银行的债权余额比例分享相应担保权益。

同时，B公司努力寻求新的投资者对其注资，新投资人A公司要进行股权融资，也要求 B 公司达成债务重组协议，减轻债务压力。

B 公司与融资银行达成一致，项目公司 BN 与融资银行形成了意向性的重组方案，之后签署了补充贷款协议及相关担保协议。

该项目公司 BN 严重资不抵债，现金流紧张，预计未来无法正常还本付息，必须对银行的相关债务进行重组安排。同时期，担保方 B 公司的财务实力也大幅度下降。B 公司旗下各子公司尤其是项目公司 BN 的收入情况不佳，预计 B 公司后续经营性现金流会变为负数，未来一年的资金将不足以支持 B 公司对外偿债。至此，原先的担保方及相应措施都不足以保障项目公司 BN 的还款。

在这种背景下，B 公司一边与融资银行进行债务重组的谈判，一边与 A 公司洽谈，进行股权融资。B 公司预备向 A 公司转让 30% 的股权。同时，A 公司获得了对 B 公司追加注资的选择权，若 A 公司行使该项权利，将累计获得 B 公司 60% 的股权，可能成为项目公司 BN 的实际控股股东。

当前，新投资人 A 公司间接控股借款人项目公司 BN 30% 的股权，未突破 B 公司在项目存续期间对借款人项目公司 BN 直接或间接控股比例不低于 50% 加 1 股的贷款协议的特殊约定。但由于借款人项目公司 BN 股权结构发生变化，B 公司不再是项目公司 BN 的唯一股东，后续 B 公司的控股比例可能继续减少，B 公司也希望撤销对项目公司 BN 的担保，和 A 公司共同控股，设立一家 E 公司提供担保。

由于 B 公司在与三家融资银行进行谈判，A 公司对债务重组能否成功尚有疑虑，因此未行使追加投资的选择权。但由于后续重组协议很可能成功，A 公司仍有较大可能追加投资，可能突破项目融资贷款协议有关 B 公司控股比例的特殊约定。

5. 融资银行对债务安排方案的考虑

融资银行对 B 公司的相应诉求进行了考虑。

第一，融资银行研究了 B 公司与项目公司 BN 的破产问题。

如果融资银行强制执行担保权益，存在两种情况。首先，借款人项目公司 BN 没有进入破产程序，融资银行可在庭外强制执行其从信托转让协议中得到的担保权益。就设备而言，收集和销售设备的过程可能需要几个月的时间。就应收账款而言，融资银行可以指示托管银行直接将资金汇给融资银行。其次，借款人项目公司 BN 进入破产程序，可能遇到的问题取决于所牵涉的破产程序类型：在司法重组的程序下，如果当地法院认为担保资产对借款人的运营至关重要，融资银行无法强制执行其从信托转让协议中得到的担保权益，当地法院有权按照当地法律暂停融资银行强制执行担保至少 180 天，而通常暂停期为 386 天，即直至一般债权人会议为止；如果法院暂停融资银行对应收账担保的强制执行，借款人有权将该应收账用于其业务，通常法庭会限制暂停令的范围，融资银行只能强制执行被法庭排除在暂停令以外的应收账款担保。

在清算程序下，清算受托人将控制所有借款人的资产。就设备和不动产而言，融资银行需要向法院申请复还资产，使资产能被隔离和出售，以偿还借款人项目公司 BN 拖欠融资银行的债务，该过程可能需要至少一年时间；就应收账款而言，融资银行也需要向法院申请复还资产，该过程可能需要至少一年时间。

如果融资银行强制执行 B 公司的担保。B 公司的主要资产是其直接或间接持有的下属子公司股权。若融资银行强制执行 B 公司担保，B 公司可能会在其经营所在地申请破产。根据当地法律的破产程序，B 公司的资产将由破产法院管理，而自动终止制度将防止债权人在破产法庭以外采取行动对债务人进行追索；在破产清算的情况下，由于 B 公司只是间接持有下属公司的股权，从公司法的角度来看，如果这些下属公司或任何中间控股公司存在债权人，这些债权人将会享有比融资银行优先的受偿权，B 公司的资产，应先用于偿还债权人的债务，之后才能用于偿还融资银行的债务。

融资银行认为目前直接执行该项目项下的担保权益会遇到种种问题，选择支持借款人提出的重组方案。

第二，融资银行征询了 B 公司及项目公司 BN 其他相关债权方的意见。

若不同意借款人项目公司 BN 提出的重组方案，则借款人项目公司 BN 无法正常还款，将被迫进入司法程序。根据项目公司 BN 当地法律规定，进入司法程序后法院会指定管理人，后续程序包括债权公示、债权人异议、债权确认、债务人提交重组方案、债权人大会投票审批、重审等，在司法重组方案通过的情况下，将进入 2 年的司法重组履行期。业界案例中甚至有超过 10 年司法重组的情况。

若融资银行要执行信托协议、账户质押协议，变卖担保的设备或从客户监管账户中扣划资金，其执行范围限于借款人项目公司 BN 在司法重组期间的非关键资产。换言之，对于司法重组期间借款人项目公司 BN 的运营关键资产（包括关键资金、核心设备），融资银行无法执行。同时，融资银行可要求 B 公司承担担保责任。针对这一部分，相关意见为：若申请执行 B 公司担保，可能导致 B 公司要求破产清算，预计破产清算需要 1~2 年时间。B 公司可以通过启动相关法律程序保护其资产。

因此，相关债权方认为相对于迫使借款人项目公司 BN 进入司法程序、B 公司破产清算而言，支持借款人项目公司 BN 的重组方案为更优方案。

第三，融资银行对新担保方与担保措施的偿债能力进行了分析。

由于 B 公司旗下的子公司大部分已经被出售，主要资产和业务为项目公司 BN。

在 B 公司与 A 公司进行股权融资合作后，将设立 E 公司。B 公司的主要资金和资产均将注入 E 公司。B 公司剩余资产和现金流较少，后续的担保能力有限。新成立的 E 公司将获得 B 公司和 A 公司的共同注资，同时重组方案也对股东分红进行限制，目的是确保 E 公司的资金用于支持项目公司 BN 的发展。总体而言，E 公司比 B 公司现金流更为充裕，担保能力未弱化。另外，A 公司如果按计划执行，将间接享有借款人项目公司 BN 的股权，为借款人主要股东，由 A 公司和 B 公司共同经营的 E 公司提供母公司担保也较为合理。

新投资人 A 公司在互联网方面有广泛的投资，同时覆盖传媒、房地产等多个板块。近年来，由于资本增发，总资产较上一年度增长了 70%，总负债也增长了 50%，总体资产负债率维持在 60% 左右。在营业收入方面，近几年主要持平，但由于设备投入等支出增加，成本不断增加，因此净利润为负。在现金流方面，经营性现金流和投资性现金流均为负，融资性现金流为正，主要来自股东注资。总体而言，A 公司经营性现金流欠佳，但股东持续注资改善了流动性。

融资银行也审查了项目公司 BN 重新提交的财务模型和商业计划，认为后续随着新技术的采用和设备的投资，可以改善对用户的服务，改变原先用户流失的情况。如果重组顺利，借款人将获得几年的小额还本期。在这几年间，借款人的金融机构负债压力将大大减轻，且股东债权次级于金融机构负债，项目公司 BN 的偿债压力将大为减轻。同时，B 公司承诺通过 E 公司以股东借款的形式为项目公司 BN 提供业务支持的资金。

6. 最终达成的债务重组方案

综上，融资银行通过分析，并结合相关债权方的意见认为：强制执行权益很有可能迫使借款人项目公司 BN 及担保方 B 公司进入破产清算，执行权益的时间较为冗长，且存在不确定性，当前选择支持借款人项目公司 BN 的重组方案是较优选择。融资银行在与借款人多轮谈判后，最终达成一致，形成了意向性重组方案。最终达成的重组方案如下。

第一，贷款期限延长。贷款期限延长 3 年。签署变更协议和新增担保协议。新增抵质押品，担保设立，完成登记。

第二，重新安排还款计划。重组关闭日后 36 个月中，前 12 个月为小额还本期，在此期间项目公司 BN 每月还本固定金额。从小额还本期结束日开始至贷款到期日止为还本付息期，在此期间借款人项目公司 BN 需根据新的还款计划每月等额本金还款。

第二，利率修改。重组后，包括小额还本期在内的还款频率调整为每月还款，对应的利息期从 6 个月 LIBOR 调整为 1 个月 LIBOR，贷款利差维持不变。

第三，追加母公司担保。取消 B 公司保证担保，变更成 E 公司提供保证担保。借款人认为，由于新投资人的介入，B 公司已经不是其唯一股东，现申请撤销 B 公司的担保，由项目公司 BN 的全资控股母公司 E 公司提供担保。

第四，为确保资金用于支持项目公司 BN，并保证融资银行与当地两家银行担保条件平衡，融资银行对担保方进行了一系列限制，具体包括：在小额还本期内，B 公司不能向除 B 公司和项目公司 BN 的债权人之外的其他方进行投资；在小额还本期内或者违约事件发生后，B 公司不能向股东分红；为了保证项目公司 BN 能够履行还款义务，B 公司不能在现有的担保情况下新增担保；A 公司根据投资协议向 B 公司注资前，B 公司不能向除项目公司 BN 和相关债权方之外的第三方提供担保，A 公司注资后，B 公司可以向第三方提供担保，但仍旧不能向当地两家流动资金贷款银行提供担保。

第五，新增收入账户质押。融资银行拥有借款人项目公司 BN 开立在当地银行的收入账户质押。根据重组协议，借款人提供其开立在另一家银行的收入账户，按照比例抵押给融资银行及两家当地流动资金贷款银行，融资银行享有 25%，另外两家银行共享有 75%。

借款人项目公司 BN 的收入账户主要为 5 家银行，其中一家银行的账户原质押给融资银行，现仍旧只质押给融资银行。开立在当地流动资金贷款银行的收入账户仍旧质押给该银行，两家当地银行原质押的收入账户同样维持不变。新增一个质押账户。借款人项目公司 BN 的用户可以自主选择银行缴纳相关费用，借款人项目公司 BN 不会对用户进行引导。在借款人项目公司 BN 按照重组计划正常还本付息的情况下，项目公司 BN 可以自由使用账户里的资金。

第六，增加固定资产质押。项目公司 BN 在融资银行贷款已有的设备抵押的基础上，新增部分固定资产抵押。新增部分固定资产抵押将按照重组关闭日的贷款余额按比例分配给融资银行及两家当地流动资金贷款银行。融资银行未对新增部分固定资产进行价值评估。融资银行认为已经将借款人项下可以质押的固定资产全部争取，倘若发生风险，届时将其整体打包出售，具体评估单项资产的价值意义不大。融资银行就新增固定资产部分已与借款人项目公司 BN 签署相应担保协议，融资银行所获份额是借款人项目公司 BN 依据三家银行的贷款余额按比例分配的，此比例与预计重组关闭时间的贷款余额比例一致。

第七，财务约束比率根据实际情况进行调整。这里还规定了最低现金余额等相关条件。

债务重组后主要条件的变化如表 13.4 所示。

表 13.4　债务重组后主要条件的变化

债务重组主要条件	重组前条件	重组条件
子公司担保	B1 与 B23 公司担保	不变
母公司担保	B 公司担保	E 公司担保； B 公司向 E 公司按照融资银行的要求进行注资； A 公司向 E 公司注资； E 公司及 B 公司下属其他企业，与项目公司 BN 签署支持协议，承诺在规定的时间内直接或间接再向项目公司 BN 注入融资银行规定的金额
账户质押	当地银行收入账户质押	新增当地银行另一个账户 25%的权益，剩余 75%在两家当地流动资金贷款银行之间分享
固定资产抵押	项目设备	新增固定资产 55%的权益抵押，剩余 45%在两家当地流动资金贷款银行之间分享
财务约束要求	净负债与 EBITDA 的比值不高于 2.5； 净负债与净值的比值不高于 2； 合并报表 EBITDA I 与合并报表利息费用的比值不低于 3	对借款人项目公司 BN 合并财务报表净债务/EBITDA 的财务指标情况进行检查，并满足如下条件： （1）前 6 个月不超过 6.5； （2）6~12 个月期间不超过 5.5； （3）12~18 个月期间不超过 4.5； （4）之后不超过 4.0。 可使用过去连续 12 个月的 EBITDA 或过去连续 6 个月的年化 EBITDA，且当采用两种数据测试均不满足要求时，构成违约事件
财务约束检查频度	6 个月	不变
还本付息频度	6 个月	1 个月
还款安排	尚有 1 年到期	贷款期限延长 3 年； 重组关闭日后 36 个月中，前 12 个月为小额还本期，在此期间项目公司 BN 每月还本固定金额。从小额还本期结束日开始至贷款到期日止为还本付息期，在此期间借款人项目公司 BN 需根据新的还款计划每月等额本金还款
最低现金余额要求	无	借款人项目公司 BN 每月末的现金账户余额不得低于融资银行规定的金额，并每月提供账户余额证明
对外担保限制	除对子公司的担保责任外，不得增加对外提供任何担保或抵质押	不变
对外投资限制	B 公司不得对外投资	B 公司与 E 公司不得对外投资
分红限制	无	在贷款期间，B 公司与 E 公司不得进行股东分红或支付现金

在重组协议达成以后，B 公司召开股东会，顺利落实了进一步股权的转让相关手续，同时报请当地主管部门进行审批。A 公司同步对 B 公司开始进行审计。B 公司在与 A 公司进一步洽谈股权融资的过程中，也努力寻求 A 公司用对价金额清偿

项目公司 BN 的所有对外债务，并进行相应换股等操作，这样有利于将项目融资款进行彻底清偿。

13.5　本章小结

项目公司需要向融资银行提供以下材料。

第一，账户管理报告。

第二，项目建设报告。

第三，审计报表。

第四，贷款协议控制的财务比率情况。

第五，重大事项。

第六，特殊会议。

第七，违约事件。

项目的退出与股权投资的退出类似，一般有以下情况。

第一，项目被其他投资企业收购或 IPO 退出。

第二，项目的经营权等到期，如果是 BOT 项目，则进行移交。

第三，项目资源枯竭，自然关闭，项目投资企业需要做好善后事宜。

项目总体运作在接近尾声的时候，进行项目的投后评价工作，对项目总体开发、投资和运营过程进行回顾分析，总结经验。一般在项目关闭或成功退出后 3 个月内完成相应投后评价工作。项目投后评价的基本出发点是通过对项目开发、运营全过程进行回顾和分析，将项目实施的各种指标的完成情况和实际结果与决策时的目标比较，并分析出现差异的原因，判断项目的结果是否符合预期。

总体评价报告可以提供给融资银行，或者就项目的运营结果与融资银行进行专门的沟通，为与融资银行在项目方面的后续长期合作奠定相互信任的基础。

第14章

典型案例：某独立燃气发电站项目投资分析和融资安排

14.1 项目背景与基本情况

电力需求是全球总能源需求的重要组成部分，随着经济的发展和人口的增加，全球范围内对电力的需求都在不断增长。同时，电力对经济发展起到不可替代的支撑作用，各国的工业化进程及消费者对电器消费的不断增长，都需要充足而可靠的电力来源。但世界众多国家的现有发电设备发电量远低于电力需求，电力供应不足，只能采用轮流断闸停电的手段维持电力的供应。许多发展中国家需要建设新的发电站，以扩大电力供应，避免由于电力供应不足以满足需求和对发电站投入有限而导致经常性断闸停电。

总体电力供给不足促使私人投资的独立发电站兴起。在全球范围内，电力供给存在着较大的缺口，这就推升了更广泛寻求电力来源的需求。当电网中传统电力公司发电能力不足时，电力的需求主要可以通过两种方式满足：一是电力消费者自备发电设备或不间断电源，而不通过电网来满足用电需求；二是引入私人投资的独立发电站，在电网电力不足或者尚未覆盖的情况下，为电力消费者提供电力。

N先生原为国内某电力企业高级管理人员，在电力行业有多年经营管理经验，对国内外电力市场非常熟悉，并在行业内积攒了丰富的人脉资源。N先生创业开办N公司，主要在国内外从事电力设备的贸易和投资业务，主要经营方向是为发电站提供电力解决方案。N公司的电力解决方案包括发电设备的研究开发、生产制造和系统集成，是国家高新技术企业，相关产品符合欧洲及我国行业标准。N公司可以提供10兆瓦至50兆瓦中小型发电系统，也可以提供100兆瓦至200兆瓦的发电站、大型工程的紧急备用发电系统，以及特殊和高难度的发电系统。应用场景包括铁路运输、通信、电站建设、石油、医院、机场、金融系统、酒店、工厂、高速公路、数据中心和单靠发电供电的矿场等。N 公司的业务重点是提供系统性解决方案,包括一条龙技术支持和服务,而不仅仅提供标准产品的零售和批发。

某国电力需求快速增长,其国有电力公司 P 公司(经营电网,拥有大量发电站)对外招标吸引投资者投资独立发电站,以满足该国电力需求。N 公司熟悉某国电力市场情况,经论证分析,考虑投资金额不大且技术并不复杂,预备投资建设 50 兆瓦燃气电站,用于满足该国用电需求。

该项目位于某国某地区,专门对 P 公司尚未有充足电力供给的某地区提供电力,以满足该地区的电力使用需求。N 公司与当地 H 公司合作设立项目公司,N 公司占有该项目公司 51%的股权,H 公司占有 49%的股权。N 公司与 H 公司共同负责项目的建设与运营:N 公司主要负责以发电机组为主的电力设备及后续运营、维护,相关部分融资由 N 公司负责;H 公司主要负责电站建设及与某国政府、电力管理部门和 P 公司的协调等,相关部分融资由 H 公司负责。

该项目为 50 兆瓦独立燃气发电站,用于向 P 公司指定地区用户供电。由于 P 公司在该地区不能提供充足的电力,因此需要建造能够快速发电的独立发电站,P 公司将全额对独立发电站产生的电力进行采购,用于补充自身不足的电力供应。独立发电站总共 7 台机组,主要设备部分投资约 5 200 万美元。发电机组核心零部件采购自世界领先的发电机制造商,性能优越,使用寿命长。从通用性来看,该发电机组具有很好的转卖性和通用性,可使用多种类型的电站。发电机组的使用寿命一般为 15 年,如果进行专业、精细的维护保养,使用寿命可以达到 30 年甚至 30 年以上。项目建设期约 1 年,之后发电机组可以正式开始发电。项目公司对电站进行运营,包括发电站的维护保养;P 公司将提供发电所需的天然气,以及在电力成功上网后的输电与配电。电站全天候满足 P 公司采购电力的需求。

14.2 可行性论证:国家情况分析和电力管理体制

1. 国家情况分析

该国地域广大,人口众多,整体经济情况良好,呈现"高增长、低通货膨胀、低失业"的良好态势,是所在区域经济增长最快的国家之一。标准普尔、惠誉、穆迪等数个国际评级机构将该国的评级提升为投资级,该国多年来吸引了大量的海外投资。

在外商投资环境方面,投资政策不断优化,相对宽松;以资本化程度、不良贷款率和收益率等基本指标来衡量，在其所在区域，该国的银行业情况最为健康；该国实行相对自由的外汇管理制度，货币可以自由兑换，资本可以自由转移；个人所得税税率较高，企业所得税税率适当。

该国政局较为稳定，虽然也存在着一定程度的社会腐败问题，法律制度不健全等负面因素，但总体风险水平相对稳定。

2. 电力管理体制

该国电力和其他能源的利用管理由能源部负责。能源部的主要职能包括：规划及制定电力和能源利用条例；准备电力和能源利用的标准、规范、准则、指导及程序；提供技术指导和评价；其他电力和能源利用的管理事宜。能源部根据国家电力开发相关法律法规，审批电力行业相关营业执照，并对电力行业的发展进行规划，同时制定电价和补贴的相关政策。

该国财政部负责分配政府电力行业的补贴和贷款，审批税收优惠政策，这些优惠政策有关由政府支持的电力项目和由政府担保的项目。

在政策方面，该国发电方面已经开始向更多的投资人开放。该国国会通过的电力相关法律均规定原先垄断发电与电力传输的 P 公司逐步开放电网，接入私人投资的独立发电站。P 公司主要负责该国的发电，并且独家经营全国的输电、配电和向公用事业供电。P 公司为该国政府独资，由该国财政部和国有企业部进行管理。

除了企业自备电站，该国发电站建设主要采用两种方式：一种是 P 公司直接融资建设；另一种是由私人企业投资建设独立发电站并接入电网，政府通过补贴确保用户能够购买其所生产的电力。

私人企业投资的独立发电站主要服务 P 公司还未提供电力服务的区域，或者未在 P 公司电力规划范围内的区域；但当 P 公司向私人企业投资的独立发电站全额购电时，该发电站会被允许在 P 公司电力规划的区域内发电。此类独立发电站项目启动的前提是获取政府部门颁发的发电许可证。如果私人企业投资的独立发电站直接向电力消费终端用户销售电力，则需要持有该国政府颁发的许可证，并且需要建设输电网络和配电设施。

14.3 可行性论证：市场分析

N 公司对该项目进行了可行性论证，首先分析了该国的电力市场发展情况。

1. 总体电力市场发展情况

全球电力需求正在不断增长，尤其是非经合组织国家，由于经济快速发展，带动了用电量和发电量的快速增长。具体到项目所在国，该国经济的快速发展，产品的生产和输出需要电力的支持。另外，该国收入的增加亦使电力需求快速增长。电力消费增长较快，年平均增长率超过8%。根据该国政府的电气化计划，该国预备继续大力推进电气化进程，要求P公司扩展其业务领域，扩大其客户群。该国颁布电力建设总纲，计划每年扩展新客户260万名，并且预计在7年内实现电气化率达95%以上的目标，这将继续推动电力消费的持续快速增长。

该国人口持续增长，年均人口增长率约为1.45%，每年增长数百万的人口，这对电力需求的增长也有正面影响。

预测该国经济情况及电力相关情况如表14.1所示。

表14.1 该国经济增长率，电力需求预测，高峰期负载

	20××年	20××年	20××年	20××年	20××年（预测）	20××年（预测）	20××年（预测）	20××年（预测）	20××年（预测）	20××年（预测）	20××年（预测）
经济增长率	6.1%	6.2%	6.5%	7.2%	7.4%	6.9%	6.9%	6.9%	6.9%	6.9%	6.9%
电力销售/太瓦时	145.7	162.4	177.8	193.4	210.1	227.6	246.2	264.6	284.4	305.7	328.3
总峰值负载/兆瓦	25 177	27 792	30 345	32 856	35 456	35 456	38 361	41 444	44 496	51 301	55 053

预计该国的经济发展平稳，电力销售量将稳步上升。总体电力需求每年增长超过8%，超过全球的年均增长值。同时，总输电线路和配电线路也将不断延长。P公司一方面不断新建发电站，另一方面向私人企业投资的发电站购买电力，装机容量将不断上升。

2. 独立发电站所在电力市场情况

独立发电站并非在发电领域传统的承担公共服务事业的公司，而是营利性的机构，拥有自己的发电设备，并能向终端电力消费者销售电力。独立发电站与一般综合性电力公司不同，并不提供输电和配电服务，而仅仅从事发电业务。独立发电站一般规模不大，建设周期短、速度快，对市场的电力需求能够快速响应。一般来说，柴油、燃气发电机组生产周期不超过4个月，安装简单、快捷，可移动性强。同时，其启动资本金额较小，投资回收期短，可以加快电站建设，快速实现运营。

根据有关行业分析，该国P公司与独立发电站发电量增长情况及预测如表14.2所示。

表 14.2 该国不同发电来源发电量增长情况　　　　　　　　单位：兆瓦

	20××年	20××年	20××年	20××年	20××年	20××年（预测）	20××年（预测）	20××年（预测）	20××年（预测）	20××年（预测）
P公司	4 162	5 687	4 283	2 357	2 254	1 992	1 780	1 718	3 019	4 102
独立发电站	1 106	1 606	688	1 917	3 690	5 172	4 565	2 463	2 016	780
合计	5 268	7 293	4 971	4 274	5 944	7 164	6 345	4 181	5 035	4 882

在电力市场中，P公司的发电量仍然占据主导地位。从表14.2所显示的各年情况来看，预计该国电力需求年均增长率为8.5%。为了满足电力需求的增长和支持该国政府的电气化进程计划，P公司的预计年均电力增长量为3 135.4兆瓦（占56.64%），独立发电站的预计年均增长量为2 400.3兆瓦（占43.36%）。虽然在第3年独立发电站的电量增长仅为688兆瓦，但从第4年起，该数字持续上升，占总电力增长量的份额持续上升，预计在第6年达到最高（占总电力增长量的72.19%）。

3. 项目可行性分析

1）项目执行主体的履约能力

从项目执行主体的履约能力来看，项目具备可行性。

N公司在独立发电站领域有丰富的经验，采用设计、生产、销售、售后纵向一体化运营模式。N公司有效地控制了外部对中间环节的介入，可以降低生产成本，提高利润率。N公司是全球领先电力解决方案提供者之一，能根据需求设计发电机组等独立发电站核心部件和安装产品，具备灵活性，能在短时间内提供快速和高质量的电力解决方案。与其他独立发电站设备制造商不同，N公司拥有多个供应商，在原材料选择渠道上更加灵活，受单一供应商影响较小。

H公司在该国有多年的项目建造和承包工程经验，资产规模、营业收入、净利润等保持较快增长，显示了企业良好健康的运营；同时，H公司融资渠道畅通、现金较为充裕，也显示了企业良强的支付能力和运营能力。此外，N公司同H公司合作关系良好，已经执行和计划执行的合作项目较多，而且通过合资的安排，与N公司在该项目中深度绑定。综上，可以确认H公司在本项目中具有良好的履约能力及较强的履约意愿。

2）项目前景

从项目前景来看，该国GDP和人口的增长推动电力需求增长，社会中的生产活动需要电力的支持。同时，预计该国未来相当长的一段时间内经济前景良好，每年经济增长率高。经济的增长离不开电力的支持，并且该国电力的供应增长速度无法满足电力需求的增长，这些都为独立发电站的发展提供了有力的动力支持。同时，该独立发电站使用的天然气属于清洁能源，符合环保要求。

3）项目执行模式可行

从项目总体可行性来看，N 公司具备履约能力。该独立发电站可以分为建设和运营两个阶段。建设阶段的设备供应由 N 公司负责，土建等由 H 公司负责。H 公司预备挑选具备先进施工水平的工程承包商，以很好地完成项目。N 公司负责组织发电机组的安装等事宜。在运营阶段，N 公司负责独立发电站的运营，包括发电站的维护保养；P 公司负责提供发电所需的天然气，以及在电力成功上网后的输电与配电。N 公司已经就维修服务和设备零配件支持等做了周密的安排，从而确保在项目执行期间，设备正常运行，以及足额满足 P 公司的最低电力需求。同时，P 公司要求临时发电站的最低要求装机功率是 50 兆瓦，但实际发电机组的装机功率是 65.8 兆瓦，以确保在发电机组正常维护保养期间，可以全天候满足 P 公司的电力需求。

按照该项目的模式，P 公司以照付不议的方式全额采购独立发电站的所有电量。因此，只要项目能正常运营发电，P 公司将持续购买独立发电站所供应的电力，并进行支付，项目公司可以拥有稳定的现金流收入。P 公司与项目公司签订的电量采购协议规定独立发电站每月最低的发电量为 36 000 000 千瓦时。

4）项目面临的风险及应对措施

第一，N 公司对地方法律法规不熟悉和受到限制。独立发电站的运营受到地方法律法规的规范，该国政府为保护当地企业，规定海外企业不可直接参与独立发电站的投标，但可与当地符合竞标要求的企业合作。与当地竞争对手相比，N 公司缺少在当地的优势。因此，N 公司选择与当地的 H 公司合作，通过 H 公司在当地的优势与资源，保障项目的正式运营。

第二，政治环境的稳定性。海外运作项目面临政治局面的不稳定性，容易导致项目无法正常运营，尤其是当地法律、税收政策的变化等，都可能导致独立发电站发生损失。对此，N 公司聘用了当地的律师和会计师事务所，并进行专门的税收筹划和安排，以规避相关风险。同时，N 公司在国内投保政策性的海外投资保险，以防范发生政治风险，避免造成损失。

第三，汇率和利率变化的风险。独立发电站日常收取该国本地货币，汇率变化影响公司的收入和利润率。同时，由于安排的是长期融资，利率的变化会影响项目的融资成本和利润率。对此，N 公司通过银行进行了一些掉期和对冲安排，以控制汇率和利率变化的风险。

第四，项目的收入依靠 P 公司购买电力，因此 P 公司的支付能力是项目运作成功的关键。P 公司成立于 20 世纪 70 年代，为该国国营电力公司。该公司主营业务包括该国的电力供应，其中涵盖发电、供电、配电及电力相关的设施规划、建设及发展；该国能源事业支持，其中涵盖电力咨询，发电设备的建设、安装，以及电力设备技术的发展；其他与国家电力事业相关的业务。P公司也参与电力相关的设施规划和建设。该公司承担国家电力设备的安装及电力设备技术的发展。P公司的收入主要依靠收取电费。该国电价的制定由中央或地方政府决定并最后由国会通过，因此P公司的财务状况受到国家政治进程影响。

由于P公司在该国电力行业中处于垄断地位，控制着该国电力市场的86%。随着该国经济的增长和电力市场的不断发展，P公司的实力也在不断增强。用户数、发电量和电力销售量一直在稳步增长。在项目执行当年P公司发电量比上一年提高了8%；电力销售量比上一年增长了7%。

P公司财务实力雄厚，具备充足的支付能力，如表14.3所示。

表14.3　P公司近三年财务数据

指　标	20××年（项目执行当年）	20××年（前一年）	20××年（前两年）
总资产	55 645 百万美元	48 141 百万美元	41 793 百万美元
总负债	40 147 百万美元	33 114 百万美元	27 168 百万美元
净资产	15 499 百万美元	15 027 百万美元	14 625 百万美元
流动资产	7 064 百万美元	5 995 百万美元	4 608 百万美元
流动负债	7 678 百万美元	6 540 百万美元	5 701 百万美元
长期负债	32 469 百万美元	26 574 百万美元	21 467 百万美元
资产负债率	72.15%	68.79%	65.01%
流动比率	92.00%	91.67%	80.83%
营业收入	23 943 百万美元	21 408 百万美元	16 710 百万美元
EBITDA	5 047 百万美元	3 976 百万美元	2 658 百万美元
EBITDA占营业收入的比率	21.08%	18.57%	15.91%
净利润	330 百万美元	558 百万美元	1 039 百万美元
净利润率	1.38%	2.61%	6.22%
经营性净现金流	3 135 百万美元	3 254 百万美元	2 364 百万美元
投资性净现金流	-4 298 百万美元	-4 195 百万美元	-3 162 百万美元
融资性净现金流	1 219 百万美元	1 181 百万美元	1 485 百万美元
总净现金流	56 百万美元	240 百万美元	687 百万美元
年末现金及其等价物	2 330 百万美元	2 273 百万美元	2 029 百万美元

在资产负债方面，P公司项目执行当年的总资产为55 645百万美元，较前一年增幅达到了15.6%，近三年来，P公司资产规模稳步增长，这表明P公司近年来具有良好的发展势头。此外，近三年来，P公司的流动比率相对稳定，而且其流动资产和流动负债相对平衡。

在资产负债率方面，近三年来，P公司资产负债率保持持续小幅增长，项目执行当年资产负债率达到约 72.15%，流动负债为 7 678 百万美元，长期负债为 32 469 百万美元，分别比前一年增加了约 17.40%、22.18%。在项目执行当年的长期负债中，占比前五的债务依次为对独立发电站租金长期负债、到期公司债券、银行借款及中期票据、该国政府获得海外银行贷款后转贷给 P 公司的长期借款、员工福利。

在损益方面，近三年来，P 公司的营业收入持续增长，项目执行当年的营业收入为 23 943 百万美元，比前一年增长了约 11.84%；EBITDA 达到了 5 047 百万美元，比前一年增加了约 26.94%；但由于同期汇兑损失财务成本很高，因此项目执行当年净利润仅为 330 百万美元，比前一年下降约 40.86%。

P 公司经营性净现金流一直表现为流入，并且保持相对稳定，显示了 P 公司良好的经营状况；投资性净现金流持续为负，主要是由该国电力行业的发展阶段所决定的，由于该国电力需求旺盛，P 公司每年需要投入大笔资金添置发电设备、兴建发电站，项目执行当年 P 公司在这方面的投资为 4 298 百万美元；融资性净现金流保持相对稳定，显示了 P 公司良好的融资能力。近三年来，P 公司期末现金及其等价物保持相对稳定，显示了 P 公司良好的支付能力和运营能力。

综上，P 公司资产规模较大，营业收入保持稳定增长。虽然现阶段的持续资金投入给企业带来较重的债务负担，导致企业的盈利水平在一定程度上下滑，但必要的投资为将来稳定的现金流及高水平盈利奠定了扎实的基础。同时，P 公司融资渠道畅通、现金较为充裕，显示了企业良好的支付能力和运营能力。此外，P 公司作为该国国有电力公司，在市场上具有较高的地位，客户数量持续增加，而该国未来电力需求旺盛，因此预计 P 公司未来盈利能力足以支持本项目的还款。

14.4　项目财务预测与融资安排

由于基建等相关部分由 H 公司负责，因此 P 公司只需要对项目使用的 7 台发电机组及相关配套设备进行财务预测，并进行相应的融资安排。

固定成本开支主要包括机组成本 23 000 000 美元和安装成本 12 000 000 美元。项目机组的可用时间设为 10 年，并以直线法计算折旧。N 公司预计运营该独立发电站 5 年，之后将机组进行转卖处理，预计可以以七折进行转卖，预算金额为 16 100 000 美元。

独立发电站的财务预测如表 14.4 所示。

表 14.4 独立发电站的财务预测

		第 1 年	第 2 年	第 3 年	第 4 年	第 5 年	第 6 年	合计
损益预测	收入/美元	3 751 950	11 255 860	11 255 860	11 255 860	11 255 860	7 503 910	56 279 290
	减：折旧/美元	(1 166 670)	(3 500 000)	(3 500 000)	(3 500 000)	(3 500 000)	(2 333 330)	(17 500 000)
	减：营运支出/美元	(408 720)	(1 226 170)	(1 226 170)	(1 226 170)	(1 226 170)	(817 440)	(6 130 830)
	减：机组出售/美元						(1 400 000)	(1 400 000)
	减：财务费用/美元	(1 144 360)	(1 144 360)	(1 144 360)	(1 144 360)	(1 144 360)		(5 721 790)
	项目税前盈利/美元	1 032 210	5 385 330	5 385 330	5 385 330	5 385 330	2 953 140	25 526 670
	减：税务支出/美元	(187 600)	(562 790)	(562 790)	(562 790)	(562 790)	(375 200)	(2 813 960)
	项目税后盈利/美元	844 600	4 822 540	4 822 540	4 822 540	4 822 540	2 577 940	22 712 710
	利润率	22.51%	42.84%	42.84%	42.84%	42.84%	34.35%	40.36%
现金流量预测	项目税后盈利/美元	844 600	4 822 540	4 822 540	4 822 540	4 822 540	2 577 940	22 712 710
	加：折旧/美元	1 166 670	3 500 000	3 500 000	3 500 000	3 500 000	2 333 330	17 500 000
	加：机组出售/美元						1 400 000	1 400 000
	加：机组出售后回现金流入/美元						16 100 000	16 100 000
	加：项目现金流入/美元	2 011 270	8 322 540	8 322 540	8 322 540	8 322 540	22 411 270	57 712 710
固定资本开支	机组成本/美元	(23 000 000)						(23 000 000)
	安装成本/美元	(12 000 000)						(12 000 000)
	项目现金流净值/美元	(32 988 730)	8 322 540	8 322 540	8 322 540	8 322 540	22 411 270	22 712 710
	现金流量内部报酬率	17.07%						
	投资回收期	4.96 年						

从财务预测情况来看，项目经济效益好，具备可行性，财务预测结果如表 14.5 所示。

表 14.5　财务预测结果

项目总预算收入	56 279 290 美元	现金流量内部报酬率	17.07%
项目总税前盈利	25 526 670 美元	投资回收期	4.96 年
项目总税后盈利	22 712 710 美元	项目总利润率	40.36%

在上述财务预测分析结论中，整个项目可带来税后盈利金额为 22 712 710 美元。而项目的现金流量内部报酬率可以达到 17.07%。除此之外，N 公司能在项目完结前收回成本。以上预算以最低发电量 50 兆瓦为基础计算，若发电量超过 50 兆瓦，项目收入也将增加。因此，项目在财务上是可行的。

在此基础上，N 公司与多家融资银行联系，预备为该项目进行融资。融资银行普遍看好该项目的前景。同时，此项目属于绿色清洁能源项目，也符合各融资银行的支持方向。

该项目的现金流完全依靠 P 公司对独立发电站发电量全额购买。鉴于 P 公司的强大实力，关键在于项目的正常运作和 P 公司的付款能够顺利被安排进行还本付息。对于项目的正常运作，融资银行在审查 N 公司的资质情况，同时就安装等获得了 N 公司及相关工程承包商的履约保函后，认为该风险可以被覆盖。而就 P 公司的付款，项目公司在收到 P 公司付款后按照贷款协议的规定进行还本付息，同时对该账户权益质押给融资银行。融资银行认为这样可以在一定程度上解决 P 公司的付款能否顺利的安排用于还本付息。

最终融资银行对该融资安排为：项目公司作为借款人，项目公司将机组及 N 公司的股权抵押给融资银行。同时，N 公司及相关承包商就项目完工向融资银行提供保函。N 公司将项目相关的商业保险权益均转让给融资银行。

在项目现金流可以被锁定，并且有相应安全保障的情况下，项目的各类风险可以妥善安排，就能较为顺利地推动融资。

14.5　项目投融资决策评述

此项目很典型地进行了从立项开发到项目融资安排的诸多工作。

第一，进行了可行性研究。首先，对行业、市场和供需情况进行了分析，先研究了市场需求情况，对必要性进行了论证；其次，对总体项目的模式进行了分析。

第二，对项目的投融资模式进行了具体论述，并且经过与相关机构沟通，确认了模式的可行性。相关融资银行等机构也积极响应提供融资支持。投资人退出也根据行业的平均情况做了相应安排。从融资安排可以看出，现金流通过 P 公司对电力的全额采购而实现了锁定，实际上承担了项目的现金流来源，同时向银行提交了项目建设和运营方的名单，因此银行对项目建成运营较有信心，在获取完工担保的情况下，可以为该项目提供融资贷款。

第三，对项目进行财务测算，在财务测算过程中进行了预测分析，测算了对应成本的利润率情况，明确了使项目获得盈利的相应财务假设，同时论证了项目在财务上的可行性。

第四，对项目的风险均有分析并提供了应对方案。充足的资金及投资企业本身拥有的丰富经验提供了保障，融资银行也对可能的风险点进行了相应安排，使得该项目顺利实施。